U0731900

财务分析

理论·实务·案例

于久洪 郭宝林 主 编

宋 磊 邢海玲 李 鹤 副主编

清华大学出版社

北 京

内 容 简 介

本教材采用工作过程系统化教学方法，以全新的职业教育理念，构造了符合企业实际工作过程的 6 个常规学习项目和 1 个深度研究项目。每个常规学习项目均由学习目标、项目导航、具体任务、项目小结、案例分析与讨论、阅读篇目六部分组成。每一个任务都涵盖了任务描述、知识准备、典型任务实例、知识与能力拓展、职业能力训练五大环节。

本教材注重培养学生的财务风险意识、分析判断能力和综合素质，适合高职高专财会专业的师生作为教材使用。

图书在版编目（CIP）数据

财务分析：理论·实务·案例/于久洪，郭宝林主编. —北京：清华大学出版社，2016
（全国高职高专会计专业理实一体化系列教材）
ISBN 978-7-302-43785-7

Ⅰ. ①财…　Ⅱ. ①于…　②郭…　Ⅲ. ①会计分析-高等职业教育-教材　Ⅳ. ①F231.2

中国版本图书馆 CIP 数据核字（2016）第 100159 号

责任编辑：陈凌云
封面设计：毛丽娟
责任校对：李　梅
责任印制：李红英

出版发行：清华大学出版社
　　　　　网　　　址：http://www.tup.com.cn，http://www.wqbook.com
　　　　　地　　　址：北京清华大学学研大厦 A 座　　　　邮　　编：100084
　　　　　社 总 机：010-62770175　　　　　　　　　　邮　　购：010-62786544
　　　　　投稿与读者服务：010-62776969，c-service@tup.tsinghua.edu.cn
　　　　　质 量 反 馈：010-62772015，zhiliang@tup.tsinghua.edu.cn
　　　　　课 件 下 载：http://www.tup.com.cn，010-62770175-4278
印 装 者：北京国马印刷厂
经　　销：全国新华书店
开　　本：185mm×260mm　　　印　张：12　　　字　数：288 千字
版　　次：2016 年 11 月第 1 版　　　　　　　印　次：2016 年 11 月第 1 次印刷
印　　数：1～2000
定　　价：26.00 元

产品编号：056570-01

前　言

　　"财务分析"是一门理论性与实践性较强的课程，要求学生熟练掌握财务报表分析的基本理论与方法，具备通过分析财务报表评价企业经营管理成果和财务状况的能力。该课程注重培养的是学生的财务风险意识、分析判断能力和综合素质，而不仅仅是讲授一些具体的技术方法。基于此，本教材强调的是分析、研究过程，着重以实际上市公司财报案例为线索，聚焦特定企业、特定行业、特定目的，给出相应资料，对学生的思维创新能力进行训练，以提高学生解决具体问题的能力。

　　本教材采用工作过程系统化教学方法，以全新的职业教育理念，构造了符合企业实际工作过程的6个常规学习项目和1个深度研究项目。每个常规学习项目均由学习目标、项目导航、具体任务、项目小结、案例分析与讨论、阅读篇目六部分组成。其中，每一个任务都涵盖了任务描述、知识准备、典型任务实例、知识与能力拓展、职业能力训练五大环节。同时，书中还穿插有"请注意""想一想""动脑筋""提示"等多种小模块，通过各种形式帮助学生巩固知识与技能。

　　工作过程系统化方法是目前职业教育专业课程教学的好方法，有利于提高学生学习的积极性，以学生为主体，以完成任务为驱动，以财务报表分析能力培养为目标。工作过程系统化方法是在教学活动中，通过创设一种直观的教学环境，让学生在轻松愉快、分组、互动的教学气氛中获得知识，体验解决问题的愉快气氛的一种教学模式。使用本教材，非常有助于活跃课堂教学气氛，调动学生学习兴趣，积极主动参与到解决问题、完成任务之中。学生完全是在做中学，在老师（教练）指导下，在分组竞赛氛围中，自主求知，自我教育，团队合作，研究资讯，制订计划，自主决策，组织实施，全程由老师指导、解惑，最后加以总结、点评。

　　本教材由北京经济管理职业学院会计学院会计专业教学团队编写完成。团队负责人、主编是北京市高等学校教学名师、会计学院院长于久洪教授。另一名主编郭宝林是中国电子进出口北京公司副总经理、财务总监，几位副主编分别是宋磊副教授、邢海玲博士和李鹤高级会计师。参与教材编写的人员既有会计专业一线教师，又有企业一线实践专家，教学与实践经验非常丰富，保证了本教材的质量。

　　当然，本教材可能会存在诸多缺点和不足，希冀各位教师、专家、学生提出宝贵意见，以便再版修订。

编者
2016 年 3 月

目录

洞察财务信息

- 认识会计要素
- 掌握会计报表的编制流程
- 了解主要报表的结构和项目构成
- 明确报表之间的钩稽关系
- 掌握财务报告的构成及内容
- 阅读与解释财务报表附注

【项目导航】

老板们最关心的财务问题

对于员工而言，弄清楚老板想要什么是最重要的，这样你的职场之路也会顺风顺水。对于财务人员而言，则要揣摩好老板关心企业的哪些财务状况，这样在做报表时也可以有的放矢。

调查发现，企业老板最关心的十大问题如下。

(1) 现金短缺问题。

(2) 存货管理与滞压问题。

(3) 应收账款收不回来问题。

(4) 应付账款问题。

(5) 产品定价竞争性问题。

(6) 财务人员的管理问题。

(7) 税务查账问题。

(8) 盈亏平衡点的问题。

(9) 固定资产的管理问题。

(10) 内部贪污舞弊的防范问题。

针对以上问题，企业老板每个月通常要对财务人员提出以下疑问。

(1) 公司今天可以使用的资金有多少？

(2) 公司目前往来款情况如何？

(3) 这个月公司的钱花在了哪些方面？

(4) 公司累计销售额、利润是多少？本月是多少？

(5) 每个客户购买了我们哪些产品？数量和金额是多少？

(6) 每个业务员销售了多少产品？销售给了哪些客户？

(7) 目前库存的产成品和原材料有哪些？有多少？库存金额有多大？

(8) 这个月的产量是多少？

(9) 这个月职工工资是多少？每个职工本年累计领取了多少工资？

资料来源：中华会计网校，www.chinaacc.com

实践证明，如果能够准确运用所掌握的财务理论，编制财务报表，做好财务分析，那么，财务人员不仅能够轻松、准确地回答老板以上诸多问题，还能帮助老板挖掘更多的企业价值。

财务报表是指在日常会计核算资料的基础上，按照规定的格式、内容和方法定期编制的，综合反映企业某一特定日期财务状况和某一特定时期经营成果、现金流量情况的书面文件。

本项目主要引导学习者掌握财务报告的构成、财务报表形成的过程；理解财务报表各个项目的内容及其之间的内在联系；深刻认识企业财务会计报告所包含的全部要素及其所传达的管理信息对于企业管理的作用。

要想洞察财务信息，离不开对于财务报告的明察秋毫，而对于财务报告所涵盖的企业千变万化的经济业务活动，首先，既要对报表项目的内涵了如指掌，又要十分清楚各个报表及报表项目的钩稽关系，因为任何一张财务报表背后都有着极为丰富的"商业故事"，影响财务报表的各种因素相互作用会产生出综合结果，只有熟练掌握报表项目的内涵，才能准确解读企业的经济业务活动，做出正确的分析；其次，还要高度重视表外的文字信息，虽然外部审计非常有助于评价公司管理层编制的财务报表是否符合会计准则的要求，但是受会计准则制约的财务报表本身也会呈现出"各种偏好"，往往是外部分析者始料不及的，因此全面掌握财务报告的构成，准确解读财务报表编制的客观环境会有助于捕捉各个公司的内涵价值，为财务分析奠定准确的财务信息基础。

任务 1.1　用会计要素描述公司情况

任务描述

认识会计要素，认知会计科目，掌握复式记账原理。

知识准备

一、会计要素

企业会计要素分为六大类：资产、负债、所有者权益、收入、费用和利润。其中，资产、负债和所有者权益三项会计要素反映企业的财务状况；收入、费用和利润三项会计要素反映企业的经营成果。事业单位会计要素分为五大类：资产、负债、净资产、收入和支出。

二、反映财务状况的会计要素

财务状况是指企业一定日期的资产及权益情况，是资金运动相对静止状态时的表现。反映财务状况的会计要素包括资产、负债和所有者权益三项。

1. 资产

资产是指企业过去的交易或者事项形成的、由企业拥有或者控制的、预期会给企业带来经济利益的资源。

资产按其流动性不同，分为流动资产和非流动资产。

流动资产是指预计在一个正常营业周期中变现、出售或耗用，或者主要为交易目的而持有，或者预计在资产负债表日起一年内（含一年）变现的资产，以及自资产负债表日起一年内交换其他资产或清偿负债的能力不受限制的现金或现金等价物。流动资产主要包括货币资金、交易性金融资产、应收票据、应收账款、预付款项、应收利息、应收股利、其他应收款、存货等。

非流动资产是指流动资产以外的资产，主要包括长期股权投资、固定资产、在建工程、工程物资、无形资产、开发支出等。

长期股权投资是指企业持有的对其子公司、合营企业及联营企业的权益性投资以及企业持有的对被投资单位不具有控制、共同控制或重大影响，并且在活跃市场中没有报价、公允价值不能可靠计量的权益性投资。

固定资产是指同时具有以下特征的有形资产：①为生产商品、提供劳务、出租或经营管理而持有的；②使用寿命超过一个会计年度。

无形资产是指企业拥有或者控制的没有实物形态的可辨认的非货币性资产，如专利权、非专利技术、商标权、著作权、土地使用权、特许权等。

2. 负债

负债是指企业过去的交易或者事项形成的预期会导致经济利益流出企业的现时义务。现时义务是指企业在现行条件下已承担的义务。未来发生的交易或者事项形成的义务，不属于现时义务，不应当确认为负债。

负债按其流动性不同，分为流动负债和非流动负债。

流动负债是指预计在一个正常营业周期中清偿，或者主要为交易目的而持有，或者自资产负债表日起一年内（含一年）到期应予以清偿，或者企业无权自主地将清偿推迟至资产负债表日后一年以上的负债。流动负债主要包括短期借款、应付票据、应付账款、预收款项、应付职工薪酬、应交税费、应付利息、应付股利、其他应付款等。

非流动负债是指流动负债以外的负债，主要包括长期借款、应付债券等。

3. 所有者权益

所有者权益是指企业资产扣除负债后由所有者享有的剩余权益。公司的所有者权益又称为股东权益。

对于任何企业而言，其资产形成的资金来源不外乎两个：一是债权人；二是所有者。债权人对企业资产的要求权形成企业负债，所有者对企业资产的要求权形成企业的所有者权益。所有者权益的来源包括所有者投入的资本、直接计入所有者权益的利得和损失、留存收益等。

所有者权益包括实收资本（或者股本）、资本公积、盈余公积和未分配利润。其中，资本公积包括企业收到投资者出资超过其在注册资本或股本中所占份额的部分以及直接计入所有者权益的利得和损失等。盈余公积和未分配利润合称为留存收益。

三、反映经营成果的会计要素

经营成果是企业在一定时期内从事生产经营活动所取得的最终成果，是资金运动显著变动状态的主要体现。反映经营成果的会计要素包括收入、费用、利润三项。

1. 收入

收入是指企业在日常活动中形成的、会导致所有者权益增加的、与所有者投入资本无关的经济利益的总流入。其中，日常活动包括销售商品、提供劳务及让渡资产使用权等。

想一想

企业出售和出租固定资产、无形资产的收入以及出售不需要的材料的收入，是否应确认为企业的收入？

请注意

出售固定资产、无形资产并非企业的日常活动，这种偶发性的收入不应确认为收入，而应作为营业外收入进行确认。出租固定资产、无形资产，实质上属于让渡资产使用权。出售不需要的材料的收入，属于企业日常活动中的收入，因此应确认为企业的收入，具体确认为其他业务收入。

2. 费用

费用是指企业在日常活动中发生的、会导致所有者权益减少的、与向所有者分配利润无关的经济利益的总流出。以工业企业为例，一定时期的费用通常由产品生产成本和期间费用两部分构成。产品生产成本由直接材料、直接人工和制造费用三个成本项目构成，期间费用包括管理费用、财务费用和销售费用三项。

想一想

企业处置固定资产发生的净损失，是否应确认为企业的费用？

请注意

处置固定资产发生的损失，虽然会导致所有者权益减少和经济利益的总流出，但不属于企业的日常活动，因此不应确认为企业的费用，而应确认为营业外支出。

3. 利润

利润是指企业在一定会计期间的经营成果。利润包括收入减去费用后的净额、直接计入当期利润的利得和损失等。利润有营业利润、利润总额和净利润之分。营业利润是营业收入减去营业成本、营业税费、期间费用（包括销售费用、管理费用和财务费用）、资产减值损失，加上公允价值变动净收益、投资净收益后的金额。利润总额是指营业利润加上营业外收入，减去营业外支出后的金额。净利润是指利润总额减去所得税费用后的金额。

i 请注意

企业当期确认的投资收益或投资损失，以及处置固定资产、债务重组等发生的利得或损失，均属于直接计入当期利润的利得和损失。

典型任务实例

任务 1：运用复式记账原理处理会计业务。

任务目标：熟悉会计要素、会计科目、复式记账原理。

A 公司已经开业两年，发生了以下经济业务。

第 1 年发生的经济业务如下。

（1）所有者投入现金 24 000 元。

（2）年初，租入为期两年的仓库，支付租金 12 000 元。

（3）购买存货 10 000 元，货款未付。

（4）出售一半存货，价值 24 000，收到现金 20 000 元，剩余 4 000 元尚未收到。

（5）支付工资 6 000 元，还有 4 000 元工资费用尚未支付。

工作过程

步骤 1：用复式记账原理处理 A 公司第 1 年的经济业务，填写完成表 1-1。

表 1-1　A 公司第 1 年的经济业务处理

第 1 年 　　　　　　　　　　　　　　　　　　　　　　　　　　　　单位：

摘要	现金	应收账款	预付账款	存货	=	应付账款	应付职工薪酬	实收资本	留存收益

第 2 年发生的经济业务如下。

（1）支付第 1 年所购存货的欠款。

（2）支付第 1 年尚未支付的工资 4 000 元。

（3）出售剩余存货，收到现金 30 000 元。

（4）收到全部销售货款。

（5）发生并支付工资 12 000 元。

（6）将剩余现金归还所有者，停业。

步骤 2：用复式记账原理处理 A 公司第 2 年的经济业务，填写完成表1-2。

表1-2　A 公司第 2 年的经济业务处理

第 2 年   单位：

摘要	现金	应收账款	预付账款	存货	=	应付账款	应付职工薪酬	实收资本	留存收益

任务 2：登录上海证券交易所（www.sse.com.cn）或深圳证券交易所（www.szse.cn）官网，分行业选取 8 家公司，每人负责一个公司。分别用六大会计要素解读上市公司的情况，进行分析研判，填制会计要素汇总表（见表 1-3）。每组选派一名代表向全班同学讲述你们的研究结论。研究结论需包括以下要点。

（1）企业资产的组成及特征。

（2）企业负债的组成及特征。

（3）所有者权益的组成及特征。

（4）各会计要素之间的关系。

动脑筋

复式记账与会计恒等式之间是什么关系？

表1-3　会计要素汇总表

公司名称	资产	负债	所有者权益	收入	费用	利润
哪家最大						

知识与能力拓展

为什么要提交财务报告

企业为了向报表使用者提供相关、必要的信息，为了报表使用者能够准确做出经济决策，把握企业某个时点上的财务状况、某个时期的经营成果和现金流量情况，就有必要提交客观、完整、准确的财务报告。

财务报表在企业产生的过程，简单地说就是从反映经济业务的会计凭证，到分类反映经济业务的账簿，再到总括反映企业财务状况、经营成果和现金流量的财务报表的一系列数据加工过程。该过程的"最终产品"就是财务报表。

职业能力训练

一、判断题（正确的在括号内打"√"，错误的打"×"）

1. 所有的账户都是根据会计科目开设的。（　　　）

2. 一类经济业务不可能使一项负债减少，而使另一项负债增加。（　　　）

3. 不同性质的账户提供的核算指标是不一样的。（　　　）

4. 为了保证账户记录的正确性，总分类账户与明细分类账户期末必须进行核对。（　　　）

5. 资产与权益的平衡关系之所以称为会计恒等式，是因为无论企业发生什么样的经济业务，这一平衡关系均不会被破坏。（　　　）

二、单选题（下列答案中有一项是正确的，将正确答案前的英文字母填入括号内）

1. 下列会计科目中，属于负债类科目的是（　　　）。

A. 资本公积　　　　B. 长期投资　　　　C. 预收账款　　　　D. 待摊费用

2. 下列经济业务中，会引起一项负债减少，另一项负债增加的是（　　　）。

A. 赊购原材料　　　　　　　　　B. 用银行借款偿还所欠材料款

C. 用银行存款偿还材料款　　　　D. 用银行存款购买原材料

3. 下列账户中，期末一般有贷方余额的是（　　　）。

A. "管理费用"账户　　　　　　　B. "实收资本"账户

C. "长期借款"账户　　　　　　　D. "营业外收入"账户

4. 下列经济业务中，引起资产一增一减的有（　　　）。

A. 以银行存款购买设备　　　　　B. 从银行提取现金

C. 以银行存款购买材料　　　　　D. 以银行存款偿还前欠货款

5. 下列项目中，属于会计科目的是（　　　）。

A. 固定资产　　　　　　　　　　B. 运输设备

C. 原材料　　　　　　　　　　　D. 未完工产品

6. 下列关系中正确的是（　　　）。

A. 资产总额＝利润总额　　　　　B. 资产总额＝权益总额

C. 资产总额＝所有者权益总额　　D. 资产＝负债＋所有者权益

7. 下列经济业务中，不影响企业资产总额的是（　　　）。

A. 从银行提取现金　　　　　　　B. 收到国家投资存入银行

C. 用银行存款购买固定资产　　　D. 从银行取得短期借款并存入银行

三、实训

1. 实训目的

学会用会计要素反映经济业务活动。

2. 实训资料

（1）以 10 元的价格（面值 1 元）发行 5 000 股股票。

（2）从银行长期借款 20 000 元。

（3）公司向所有者分派 3 000 元的现金股利。

（4）公司支付 3 000 元的利息给银行。

（5）按每股 50 元的面值发行 2 000 股普通股，共收到现金 100 000 元。

（6）购买 8 套办公设施，准备出售给顾客，每套成本 20 000 元。本公司只支付了 10 000 元的现金，并为剩下的货款签发了一张应付票据。

（7）公司提供咨询业务，收取 200 000 元的咨询费，先收取了 50 000 元的现金。

（8）一个潜在客户和公司商量，想让该公司为其提供 80 000 元的咨询服务。

（9）计提并用现金支付 100 000 元的工资。

（10）用现金支付 20 000 元的租金。

（11）支付票据持有者 15 000 元现金。

（12）声明并支付 19 000 元的现金股利。

（13）公司收到 30 000 元现金的应收账款。

（14）出售三件商品，每件 28 000 元，收到现金。

（15）按面值发行 20 000 股普通股，每股面值 5 元，共筹集资金 100 000 元。

（16）支付 60 000 元现金购买产品制造设备。

（17）支付一年的房屋租金 4 000 元。

（18）赊账购买 30 000 元的存货。

（19）用 25 000 元购买雅虎公司的普通股作为短期投资。

（20）签发一张债券，面值 20 000 元。

3. 实训要求

对于上述每一项交易、事项或事实，请指出它们对收入、费用、利润、资产、负债和所有者权益的影响（例如，提供 500 元的服务，已经收到现金，可表示为表 1-4），并在会计要素变动表中（见表 1-5）用"＋"和"－"表示方向。如果没有影响，就用"NE"表示。请记住在每个"小格子"里都要写出答案。

表 1-4　会计要素变动示例

收入	费用	利润	资产	负债	所有者权益	现金
＋500	NE	＋500	＋500	NE	＋500	OA＋500

注：OA 是 Operating Activity（经营活动）的首字母。

表 1-5　会计要素变动表

题号	收入	费用	利润	资产	负债	所有者权益	现金
（1）							
（2）							
（3）							

题号	收入	费用	利润	资产	负债	所有者权益	现金
(4)							
(5)							
(6)							
(7)							
(8)							
(9)							
(10)							
(11)							
(12)							
(13)							
(14)							
(15)							
(16)							
(17)							
(18)							
(19)							
(20)							

任务 1.2 编制财务报表

任务描述

明确报表项目，熟练掌握编制财务报表的方法。

知识准备

一、资产负债表编制的背景知识

根据财务报表列报准则的规定，企业需要提供比较资产负债表，以便报表使用者通过比较不同时点资产负债表的数据，掌握企业财务状况的变动情况及发展趋势。所以，资产负债表应将各项目再分为"年初余额"和"期末余额"两栏，分别进行填列。

（一）年初余额栏的列报方法

资产负债表"年初余额"栏内各项数字，应根据上年末资产负债表"期末余额"栏内所列数字填列。如果上年度资产负债表规定的各个项目的名称和内容同本年度不相一致，应对上年年末资产负债表各项目的名字和数字，按照本年度的规定进行调整，填入表中"年初余额"栏内。

（二）期末余额栏的列报方法

资产负债表"期末余额"栏内各项数字，一般应根据资产、负债、所有者权益类科目的期末余额填列。其列报方法主要包括以下几种。

1. 根据总账科目的余额填列

资产负债表中的有些项目，可直接根据有关总账科目的余额填列，如"交易性金融资产""短期借款""应付票据""应付职工薪酬"等项目；有些项目则需根据几个总账科目的余额计算填列，如"货币资金"项目，需根据"库存现金""银行存款""其他货币资金"三个总账科目余额的合计数填列。

2. 根据有关明细账科目的余额填列

如"应付账款"项目，需要根据"应付账款"和"预付账款"两个科目所属的相关明细科目的期末贷方余额计算填列；如"应收账款"项目，需要根据"应收账款"和"预收账款"两个科目所属的相关明细科目的期末借方余额计算填列。

3. 根据总账科目和明细账科目的余额分析计算填列

如"长期借款"项目，需根据"长期借款"总账科目余额扣除"长期借款"科目所属的明细科目中将在资产负债表日起一年内到期且企业不能自主地将清偿义务展期的长期借款后的金额计算填列。

4. 根据有关科目余额减去其备抵科目余额后的净额填列

如资产负债表中的"应收账款""长期股权投资"等项目，应根据"应收账款""长期股权投资"等科目的期末余额减去"坏账准备""长期股权投资减值准备"等科目余额后的净额填列；如"固定资产"项目，应根据"固定资产"科目的期末余额减去"累计折旧""固定资产减值准备"科目余额后的净额填列；如"无形资产"项目，应根据"无形资产"科目的期末余额，减去"累计摊销""无形资产减值准备"科目余额后的净额填列。

5. 综合运用上述填列方法分析填列

如资产负债表中的"存货"项目，需根据"原材料""库存商品""委托加工物资""周转材料""材料采购""在途物资""发出商品""材料成本差异"等总账科目期末余额的分析汇总数，再减去"存货跌价准备"科目余额后的金额填列。

二、利润表编制的背景知识

根据财务报表列报准则的规定，企业需要提供比较利润表，以使报表使用者通过比较不同期间利润的实现情况，判断企业经营成果的未来发展趋势。所以，利润表还就各项目再分为"本期金额"和"上期金额"两栏分别填列。

（一）本期金额的列报方法

第一步，以营业收入为基础，减去营业成本、营业税金及附加、销售费用、管理费用、财务费用、资产减值损失，加上公允价值变动收益（减去公允价值变动损失）和投资收益（减去投资损失），计算出营业利润。

第二步，以营业利润为基础，加上营业外收入，减去营业外支出，计算出利润总额。

第三步，以利润总额为基础，减去所得税费用，计算出净利润（或净亏损）。

普通股或潜在普通股已公开交易的企业，以及正处于公开发行普通股或潜在普通股过程中的企业，还应当在利润表列示每股收益信息。

（二）上期金额栏的列报方法

利润表"上期金额"栏内各项数字，应根据上年该期利润表"本期金额"栏内所列数字填列。如果上年该期利润表规定的各个项目的名称和内容同本期不相一致，应对上年该期利润表各项目的名称和数字按本期的规定进行调整，填入利润表"上期金额"栏内。

三、现金流量表编制有关背景知识

一般企业应按照现金流量表准则列示的现金流量表格式编制现金流量表。现金流量表的项目主要有经营活动产生的现金流量、投资活动产生的现金流量、筹资活动产生的现金流量、汇率变动对现金及现金等价物的影响、现金及现金等价物净增加额、期末现金及现金等价物余额等。

典型任务实例

财务报表编制不是一件容易的事情，教育的规律是循序渐进、由浅入深，因此，本教材为初学者设计了系列简单明了的报表编制案例，并且经过在长期教学实践中使用，检验案例是可行的，对于快速传递报表编制原理，培养学生的实际动手能力是非常有效的。但是，为了使案例简洁，反映本质信息，必然要简化处理某些会计业务，比如，销售业务不考虑增值税，不必每年利润分配，不计提盈余公积，所得税的计算简化，不进行纳税调整，等等。这些相关的会计实务知识与纳税知识，在相应的课堂上学习，不是本课程的主要目的。教学实践表明，如果严格按照所有会计、税收规定讲解报表编制，则主题不突出，学生难于掌握这项操作性很强的技能。

任务 1：初始年度（即第 1 年）的财务报表编制。

第 1 年业务描述如下。

1. BBQ 公司由股东出资 50 万元注册成立。

2. 取得银行长期借款 60 万元，年利率 5%。

3. 以现金（广义，包括银行存款，下同）购买房屋 36 万元，设备 24 万元。

4. 以现金购买原材料 26 万元，生产 P_1 产品 8 件，每件材料费 2 万，每件人工 1 万元，均已经支付。

5. 销售 P_1 产品 7 件，每件售价 7 万元，已经收到 16 万元。销售 P_1 产品 7 件，每件成本 3 万元。

6. 支付设备维护费 3 万元，行政管理费用 2 万元。

7. 支付借款利息 3 万元，广告费用 3 万元。

8. 计提设备折旧 6 万元。（为简化，假设这里的折旧费用计入管理费用，下同。在实际工作中，生产设备的折旧应当计入制造费。）

9. 计提所得税 2 万元。

工作过程

步骤 1：分析以上交易事项，编制会计分录（见表 1-6）。

表 1-6　第 1 年度会计分录

序号	借：报表项目	贷：报表项目	金额/万元	现金流分析
1	现金	股本		
2	现金	长期借款		
3	固定资产——房屋，设备	现金		
4	存货（原材料，生产成本）	现金		
5	现金，应收账款 主营业务成本	主营业务收入 存货 存货余额		
6	管理费用	现金		
7	财务费用 销售费用	现金 现金		
8	管理费用	累计折旧 设备余额		
9	所得税费用	应交税费		

步骤 2：分析、编制现金流量表简表（见表 1-7）。

表 1-7　第 1 年度现金流量表

编制单位：公司　　　　　　　　　　　第　年度　　　　　　　　　　单位：万元

项　　　目	发　生　额
OA 流入量	
OA 流出量	
其中：（1）购买商品	
（2）支付给职工	
（3）支付税费	
（4）其他经营现金	
OA 净流量	
IA 流入量	
IA 流出量	
IA 净流量	
FA 流入量	
FA 流出量	
FA 净流量	
全部流量	
期初现金	
期末现金	

其中：FA 代表筹资活动（Financial Activity）；IA 代表投资活动（Investment Activity）；OA 代表经营活动（Operating Activity）。

步骤 3：分析、编制利润表简表（见表 1-8）。

表 1-8　第 1 年度利润表

编制单位：公司　　　　　　　　　第　年度　　　　　　　　　单位：万元

项　　目	发　生　额
收入	
减：成本	
毛利	
减：期间费用	
其中：销售费用	
管理费用	
财务费用	
营业利润	
加减：营业外收支	
减：所得税费用	
净利润	
加：期初未分配利润	
未分配利润	

步骤 4：分析、编制资产负债表简表（见表 1-9）。

表 1-9　第 1 年年末资产负债表

编制单位：公司　　　　　　　　　第　年度　　　　　　　　　单位：万元

资产	金额		来源	金额	
	期初	期末		期初	期末
现金			短期借款		
应收账款			应交税费		
存货			长期借款		
流动资产合计			负债合计		
厂房			股本		
设备			未分配利润		
固定资产合计			权益合计		
资产总计			来源总计		

步骤 5：分析、编制现金流量表——补充资料（见表 1-10）。

表 1-10　第 1 年度现金流量表——补充资料

编制单位：公司　　　　　　　　　第　年度　　　　　　　　　单位：万元

将净利润调节为经营活动现金流量：	
净利润	
加：计提的资产减值准备	
固定资产折旧	
处置固定资产、无形资产损失（减：收益）	
财务费用	
存货的减少（减：增加）	
经营性应收项目的减少（减：增加）	
经营性应付项目的增加（减：减少）	
经营活动产生的现金流量净额	

任务 2: 第 2 年的财务报表编制。

第 2 年业务描述如下。

1. 支付销售费用 2 万元,取得 P_1 产品订单 8 件,其中:单位售价 7 万元,单位成本 3 万元。

2. 缴纳税款 2 万元,支付利息 3 万元,支付每季度管理费用 1 万元,全年共计 4 万元。

3. 采购原材料 12 万元,支付人工 8 万元。

4. 销售收入 56 万元,收回 50%,结转销售成本。

5. 计提设备折旧 6 万元;支付设备维护费 6 万元。

6. 应收款在下年全部收回,本年收回上年 33 万元应收款。

7. 计算应交所得税 4 万元。

工作过程

步骤 1:分析以上交易事项,编制会计分录(见表 1-11)。

表 1-11　第 2 年度会计分录

序号	借:报表项目	贷:报表项目	金额/万元	现金流分析
1	销售费用	现金		
2	应交税费	现金		
	财务费用	现金		
	管理费用	现金		
3	存货(原材料生产成本)	现金		
4	现金	主营业务收入		
	应收账款	主营业务收入		
	主营业务成本	存货		
5	管理费用	固定资产(累计折旧)		
	管理费用	现金		
6	现金	应收账款		
7	所得税费用	应交税费		

步骤 2:分析、编制现金流量表简表(见表 1-12)。

表 1-12　第 2 年度现金流量表

编制单位:公司　　　　　　　　　　　　第　年度　　　　　　　　　　　　单位:万元

项　　　目	发　生　额
OA 流入量	
OA 流出量	
其中:(1)购买商品	
(2)支付给职工	
(3)支付税费	
(4)其他经营现金	
OA 净流量	
IA 流入量	
IA 流出量	

项　　目	发　生　额
IA净流量	
FA流入量	
FA流出量	
FA净流量	
全部流量	
期初现金	
期末现金	

步骤3：分析编制利润表简表（见表1-13）。

表1-13　第2年度利润表

编制单位：公司　　　　　　　　　第　年度　　　　　　　　　单位：万元

项目	发　生　额
收入	
减：成本	
毛利	
减：期间费用	
其中：销售费用	
管理费用	
财务费用	
营业利润	
加减：营业外收支	
减：所得税费用	
净利润	
加：期初未分配利润	
未分配利润	

步骤4：分析、编制资产负债表简表（见表1-14）。

表1-14　第2年年末资产负债表

编制单位：公司　　　　　　　　　第　年度　　　　　　　　　单位：万元

资产	金　额		来源	金　额	
	期初	期末		期初	期末
现金			短期借款		
应收账款			应交税费		
存货			长期借款		
流动资产合计			负债合计		
厂房			股本		
设备			未分配利润		
固定资产合计			权益合计		
资产总计			来源总计		

步骤 5：分析、编制现金流量表——补充资料（见表 1-15）。

表 1-15　现金流量表——补充资料

编制单位：公司　　　　　　　　　　　　第　　年度　　　　　　　　　　　单位：万元

将净利润调节为经营活动现金流量：	
净利润	
加：计提的资产减值准备	
固定资产折旧	
处置固定资产、无形资产损失（减：收益）	
财务费用	
存货的减少（减：增加）	
经营性应收项目的减少（减：增加）	
经营性应付项目的增加（减：减少）	
经营活动产生的现金流量净额	

🖝 动脑筋

本年财务报表分析思考问题：

1. 总资产增加否？增减原因何在？

2. 净利润满意吗？为什么？

3. 费用增大的原因是什么？

4. 盈利原因？

5. 企业规模扩张了还是收缩了？

6. 企业的经营理念是积极还是保守？

7. 偿债能力好吗？

8. 毛利率好吗？

9. 明年如何打算？

任务 3：第 3 年财务报表编制。

第 3 年业务描述如下。

1. 支付销售费用 10 万元，并支出研发费 4 万元研制 P_2 和 P_3 产品取得成功，开拓国内市场建设渠道支出 8 万元。

2. 缴纳税款 4 万元，支付每季度管理费用 1 万元，全年总计 4 万元。

3. 年初短期贷款 100 万元，年利率 10%，共支付利息 3 万元＋10 万元＝13 万元。

4. 购买原材料库存 51 万元，投入工费用 23 万元；收回上年应收款 28 万元。

5. 为 P_2、P_3 产品人力资源上岗培训支付 5 万元。

6. 销售收入 116 万元，其中本年收回现金 50%，计 58 万元；本年销售成本 52 万元。

7. 新购买三条半自动生产线，每条 10 万元，计 30 万元。

8. 计算设备折旧，原生产线计提折旧 6 万元，新生产线使用半年，计提折旧 5 万元（1/3 的一半）；支付设备维护费，每条 2 万元，计 12 万元。

工作过程

步骤1：分析以上交易事项，编制会计分录（见表1-16）。

表1-16　第3年度会计分录

序号	借：报表项目	贷：报表项目	金额/万元	现金流分析
1	销售费用	现金		
	管理费用	现金		
	销售费用	现金		
2	应交税费	现金		
	管理费用	现金		
3	现金	短期借款		
	财务费用	现金		
4	存货	现金		
	现金	应收账款		
5	管理费用	现金		
6	现金	主营业务收入		
	应收账款	主营业务收入		
	主营业务成本	存货		
7	固定资产	现金		
8	管理费用	固定资产（累计折旧）		
	管理费用	现金		

步骤2：分析、编制现金流量表简表（见表1-17）。

表1-17　第3年度现金流量表

编制单位：公司　　　　　　　　　第　年度　　　　　　　　单位：万元

项　　　目	发　生　额
OA 流入量	
OA 流出量	
其中：（1）购买商品	
（2）支付给职工	
（3）支付税费	
（4）其他经营现金	
OA 净流量	
IA 流入量	
IA 流出量	
IA 净流量	
FA 流入量	
FA 流出量	
FA 净流量	
全部流量	
期初现金	
期末现金	

步骤 3：分析、编制利润表简表（见表 1-18）。

表 1-18　第 3 年度利润表

编制单位：公司　　　　　　　　　　第　年度　　　　　　　　　　单位：万元

项　　目	发生额
收入	
减：成本	
毛利	
减：期间费用	
其中：销售费用	
管理费用	
财务费用	
营业利润	
加减：营业外收支	
减：所得税费用	
净利润	
加：期初未分配利润	
未分配利润	

步骤 4：分析、编制资产负债表简表（见表 1-19）。

表 1-19　第 3 年年末资产负债表

编制单位：公司　　　　　　　　　　第　年度　　　　　　　　　　单位：万元

资产	金额		来源	金额	
	期初	期末		期初	期末
现金			短期借款		
应收账款			应交税费		
存货			长期借款		
流动资产合计			负债合计		
厂房			股本		
设备			未分配利润		
固定资产合计			权益合计		
资产总计			来源总计		

步骤 5：分析、编制现金流量表——补充资料（见表 1-20）。

表 1-20　现金流量表——补充资料

编制单位：公司　　　　　　　　　　第　年度　　　　　　　　　　单位：万元

将净利润调节为经营活动现金流量：	
净利润	
加：计提的资产减值准备	
固定资产折旧	
处置固定资产、无形资产损失（减：收益）	
财务费用	
存货的减少（减：增加）	
经营性应收项目的减少（减：增加）	
经营性应付项目的增加（减：减少）	
经营活动产生的现金流量净额	

动脑筋

本年财务报表分析思考问题：

1. 总资产增加否？增减原因何在？
2. 净利润满意吗？为什么？
3. 费用增大的原因是什么？
4. 盈利原因？
5. 企业规模扩张了还是收缩了？
6. 企业的经营理念是积极还是保守的？
7. 偿债能力好吗？
8. 毛利率好吗？
9. 明年如何打算？

知识与能力拓展

2014 年 1 月 26 日，财政部印发了修订的《企业会计准则第 30 号——财务报表列报》（财会〔2014〕7 号）。2014 年 7 月 1 日起，《企业会计准则第 30 号——财务报表列报》在所有执行《企业会计准则》的企业范围内施行，鼓励在境外上市的企业提前执行。

《企业会计准则第 30 号——财务报表列报》的主要修订内容如下。

1. 其他综合收益分别涉及资产负债表、利润表、所有者权益变动表的列报

综合收益是指企业在某一期间除与所有者以其所有者身份进行的交易之外的其他交易或事项所引起的所有者权益变动。

其他综合收益是指企业根据其他会计准则规定未在当期损益中确认的各项利得和损失。

2. 其他变动

在利润表中以"功能法"列报费用。

在附注中以"费用性质法"列报费用，分为耗用的原材料、职工薪酬费用、折旧费用、摊销费用等。

职业能力训练

一、判断题（正确的在括号内打"√"，错误的打"×"）

1. 企业取得债券利息收入所收到的现金属于经营活动流入的现金。（   ）
2. 分配股利或利润所支付的现金属于筹资活动流出的现金。（   ）
3. 企业购买商品支付的能够抵扣增值税销项税额的进项税额，在购买商品、接受劳务支付的现金项目中反映。（   ）
4. 现金流量表中的经营活动，是指企业投资活动和筹资活动以外的交易和事项。销售商品或提供劳务、处置固定资产、分配利润等产生的现金流量均包括在经营活动产生的现金流量之中。（   ）
5. 现金等价物的主要特点是流动性强，并可随时转换成现金，通常指购买在 6 个月或

更短时间内即到期或即可转换为现金的投资。（　　）

二、单选题（下列答案中有一项是正确的，将正确答案前的英文字母填入括号内）

1. 某企业"应收账款"账户月末借方余额 40 000 元，其中："应收甲公司账款"明细账户借方余额 60 000 元，"应收乙公司账款"明细账户贷方余额 20 000 元；"预收账款"账户月末贷方余额 15 000 元，其中："预收 A 厂账款"明细账户贷方余额 25 000 元，"预收 B 厂账款"明细账户借方余额 10 000 元。该企业月末资产负债表中"应收账款"项目的金额为（　　）元。

A. 70 000　　　　　B. 60 000　　　　　C. 50 000　　　　　D. 40 000

2. 某公司出售一台不需要设备，收到价款 30 万元，该设备原价 40 万元，已提折旧 15 万元，出售过程中支付该项设备拆卸费用 0.2 万元，运输费用 0.08 万元，设备已由购入单位运走，则出售该项固定资产的现金净额为（　　）万元。

A. 30　　　　　　B. 25　　　　　　C. 29　　　　　　D. 29.72

3. 在编制现金流量表时，因企业资金短缺，变卖旧汽车收到现金业务属于（　　）。

A. 经营活动　　　B. 投资活动　　　C. 投资收益　　　D. 营业外收入

4. 下列关于现金流量表的编制方法，正确的有（　　）。

A. 只采用直接法

B. 只采用间接法

C. 正表采用直接法，补充资料采用间接法

D. 正表采用间接法，补充资料采用直接法

5. 资产负债表中的"未分配利润"项目，应（　　）。

A. 根据"本年利润"科目的余额填列

B. 根据"利润分配"科目的余额填列

C. 根据"利润分配——未分配利润"科目的发生额填列

D. 根据"本年利润"科目和"利润分配"科目的余额计算填列

三、实训

1. 实训目的

掌握编制主要报表的要领，理解各个报表及报表项目。

2. 实训资料

（1）以 10 元的价格（面值 1 元）发行 5 000 股股票。

（2）从银行长期借款 20 000 元。

（3）公司向所有者分派 3 000 元的现金股利。

（4）公司支付 3 000 元的利息给银行。

（5）按每股 50 元的面值发行 2 000 股普通股，共收到现金 100 000 元。

（6）购买 8 套办公设施，准备出售给顾客，每套成本 20 000 元。本公司只支付了 10 000 元的现金，并为剩下的货款签发了一张应付票据。

（7）公司提供咨询业务，收取 200 000 元的咨询费，先收取了 50 000 元的现金。

（8）一个潜在客户和公司商量，想让该公司给他提供 80 000 元的咨询服务。

（9）计提并用现金支付 100 000 元的工资。

（10）用现金支付 20 000 元的租金。

（11）支付票据持有者 15 000 元现金。

（12）声明并支付 19 000 元的现金股利。

（13）公司收到 30 000 元现金的应收账款。

（14）出售三件商品，每件 28 000 元，收到现金。

（15）按面值发行 20 000 股普通股，每股面值 5 元，共筹集资金 100 000 元。

（16）支付 60 000 元现金购买产品制造设备。

（17）支付一年的房屋租金 4 000 元。

（18）赊账购买 30 000 元的存货。

（19）用 25 000 元购买雅虎公司的普通股作为短期投资。

（20）签发一张债券，面值 20 000 元。

请根据以上项目资料，填写完成表 1-21 和表 1-22。

表 1-21 利润表与现金流量表

利　润　表		现金流量表	
营业收入		OA 流入	
减：营业成本		OA 流出	
营业税金		购货	
销售费用		人工	
管理费用		税	
财务费用		费用	
资产减值损失		OA 流出合计	
公允价值变动损益		OA 净流量	
投资收益		IA 流入	
营业利润		IA 流出	
营业外收入		IA 净流量	
营业外支出		FA 流入	
利润总额		股东出资	
所得税费用		借款	
净利润		FA 流出	
减：利润分配		FA 净流量	
未分配利润		本期全部现金流	

表 1-22 资产负债表

资　　产	金　　额	负债权益	金　　额
货币资金			
		未分配利润	
资产总计		负债权益总计	

项目小结

　　财务报表是指在日常会计核算资料的基础上，按照规定的格式、内容和方法定期编制的，综合反映企业某一特定日期财务状况和某一特定时期经营成果、现金流量情况的书面文件。财务报告则是指会计主体对外提供的、综合反映企业财务状况、经营成果和现金流量情况的综合书面文件，包括财务报表及其附表、附注和财务情况说明书等部分。

　　财务报表包括资产负债表、损益表、现金流量表或财务状况变动表，及其附表和附注。财务情况说明书主要说明企业的生产经济情况、利润实现情况、资金增减和周转情况、财产物资变动情况、对本期和下期财务状况发生重大影响的事项、主要税费的交纳情况、资产负债表日后发生的对财务状况有重大影响的事项、需要说明的其他事项等。

　　由上述定义可知，财务报告是大概念，财务报表是子概念，被包含于整个财务报告体系之中（见图 1-1）。

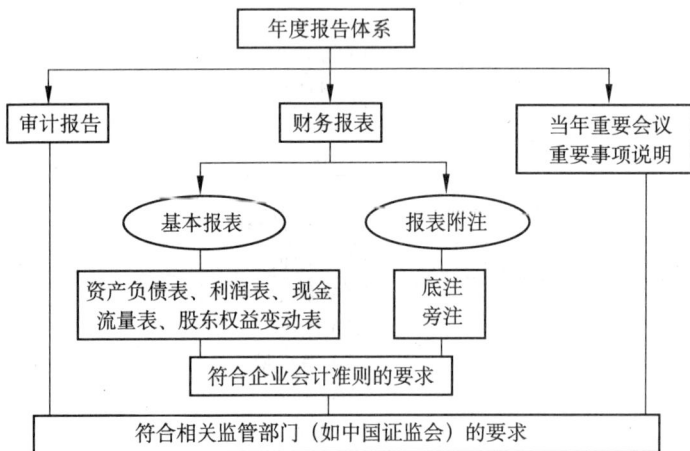

图 1-1　年度报告体系的构成

案例分析与讨论

一份财务报告引发的华尔街资本故事

　　一份有关雷曼公司破产的调查报告在华尔街引发震动，各种质疑的电子邮件如雪花般飞向华尔街各公司的高管。令市场担忧的是，其他华尔街巨头是否也采用了与雷曼公司类似的会计手法——持有大量风险极高的表外资产，以隐瞒自身的债务状况。

　　这份调查报告是美国破产法院法官詹姆斯·派克于 3 月 11 日发表的。报告长达 2 200 页，由美国破产法院指派的审查员沃鲁卡斯经过历时一年、耗资 3800 万美元的调查后做出。调查报告以严厉的措辞痛斥了雷曼公司的高管、负责审计的安永会计师事务所和其他投资银行的严重过失，试图揭开有着 158 年历史的雷曼公司走到破产地步的谜团。

　　1. 雷曼——财务欺诈欺瞒各方

　　调查报告细数了雷曼公司的诸多过失行为，但重点在于揭露雷曼公司高达数百亿美元的财务欺诈。报告说，由于大量投资于过热的房地产市场，并用大量借款增加回报率，早在 2007 年雷曼公司的财务便呈现出失控状态。为了让公司的财务状况看起来比实际情况"健康得多"，雷曼公司引入了一种在公司内部被称作"回购 105"的会计工具——从 2007 年第四季度起到 2008 年第二季度的每个季度末，都将最高达 500 亿美元的不良资产转移出资产负债表，成为表外资产。

专家指出，这样的交易只是一些数字游戏，没有任何实质意义，但从形式上降低了财产杠杆率，达到了欺瞒投资者、评级机构、政府监管部门以及公司董事会的目的。回购本来是欧美公司普遍采用的一种短期融资行为，但在正常的回购操作中，公司在出售资产融资的同时必须明确在几天内将所售资产购回，也就是说其资产仍然存在于资产负债表上。然而，在雷曼公司的"回购 105"交易中，被出售的资产在价值上较出售获得的现金多出至少 5%，会计准则将这种操作归结为销售，而非融资。这种操作的结果是，将不良资产从资产负债表上抹去。

调查报告认为，包括首席执行官富尔德在内的雷曼公司高管都知晓公司的财务欺诈行为。报告引用雷曼首席运营官麦克达德的一份电子邮件说，这一资产转移行为是"我们吞下的又一粒毒品"。在接受法官调查时，麦克达德称他与富尔德谈及了这一状况，并试图减少这种交易行为，却没有任何效果。不过，富尔德的律师发表声明说，富尔德对这一会计行为并不知情，没有任何人向他提及有关交易。

2. 审计——会计公司知情不报

调查报告除曝光了雷曼公司的自身失误外，还特别提到了负责雷曼公司审计的会计公司安永的责任。报告说，安永显然认识到了频繁使用回购交易可能产生的问题，并与雷曼公司董事会的审计委员会进行了会谈，但没有负责任地直接向雷曼公司董事会报告，也没有进行任何质疑。

面对调查报告的指责，安永发表声明说，雷曼公司的倒闭是"金融市场一系列前所未有的负面事件"造成的，其杠杆率存在问题"是（该公司）管理层而非审计机构的责任"。此外，报告认为雷曼公司的担保债权人——摩根大通公司和花旗集团旗下的花旗银行未能质疑和反对上述财务报表中的不当或不充分信息，因此也负有责任。同时，在雷曼公司破产前的日子里，这些债权人还要求雷曼公司提供担保品，造成雷曼公司流动性骤然收紧，这也是造成雷曼公司最终只得以破产收场的原因。

3. 政府——监管机构相互扯皮

有评论认为，调查报告可被视为美国政府金融监管失败的有力证据。根据调查报告，美国政府的不同监管机构都意识到了雷曼公司的流动性存在严重问题，但采取的监管行动十分有限。2008 年 3 月，贝尔斯通被摩根大通兼并后，美联储通过保兴发展控股设的工具向雷曼公司注入了大量的流动性。同时，负责监管投资银行的美国证券交易所和美联储纽约银行先后对雷曼公司进行了测试，结果显示雷曼公司的财务状况已根本无力应对任何挤兑风潮。面对这一测试结果，美国证券交易所只是降低了对雷曼公司资产价值的估值，但"没有建议或要求雷曼公司在其公开的财务报表中也采取同样的行动"。调查报告出台后，美国证券交易所拒绝置评，美联储纽约银行则表示，他们并不是投资银行的主要监管人。

4. 司法——刑事诉讼并不容易

目前，还没有一位雷曼公司高管因公司破产遭受刑事诉讼。但法律专家认为，调查报告可能会促使雷曼的破产财团、债权人和其他相关部门顺藤摸瓜，以证券欺诈罪对雷曼的前高管、审计方和与雷曼公司破产有关的其他人员采取司法行动。

不过，法律专家也承认，尽管存在着起诉的可能性，但检方要证实相关人员是"有意为之"并非易事。此外，虽然雷曼公司是"金融地震的震中"，但并非唯一的失败者，由于牵涉的因素太多，以至一年半以来没有任何相关人员受到刑事指控。针对有关质疑，包括高盛集团在内的一些华尔街银行近日已表示，自己从未使用类似"回购105"的工具。

5. 背景

2008 年 9 月 14 日，美国政府和华尔街巨头经过艰难谈判做出了放弃救援雷曼兄弟公司的痛苦抉择。次日一早，雷曼提出破产申请。这一美国历史上最大破产案引发连锁反应——保险业巨头美国国际集团（AIG）以及高盛集团、摩根士丹利等大公司深陷困境。这一混乱局面迫使白宫和国会不再扯皮，迅速就总额为 7 000 亿美元的金融救援计划达成一致。

分析与讨论：

（1）为了让公司的财务状况看起来比实际情况"健康得多"，雷曼公司采取了哪些会计行为？人为调控了报表的哪部分内容？

（2）财务报告对一个公司意味着什么？能发挥什么神奇的作用？

阅读篇目

［1］财政部颁布的《企业会计准则——基本准则》（2014 年 7 月修订版）

［2］财政部颁布的《企业会计准则——财务报表列报》（2006 年版）

［3］财政部颁布的《企业会计准则第 30 号——财务报表列报 》（2014 年 7 月修订版）

透过数字看企业

【学习目标】
- 明确财务报表分析的主体、作用
- 掌握财务报表分析的主要内容、主要原则
- 掌握财务分析的基本方法
- 熟悉财务报表分析的步骤，明确财务报表分析的具体操作思路
- 建立起财务分析的逻辑框架

【项目导航】

通化金马股份有限公司（以下简称"通化金马"）在2000—2002年期间，利用股权的频繁转让和"奇圣胶囊"的收购和注销，连续上演了一场长达三年的会计数字游戏。通化金马在此期间的财务报表存在着严重的粉饰现象，有些粉饰现象甚至构成财务舞弊（如"奇圣胶囊"的巨额销售退回），财务报表根本不能反映其真实的财务状况和经营业绩。令人遗憾的是，为其审计的会计师事务所竟然没有发现通化金马一些显而易见的舞弊和粉饰行为，在三年内均为通化金马出具了标准无保留意见的审计报告，已构成重大审计失败，严重误导了财务报表使用者。

尽管如此，人们还是可以通过财务分析的办法，透过数字看到企业当初的意图。

通化金马2000—2002年度财务报表及其附注存在一些明显的"预警信号"，强烈地暗示着该公司存在严重的财务报表粉饰行为。

仅以2000年度为例，通化金马至少存在以下一些不合规的行为。

(1) 经营业绩的"大幅提升"与内部职工股和控股股东的变动保持"同步"。2000年度对通化金马是一个非同寻常的年份——内部职工股上市以及控股股东由国有变为民营。当年，通化金马的主营业务收入和净利润分别比1999年增长了77%和158%，而这主要"归功于"2000年9月通过"竞拍"购得的"奇圣胶囊"。分部报告显示，2000年仅"奇圣胶囊"的销售收入就达2.77亿元，贡献的毛利率高达2.34亿元（按当年的主营业务利润率推算）。"奇圣胶囊"的购买和经营业绩的大幅提升，与内部职工股上市和控股股东变动如此"合拍"，财务报表粉饰的企图暴露无遗。

(2) 与1999年相比，2000年净利润的增幅远远大于主营业务收入的增长幅度，2000年主营业务利润率高达84.4%，比1999年的62.4%高出22%。这些现象意味着通化金马可能存在着低估成本费用的现象。

(3) 2000年年末，应收账款高达51 005万元，占资产总额的22.5%，但通化金马坏账

准备的计提比例（账龄 3 年至 4 年计提比例为 20％，4 年至 5 年为 50％）明显偏低，显失稳健。

资料来源：黄世忠. 财务报表分析：理论·框架·方法与案例［M］. 北京：中国财政经济出版社，2007

财务分析是以会计核算和报表资料及其他相关资料为依据，采用一系列专门的分析技术和方法，对企业等经济组织过去和现在有关筹资活动、投资活动、经营活动、分配活动的盈利能力、营运能力、偿债能力和增长能力状况等进行分析与评价的经济管理活动。它是为企业的投资者、债权人、经营者及其他关心企业的组织或个人了解企业过去、评价企业现状、预测企业未来做出正确决策提供准确的信息或依据的经济应用学科。

财务报表分析又称财务分析，是通过收集、整理企业财务会计报告中的有关数据，并结合其他有关补充信息，对企业的财务状况、经营成果和现金流量情况进行综合比较和评价，为财务会计报告使用者提供管理决策和控制依据的一项管理工作。

以上所述并无本质区别，只是前述的角度更为宽泛。

学习时，要注重掌握财务分析的基本理念、财务分析方法、财务分析的专业流程，要结合财务报表及相关会计资料，对企业的经济业务活动进行专业分析。财务报表能够全面反映企业的财务状况、经营成果和现金流量情况，但是单纯从财务报表上的数据还不能直接或全面说明企业的财务状况，特别是不能说明企业经营状况的好坏和经营成果的高低，只有将企业的财务指标与有关的数据进行比较，才能说明企业财务状况所处的地位，因此要进行财务报表分析。

任务 2.1　掌握财务报表分析的基本理念

任务描述

明确财务分析的主体、财务分析对象的特征和财务分析的内容；掌握进行财务分析的切入点、逻辑框架及整体思路。

知识准备

一、财务报表分析的主体

财务报表的使用人有许多种，包括债权人、投资人、经理人员、政府机构有关人士，以及其他与企业有利益关系的人士。他们出于不同目的使用财务报表，需要不同的信息，采用不同的分析程序。

（一）债权人

债权人是指借款给企业并得到企业还款承诺的人。债权人关心企业是否具有偿还债务的能力。债权人可以分为短期债权人和长期债权人。

债权人的主要决策是决定是否给企业提供信用，以及是否需要提前收回债权。他们进行财务报表分析是为了回答以下几方面的问题。

(1) 公司为什么需要额外筹集资金。

(2) 公司还本付息所需资金的可能来源是什么。

(3) 公司对于以前的短期和长期借款是否按期偿还。

(4) 公司将来在哪些方面还需要借款。

（二）投资人

投资人是指公司的权益投资人，即普通股东。普通股东投资于公司的目的是扩大自己的财富。他们所关心的包括偿债能力、收益能力以及风险等。

权益投资人进行财务报表分析，是为了回答以下几方面的问题。

(1) 公司当前和长期的收益水平高低，以及公司收益是否容易受重大变动的影响。

(2) 目前的财务状况如何，公司资本结构决定的风险和报酬如何。

(3) 与其他竞争者相比，公司处于何种地位。

（三）经理人员

经理人员是指被所有者聘用的、对公司资产和负债进行管理的个人组成的团体，有时称之为"管理当局"。

经理人员关心公司的财务状况、盈利能力和持续发展的能力。经理人员可以获取外部使用人无法得到的内部信息。他们分析报表的主要目的是改善报表。

（四）政府机构有关人士

政府机构也是公司财务报表的使用人，包括税务部门、国有企业的管理部门、证券管理机构、会计监管机构和社会保障部门等，如证监会、保监会、银监会、电监会、国资委等。政府机构使用财务报表是为了履行自己的监督管理职责。

（五）其他方面

其他与企业有利益关系的人士包括供应商、客户、内部员工等，既有来自企业内部的管理需求者，又有来自企业外部的管理需求者。

二、财务报表分析的作用

财务报告能够提供一个企业在一定时点的财务状况或一个时期的经营成果以及现金流量变动的信息。这些信息分布在资产负债表、利润表和现金流量表以及会计报表附表、会计报表附注、财务情况说明书之中。为了对企业的财务状况、经营成果、现金流量以及企业面临的风险做出全面的判断，对企业未来发展前景做出预测，就需要用到财务报表分析技术。财务会计报告分析的重点是对财务报表进行分析。

🔔**提示**

财务报表分析所提供的信息是否对决策者有作用，可以从企业内部与企业外部两个方面来理解。

对企业内部的决策者来说，分析财务报表所获得的各种信息，如同各种不同的信号一样，可借以提示企业生产经营者，并作为决策的依据。因此，企业财务报表分析的内部作用，在于指明企业生产经营中存在的问题，并进一步追查其原因和做出改进的决策。当然，财务报表分析本身并非是解决问题的答案，而只是发现问题的过程。

对企业外部的决策者来说，分析企业财务报表，在于从对企业财务状况、经营成果、现金流量的分析过程中，判断其相互间的关系，以寻求具有决策意义的相关信息。因此，企业财务报表分析的外部作用，在于为企业外部决策者做出正确决策所需要的相关信息。

总体上看，财务报表分析的作用一般可以概括为以下三个方面。

(一) 衡量企业财务状况

通过对企业会计报表的分析，可以了解企业目前资产结构，分布情况如何；企业的资金从何处取得，其融资结构如何；了解企业经营方针，尤其是投资管理的方针和企业内部资金流转的情况，借以判断企业在经营上的动力如何，财务上是否稳妥可靠；了解企业一系列的财务问题，如购进一项资产的资金来源是靠企业本身的营业盈余还是靠借债或发行股票，营业所得的资金与借款流入的资金的比例是否恰当等。熟知各项会计信息，可以帮助企业会计报表使用者提供了解企业目前财务状况的真相，通过科学数据衡量企业目前的财务状况，评价企业未来发展的潜在能力。

(二) 评价企业生产经营业绩

企业会计报表只能概括地反映企业过去的财务状况、经营成果和现金流量，如果不将报表上所列数据进一步加以剖析，势必不能充分理解这些数字的意义，不能充分掌握数据所传递的信息。这样，就无法对企业财务状况的好坏、企业经营成果的大小、企业经营管理是否健全以及企业发展前景如何做出有事实根据的结论。因此，不论报表编得如何精细，也不管报表上的数据如何重要，要进行正确的决策，还需要对报表数据进一步加工，对其进行分析、比较、评价和解释。企业的经营管理者和其他报表使用者，要根据会计报表上的各项数据，有重点、有针对性地加以考虑和分析研究，了解企业过去的生产经营业绩，如利润的多少、投资报酬率的高低、销货量的大小、现金流量等。根据上列各项会计报表信息和指标，借以评价企业财务状况的好坏、经营成果的大小和经营管理上的得失，并与同行业相对比，以评价企业的成败得失。

(三) 预测企业发展趋势

企业的未来经营活动都是在一定的客观经济条件下进行的，都要受到客观条件的制约，并受客观的经济规律的支配。企业为了科学地组织生产经营，最有效地使用人力、物力和财力，实现最佳的经济效益。在规划未来的经济活动中，必须善于从客观的经济条件出发，按照客观经济规律办事，预测企业未来的发展趋势，并据以做出正确的决策。在这些方面，企业会计报表分析具有重要的作用。因为通过会计报表分析，可从经济活动这一复杂的现象中，把那些基本的、企业所需要的东西提取出来，然后针对目前的情况，权衡未来发展的可能趋势，并做出相应的决策。对会计报表所提供的会计信息和其他经济信息，通过分析，加工改造，提高质量，使之形成与预测企业未来发展的趋势有相关性的精髓信息，从而提高经济决策的科学性。

🔔**提示**

企业的财务和经营风险、报酬及发展潜力是利益相关者进行合理投资、信贷和经营决策的重要依据。而有关企业的财务和经营风险、报酬及发展潜力，主要是通过财务报表体现出来的。因此，进行财务报表分析，对利益相关者评价企业并进行决策具有重要的意义。

三、财务报表分析的原则

财务报表分析的原则是指各类报表使用人在进行财务分析时应遵循的一般规范，可以概括为：目的明确原则；实事求是原则；全面分析原则；系统分析原则；动态分析原则；定量分析与定性分析结合原则；成本效益原则。

四、财务报表分析的对象

财务报表分析的对象是企业的各项基本活动。财务报表分析就是从报表中获取符合报表使用人分析目的的信息，认识企业活动的特点，评价其业绩，发现其问题。

企业的基本活动分为筹资活动、投资活动和经营活动三类。

（1）筹资活动是指筹集企业投资和经营所需要的资金，包括发行股票和债券、取得借款，融资租赁以及因此而发生的还本付息、支付股利活动。

（2）投资活动是指将所筹集到的资金分配于资产项目，包括购置各种固定资产、无形资产和其他长期资产以及有价证券。

（3）经营活动是在必要的筹资和投资前提下，运用资产赚取收益的活动，它至少包括研究与开发、采购、生产、销售和人力资源管理等五项活动。经营活动是企业收益的主要来源。

🔔**提示**

企业的三项基本活动是相互联系的，在业绩评价时不应把它们割裂开来。

ⓘ**请注意**

财务报表分析的起点是阅读财务报表，终点是做出某种判断（包括评价和找出问题），中间的财务报表分析过程由比较、分类、类比、归纳、演绎、分析和综合等认识事物的步骤和方法组成。其中，分析与综合是两种最基本的逻辑思维方法。因此，财务报表分析的过程也可以说是分析与综合的统一。

五、财务报表分析的内容

不同的报表使用者由于其对财务信息的需求不同，因而相应地财务报表分析的内容也不同。但概括起来，财务报表分析的内容主要包括以下几个方面。

（一）资本结构分析

企业在生产经营过程中周转使用的资金包括从债权人借入和企业自有两部分，它们是以不同的形态分配和使用。资本结构的建立和合理与否直接关系到企业经济实力的充实和经营基础的稳定与否。分析资本结构对企业的经营者、投资者或债权人都具有十分重要的意义。

（二）偿债能力分析

企业在生产经营过程中，为了弥补自有资金的不足经常通过举债筹集部分生产经营资金。因此企业经营者通过财务报表分析测定企业的偿债能力有利于做出正确的筹资决策。而对债权人来说，偿债能力的强弱是其做出贷款决策的基本依据。

（三）获利能力分析

获取利润是企业的最终目的，也是投资者投资的基本目的。获利能力的大小显示着企业经营管理的成败和企业未来前景的好坏。

（四）资金运用效率（营运能力）分析

资金利用效率的高低直接关系到企业获利能力大小，预示着企业未来的发展前景，是企业经营者和投资者财务报表分析的一项重要内容。

（五）发展能力分析

发展能力分析主要是通过财务报表的各项目、各期间的研究和评价，了解企业当期与上期相比、期初和期末相比企业资金、收入、利润、权益等项目增加或减少了多少、是什么原因引起的，从而正确评价企业发展能力，为决策提供充分的依据。

（六）成本费用分析

在市场经济条件下，产品的价格是市场决定的。企业如果能降低成本、减少费用，就会获得较高的利润，从而在市场竞争中处于有利的地位。由于有关成本、费用的报表属于企业内部使用报表，投资者、债权人一般无法取得，因而成本费用的分析是企业经营者财务报表分析的重要内容。

典型任务实例

任务1：公司财务识别性分析。

苹果电脑公司（Apple Computer, Inc.）生产和销售个人电脑、打印机、网络设备和其他高科技产品。

以下是苹果电脑公司2000和1999财政年度的利润表（见表2-1）以及2000年9月30日的资产负债表（见表2-2），请对苹果电脑公司的利润表和资产负债表进行分析。

表 2-1 苹果电脑公司合并利润表

截至 9 月 30 日的财政年度   单位：百万美元

项目	2000 年	1999 年
销售收入	7 983	6 134
减：销售成本	5 817	4 438
毛利	2 166	1 696
减：期间费用	1 644	1 337
其中：研发费用	380	314
销售和管理费用	1 166	996
行政人员奖金	90	—
重组成本	8	27
加：投资收益	367	230
营业利润	889	589
加减：营业外收支	203	87
税前利润	1 092	676
减：所得税费用	306	75
净利润	786	601

表 2-2 苹果电脑公司合并资产负债表

2000 年 9 月 30 日   单位：百万美元

资产	金额		来源	金额	
	期初	期末		期初	期末
现金		1 191	应付账款		1 157
短期投资		2 836	预提费用		776
应收账款（已减坏账准备 64 百万美元）		953	流动负债合计		1 933
存货		33	长期负债		300
递延所得税资产		162	递延所得税负债		463
其他流动资产		252	负债合计		2 696
流动资产合计		5 427	股本		1 578
长期投资		786	留存收益		2 285
不动产、厂房和设备		313	其他累计收益		244
其他长期资产		277	股东权益合计		4 107
资产总计		6 803	来源总计		6 803

工作过程

步骤 1：对利润表的分析。

1. 苹果电脑公司从 1999 财政年度到 2000 财政年度，销售收入增长了多少美元？

2. 苹果电脑公司从 1999 财政年度到 2000 财政年度，销售收入增长的百分比是多少？

3. 苹果电脑公司在 1999 财政年度，毛利占销售收入的百分比是多少？在 2000 财政年度呢？

4. 苹果电脑公司在 1999 财政年度，销售费用和管理费用占销售收入的百分比分别是多少？在 2000 财政年度呢？

5. 苹果电脑公司在 1999 财政年度，研究和开发费用占销售收入的百分比是多少？在

2000财政年度呢？

6. 请评述一下苹果电脑公司在1999财政年度和2000财政年度中销售收入的增长和主要费用的发生趋势。你认为它在2001年销售收入的增长会比2000年更快、更慢、还是差不多？

想一想

利润表分析的核心是什么？

步骤2：对资产负债表的分析。

1. 营运资金是流动资产减去流动负债的差额，请计算苹果电脑公司2000年9月30日的营运资金数额。

2. 流动比率是流动资产除以流动负债的比率，请计算苹果电脑公司2000年9月30日的流动比率。

3. 请计算苹果电脑公司在2000年9月30日，"总负债"除以"负债和股东权益总额"的比率。

4. 请计算苹果电脑公司在2000年9月30日，"总的股东权益"除以"负债和股东权益总额"的比率。

5. 请评述苹果电脑公司在2000年9月30日的财务结构和流动性。

想一想

资产负债表分析的核心是什么？

任务2：列举一家上市公司的财务信息，简要回答以下50个问题。

（一）财务报表一般问题

1. 公司的名称是什么？主业做什么？

2. 公司的行业是什么？在财务数据方面有什么明显的行业特征？

3. 公司的注册地点在哪里？

4. 最近的资产负债表日是在哪一天？

5. 最近一期的利润表包含了哪个时期？

6. 最近一期的现金流量表包含了哪个时期？

7. 找出最近日期公司的总资产、净资产和最近一时期的净利润、经营活动现金净流量。

（二）资产负债表问题

8. 公司最主要的三项资产是什么？

9. 公司最多的三项负债是什么？

10. 公司总资产的年初数是多少？公司总资产的年末数是多少？是否增加？增减的主要原因是什么？

11. 平均总资产是多少？

12. 公司当年年末的股本是多少？

13. 公司年初的股本是多少？

14. 公司股本的算术平均值是多少？

15. 公司年初的股东权益是多少？

16. 公司年末的股东权益是多少？是否保值？有否增值？

17. 公司股东权益的平均值是多少？

18. 公司盈余公积、未分配利润、留存收益的年初数是多少？

19. 公司盈余公积、未分配利润、留存收益的年末数是多少？

20. 公司盈余公积、未分配利润、留存收益增减了多少？原因是什么？

21. 公司应收账款的年初数是多少？年末数是多少？平均值是多少？

22. 公司应收账款增加了还是减少了？对现金余额有什么影响？

23. 公司应收账款增加的原因是什么？

24. 公司存货的年初数是多少？年末数是多少？平均值是多少？

25. 存货和主营业务成本有什么内在关系？

26. 公司存货增加了还是减少了？对现金余额有什么影响？

27. 公司存货增加的原因是什么？列举可以使企业存货增加的三种方式，列举可以使企业存货减少的三种方式。

28. 列举可以使企业总资产增加的三种方式。

29. 列举可以使企业总资产减少的三种方式。

30. 列举可以使企业总负债增加的三种方式。

31. 列举可以使企业总负债减少的三种方式。

32. 列举可以使企业净资产增加的三种方式。

33. 列举可以使企业净资产减少的三种方式。

（三）利润表问题

34. 公司的收入来源于主业吗？

35. 公司最大的费用是什么？

36. 公司当年的净利润是多少？上年的净利润是多少？比上年增减多少？趋势怎样？

37. 公司当年的净利润比上年增减的百分比是多少？

38. 列举可以使企业利润增加的三种方式。

39. 列举可以使企业利润减少的三种方式。

（四）现金流量表问题

40. 公司当年的经营活动产生了多少现金流入？

41. 公司当年的经营活动产生了多少现金流出？最主要的流出项目（原因）是什么？

42. 公司当年的经营活动产生了多少净现金流量？说明什么问题？

43. 公司当年的投资活动产生了多少现金流入？

44. 公司当年的投资活动产生了多少现金流出？最主要的流出项目（原因）是什么？

45. 公司当年的投资活动产生了多少净现金流量？说明什么问题？

46. 公司当年的筹资活动产生了多少现金流入？最主要的流入项目（原因）是什么？

47. 公司当年的筹资活动产生了多少现金流出？最主要的流出项目（原因）是什么？

48. 公司当年的筹资活动产生了多少净现金流量？说明什么问题？

49. 公司当年的全部活动产生了多少净现金流量？说明什么问题？

50. 公司年初的现金是多少？年末的现金是多少？增加了还是减少了？现金变化最主要的原因是什么活动引起的？

动脑筋

总结财务分析的切入点及逻辑框架。

知识与能力拓展

财务分析的切入点及逻辑框架

一般来说，从财务角度看，盈利能力、资产质量和现金流量是系统、有效地分析财务报表的三大逻辑切入点（见图2-1）。任何财务报表，只有同时从这三个切入点进行分析，才不会发生重大的遗漏和偏颇。

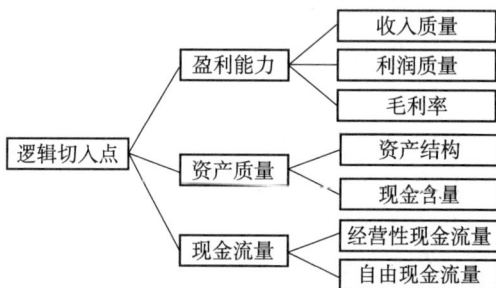

图2-1　财务报表分析的逻辑切入点

盈利能力可以利用利润表提供的资料从收入质量、利润质量和毛利率三个角度进行分析；资产质量可以利用资产负债表提供的资料从资产结构、现金含量两个角度进行分析；现金流量可以利用现金流量表从经营性现金流量和自由现金流量两个角度进行分析。

从财务角度看，盈利能力、资产质量和现金流量是相互关联的。盈利能力的高低受到资产质量和现金流量的直接影响。如果资产质量低下，计价基础没有夯实，报告再多的盈利都毫无意义；如果每年都报告盈利，但经营性现金流量却入不敷出，这种性质的盈利要么质量低下，要么含有虚假成分。同样，资产质量也受到现金流量的影响。

职业能力训练

一、判断题（正确的在括号内打"√"，错误的打"×"）

1. 财务分析是为财务会计报告使用者提供管理决策和控制依据的一项管理工作。（　　）

2. 财务报表分析的本身并非只是发现问题的过程，还是解决问题的答案。（　　）

3. 有关企业的财务和经营风险、报酬及发展潜力，并不能通过财务报表体现

出来。（   ）

4. 合理的财务报表分析必须以战略分析为逻辑出发点。战略分析一般包括会计分析、财务分析和前景分析。（   ）

5. 财务报表分析的起点是获取财务数据，终点是做出某种判断（包括评价和找出问题），中间的财务报表分析过程由分类、比较、类比、归纳、演绎、分析和综合等认识事物的步骤和方法组成。（   ）

二、多选题（下列答案中有一项或多项是正确的，将正确答案前的英文字母填入括号内）

1. 财务报表分析的主体包括（   ）。

A. 投资人　　　　　B. 债权人　　　　　C. 经理人员　　　　　D. 政府机构

2. 财务报表分析的作用主要体现在（   ）。

A. 衡量企业的财务状况　　　　　　　B. 评价企业生产经营业绩

C. 控制企业的经营风险　　　　　　　D. 预测企业发展趋势

3. 财务报表分析的原则有（   ）。

A. 全面分析原则　　　　　　　　　　B. 系统分析原则

C. 成本效益原则　　　　　　　　　　D. 动态分析原则

4. 财务分析的内容包括（   ）。

A. 资本结构分析　　　　　　　　　　B. 获利能力分析

C. 成本费用分析　　　　　　　　　　D. 发展能力分析

5. 财务报表分析的逻辑框架包括（   ）。

A. 战略分析　　　　　B. 会计分析　　　　　C. 财务分析　　　　　D. 前景分析

三、实训

1. 实训目的

掌握财务报表识别性分析。

2. 实训资料

上网搜索一家上市公司的财务信息。

3. 实训要求

列举一家上市公司的财务信息，对典型任务实例中提及的 50 个问题做简要回答。

任务 2.2　掌握财务报表分析的常用方法

任务描述

明确财务分析步骤，掌握常用的财务分析方法，为后面的学习奠定方法基础。

知识准备

了解财务报表分析有哪些需求者以及他们分别需要哪些财务信息，明确财务报表分析的一般步骤，这是财务人员在学习财务分析方法之前必须具备的基本常识。

在财务分析过程中，有效运用财务分析方法，准确对企业进行分析，透过现象看本质，从而达到为财务信息不同的需求者提供决策支持，这是财务人员必备的技能。

现行比较通用的财务分析方法主要有：比较分析法、比率分析法、因素分析法、趋势分析法、结构百分比法、杜邦分析法。

一、财务报表分析的方法

财务报表分析最主要的方法是比较分析法和因素分析法。

（一）比较分析法

比较分析法的理论基础是，客观事物的发展变化是统一性与多样性的辩证结合，共同性使它们具有了可比的基础，差异性使它们具有了不同的特征。在实际分析时，这两方面的比较往往结合使用。

1. 按比较参照标准分类

（1）趋势分析。趋势分析就是分析期与前期或连续数期项目金额的对比。这种对财务报表项目进行纵向比较分析的方法，是一种动态的分析。

🔔**提示**

通过分析期与前期（上月、上季、上年同期）财务报表中有关项目金额的对比，可以从差异中及时发现问题，查找原因，改进工作。连续数期的财务报表项目的比较，能够反映出企业的发展动态，以揭示当期财务状况和营业情况增减变化，判断引起变动的主要项目是什么，这种变化的性质是有利还是不利，发现问题并评价企业财务管理水平，同时也可以预测企业未来的发展趋势。

例如，表 2-3 是 A 商场 2009 年 1～6 月份有关商品销售的资料。

表 2-3　A 商场 2009 年 1～6 月份有关商品销售资料　　　　　　单位：万元

项目	1 月	2 月	3 月	4 月	5 月	6 月
销售收入	1 000	1 100	1 150	1 200	1 300	1 450
销售成本	700	750	780	800	850	950
销售利润	300	350	370	400	450	500

根据表 2-3 提供的资料，可以进一步计算出各项目的趋势百分比（分为定比和环比两种）。以 1 月份为基期，其余各期与基期比较，计算出百分比，即定比（见表 2-4）。

表 2-4　1～6 月份的定比

项目	1 月	2 月	3 月	4 月	5 月	6 月
销售收入/%	100	110	115	120	130	145
销售成本/%	100	107	111	114	121	136
销售利润/%	100	117	123	133	150	167

从表 2-4 可以看出，用百分比反映的变化趋势较之用绝对数（表 2-3）表示，更能说明 A 商场 6 个月来的销售情况：销售收入增长了 45%，销售利润增长了 67%，高于销售收入的增长率，其原因主要是销售成本的增长率低于销售收入的增长率。

将各期项目数和前期数目相比较，计算出百分比，即环比（见表 2-5）。

表 2-5　1~6 月份的环比

项目	1 月	2 月	3 月	4 月	5 月	6 月
销售收入/%	100	110	105	104	108	112
销售成本/%	100	107	104	103	106	112
销售利润/%	100	117	106	108	113	111

从表 2-5 可以看出，销售成本逐月增长，而且增长速度是递增的；销售收入虽然每月都在增长，但增长速度较慢，其结果是销售利润虽然逐月在增长，但增长速度在递减，而且到 6 月份增长率仅为 111%。

（2）同业分析。将企业的主要财务指标与同行业的平均指标或同行业中先进企业指标对比，可以全面评价企业的经营成绩。

同业比较分析的第一步是找出同业比较企业。2001 年 4 月 3 日，中国证监会公布了《上市公司行业分类指引》。根据上市公司的主营业务，对照《上市公司行业分类指引》，可以确定上市公司的行业分类。为了取得比较准确的同业比较分析结果，在《上市公司行业分类指引》基础上，应该进一步细分上市公司所处行业。在上市公司年度报告或中期报告中，可以找到关于公司主营业务的陈述以及主营业务的收入结构。对照《上市公司行业分类指引》，根据公司的主营业务或者占主营业务收入比例大的业务，划分上市公司所处行业，寻找同业比较企业。

🔔**提示**

同业分析的第一步非常重要，如果不能找到合适的同业比较企业，得出的同业比较分析结果可能不准确，甚至毫无意义。

同业比较分析的第二步是计算财务指标或财务数据的同业平均值、同业最高值和同业最低值。

同业比较分析的第三步是找出上市公司严重偏离同业平均水平的财务数据和财务指标，分析它们严重偏离同业平均值的原因。

ⓘ**请注意**

与行业平均指标的对比，可以分析判断该企业在同行业中所处的位置。和先进企业的指标对比，有利于吸收先进经验，克服本企业的缺点。

（3）预算差异分析。将分析期的预算数额作为比较的标准，实际数与预算数的差距就能反映完成预算的程度，可以给进一步分析和寻找企业潜力提供方向。

比较分析法的主要作用在于揭示客观存在的差距以及形成这种差距的原因，帮助人们发现问题，挖掘潜力，改进工作。比较分析法是各种分析方法的基础，不仅报表中的绝对数要通过比较才能说明问题，计算出来的财务比率和结构百分数也都要与有关资料（比较标准）进行对比，才能得出有意义的结论。

2. 按比较的指标分类

（1）总量指标。总量是指财务报表某个项目的金额总量，例如，净利润、应收账款、存货等。

由于不同企业的会计报表项目的金额之间不具有可比性，因此总量比较主要用于历史和预算比较。有时候总量指标也用于不同企业的比较，例如，证券分析机构按资产规模或利润多少建立的企业排行榜。

（2）财务比率。财务比率是用倍数或比例表示的分数式，它反映各会计要素的相互关系和内在联系，代表了企业某一方面的特征、属性或能力。财务比率的比较是最重要的比较。它们是相对数，排除了规模的影响，使不同比较对象建立起可比性，因此广泛用于历史比较、同业比较和预算比较。

财务比率可以分为以下六类。

第一类：短期偿债能力比率，如流动比率、速动比率、现金比率。

第二类：长期偿债能力比率，如资产负债率、产权比率、有形净值债务率和已获利息倍数等。

第三类：营运能力比率，也叫资产管理比率，如存货周转率、流动资产周转率、总资产周转率、应收账款周转率等。

第四类：盈利能力比率，如销售净利率、资产净利率、净资产收益率。

第五类：发展能力比率，如销售增长率、资本积累率、资本保值增值率。

第六类：获取现金能力比率，如现金比率、经营现金利润率、现金流动负债比率。

各种不同的比率说明着不同的关系。由于报表使用者不同，分析比率的着眼点、用途、目的不同，因而比较的标准也有所不同。另外，由于每一个比率只涉及企业生产经营过程中的一种关系，而企业生产经营活动本是错综复杂的，因此应当把各种比率的分析结论有机地结合起来，把比率分析和趋势分析、结构分析等结合起来，才能得出正确结论。

（3）结构百分比。结构百分比是用百分率表示某一报表项目的内部结构。它反映该项目内各组成部分的比例关系，代表了企业某一方面的特征、属性或能力。结构百分比实际上是一种特殊形式的财务比率。它同样排除了规模的影响，使不同比较对象建立起可比性，可以用于本企业历史比较、与其他企业比较和与预算比较。

仍以表 2-3 中 A 商场的销售收入等数据为例，假定销售收入为 100%，计算出其他项目的结构百分比（见表 2-6）。

表 2-6   结构百分比

项目	1月	2月	3月	4月	5月	6月
销售成本/%	70	68	68	67	65	66
销售利润/%	30	32	32	33	35	34
销售收入/%	100	100	100	100	100	100

从各期结构百分比的变动情况可以看出，由于销售成本逐期下降，导致产品利润占销售收入的比重逐期上升。结构分析对于资产负债表和利润表的分析是很有用的。作为基数的项目，在利润表中通常为销售收入，在资产负债表中通常为资产总额、负债总额和所有者权益总额。

(二) 因素分析法

因素分析法是将一项综合性的指标分解为各项构成因素，顺序用各项因素的实际数替换基数，分析各项因素影响程度的一种方法。

因素分析法的具体计算程序如下。

(1) 分解某项综合指标的各项构成因素。

(2) 确定各项因素的排列顺序。

(3) 按排定的顺序和各项因素的基数进行计算。

(4) 顺序将前面那项因素的基数替换成实际数，计算出替换后的结果，与前一次替换后的计算结果进行比较，计算出影响程度，直至替换完毕。

(5) 计算出各项因素影响程度之和，与该项综合性指标的差异总额进行对比，核对是否相符。

例如，表 2-7 是某公司甲产品原材料的费用资料。

表 2-7　某公司甲产品原材料的费用资料

项目	产品产量/件	单位产品消耗量/千克	材料单价/元	材料费用总额/元
定额成本	1 500	32	18	
实际成本	1 600	30	21	
差异				

根据表 2-7 所提供的费用资料，可以进行如下的因素分析。

第一步：初步对比分析。

材料定额成本＝产品产量×单位产品材料消耗量×材料单价

＝1 500×32×18＝864 000（元）

材料实际成本＝产品产量×单位产品材料消耗量×材料单价

＝1 600×30×21＝1 008 000（元）

材料实际成本－材料定额成本＝1 008 000－864 000＝144 000（元）

该材料成本实际比定额超支 144 000 元。

第二步：测定各因素对总差异的影响程度。

材料定额成本（①）＝1 500×32×18＝864 000（元）

替换产量因素后的成本（②）＝1 600×32×18＝921 600（元）

产量变化对材料成本的影响（②－①）＝921 600－864 000＝57 600（元）

替换单耗因素后的成本（③）＝1 600×30×18＝864 000（元）

单耗变化对材料成本的影响（③－②）＝864 000－921 600＝－57 600（元）

替换单价因素后的成本（④）＝1 600×30×21＝1 008 000（元）

单价变化对材料成本的影响（④－③）＝1 008 000－864 000＝144 000（元）

差异合计＝57 600－57 600＋144 000＝144 000（元）

ⓘ 请注意

因素分析法是财务报表分析常用的一种方法，它是指把整体分解为若干个局部的分析方法，包括财务比率的因素分解法和差异因素分解法。

1. 比率因素分解法

比率因素分解法是指把一个财务比率分解为若干个影响因素的方法。例如，资产收益率可以分解为资产周转率和销售利润率两个比率的乘积。财务比率是财务报表分析的特有概念，财务比率分解是财务报表分析所特有的方法。

🔔 提示

在实际的分析中，分解法和比较法是结合使用的。比较之后需要分解，以深入了解差异的原因；分解之后还需要比较，以进一步认识其特征。不断的比较和分解，构成了财务报表分析的主要过程。

2. 差异因素分解法

为了解释比较分析中所形成差异的原因，需要使用差异分解法。例如，产品材料成本差异可以分解为价格差异和数量差异。

在财务报表分析中，除了普遍使用比较分析法和因素分析法之外，有时还要使用回归分析、模拟模型等技术方法。

二、财务报表分析所使用的资料

（一）财务会计报告

财务会计报告是指企业对外提供的反映企业某一特定日期的财务状况和某一会计期间的经营成果、现金流量等会计信息的文件。

（二）会计报表附注及财务情况说明书

附注是对在资产负债表、利润表、现金流量表和所有者权益变动表等报表中列示项目的文字描述或明细资料，以及对未能在这些报表中列示项目的说明等。

附注应当披露财务报表的编制基础，相关信息应当与资产负债表、利润表、现金流量表和所有者权益变动表等报表中列示的项目相互参照。

附注一般应按下列顺序披露。

（1）财务报表的编制基础。

（2）遵循企业会计准则的声明。

（3）重要会计政策的说明，包括财务报表项目的计量基础和会计政策的确定依据等。

（4）重要会计估计的说明，包括下一会计期间内很可能导致资产、负债账面价值重大调整的会计估计的确定依据等。

（5）会计政策和会计估计变更以及差错更正的说明。

（6）对已在资产负债表、利润表、现金流量表和所有者权益变动表中列示的重要项目的进一步说明，包括终止经营税后利润的金额及其构成情况等。

（7）或有和承诺事项、资产负债表日后非调整事项、关联方关系及其交易等需要说明的事项。

企业应当在附注中披露在资产负债表日后、财务报告批准报出日前提议或宣布发放的股利总额和每股股利金额（或向投资者分配的利润总额）。

（三）审计报告

审计报告与财务报表的可信性有密切关系，财务分析人员必须注意注册会计师出具的有关审计报告。

1. 财务报表审计

按照我国现行法律规定，上市公司、国有企业、国有控股或占主导地位的企业的年度财务报表要经过注册会计师审计，对财务报表的合法性、公允性和一贯性发表意见。

2. 审计报告的类型

审计报告分为四种类型：无保留意见的审计报告；保留意见的审计报告；否定意见的审计报告；拒绝表示意见的审计报告。

三、财务报表分析的步骤

财务报表分析的步骤并没有一个定性的规定，因报表分析人的不同，相应步骤也不同。但是经过实践探索，财务报表分析也有一些共性，一般步骤包括以下七步。

（一）明确分析目的

事先要明确分析的目的，不同报表分析人有不同的目的。

（二）设计分析程序

根据分析目的来设置分析程序，不同的分析目的所设置的分析程序也不同，例如，分析用什么财务指标，用什么分析方法，分析到什么层次，用什么来比较等。

（三）收集有关信息

根据确定的范围收集所需资料，主要是财务报表，但也有其他的资料。报表分析人应对收集的有关信息进行加工，例如，简化报表，挑选出分析所用的相关指标等。

（四）将整体分为各个部分

将整体信息划分为需要分析的各个部分，对每个部分进行专项的分析。

（五）研究各个部分的特殊本质

对整体进行细分后，根据数据的相互比较和分析，得出分析所需要的深层次的东西。

（六）研究各个部分之间的联系

把各个部分的分析结果综合考虑，通过财务指标看企业的各项能力。

（七）得出分析结论

对分析结果进行归纳汇总，形成最后的结论。对于专业分析人员来说，自己不是决策人，他们在分析完后，还需要给委托人或上级主管出具一份论据充分、叙述清楚、分析透彻的分析报告，以表达分析的结论，供决策者使用。分析报告不仅仅要表达最终的结论，还应包括分析的过程。分析过程的中间信息对决策人至关重要，它可以使决策人具体认识到该企业或其某一方面。

🔔 **提示**

财务报表分析是在财务报表所披露信息的基础上，进一步提供和利用企业的财务信息，应用于经营管理决策的过程。财务报表分析是以财务报表为主要依据进行的，从提供财务信息的角度看，它是在财务报表所披露信息的基础上，进一步提供和利用财务信息，是财务报表编制工作的延续和发展。

ℹ **请注意**

财务报表分析是一个判断过程。在财务报表分析过程中，通过比较分析，观察经营活动的数量及其差异、趋势、结构比重、比率等方面的变化，了解发生变化的原因，从而对企业的经营活动做出判断；在分析和判断的基础上进行评价和预测。所以，财务报表分析的全过程也就是通过比较分析，对企业的经营活动及其绩效的判断、评价和预测的过程。

科学的评价标准和适应的分析方法是财务报表分析的重要手段。财务报表分析要清楚反映影响企业经营情况的多方面因素，达到全面、客观、公正地做出判断、评价和预测的目的，采用科学的评价标准和适用的分析方法，且把单个方面的分析和整体分析相结合。

ℹ **请注意**

在进行财务报表分析时，应该明确分析的主体，运用合适的分析方法，按要求的步骤进行由浅入深、由此及彼的分析和研究。

✏ **典型任务实例**

任务 1：演练趋势分析方法。

表 2-8 为某公司实现利润情况表，请运用趋势分析方法对其进行分析。

表 2-8　某公司实现利润情况表　　　　　　　　单位：万元

项目名称	2013 年数值	2012 年数值	2011 年数值
销售收入	3 777 042	3 693 361	4 281 492
实现利润	24 867	25 820	49 655

项目名称	2013 年数值	2012 年数值	2011 年数值
营业利润	38 232	38 012	67 349
投资收益	4 944	1 112	2 218
营业外利润	3 933	−4 143	−2 700
补贴收入	880	3 685	2 647

想一想

如何计算环比增长率？

工作过程

步骤 1：根据表 2-8 填写完成表 2-9。

表 2-9　某公司实现利润增减情况表

项目名称	2013 年		2012 年		2011 年	
	数值/万元	增长率/%	数值/万元	增长率/%	数值/万元	增长率/%
销售收入						
实现利润						
营业利润						
投资收益						
营业外利润						
补贴收入						

步骤 2：根据表 2-9 填写完成表 2-10。

表 2-10　某公司实现利润（环比）增长情况表

项目名称	2013 年增长率/%	2012 年增长率/%	2011 年增长率/%
销售收入			
实现利润			
营业利润			
投资收益			
营业外利润			
补贴收入			

步骤 3：根据表 2-9 和表 2-10 计算相关财务指标。

（1）利润总额：2013 年实现利润为 _____ 万元，与 2012 年的 _____ 万元相比 _____ ，增长率 _____ 。

（2）营业利润：2013 年营业利润为 _____ 万元，与 2012 年的 _____ 万元相比 _____ ，增长率 _____ 。

（3）投资收益：2013 年投资收益为 _____ 万元，与 2012 年的 _____ 万元相比 _____ ，增长率 _____ 。

（4）营业外利润：2013 年营业外利润为 _____ 万元，与 2012 年 _____ 万元相比 _____ ，增加 _____ 个百分点。

任务 2：演练结构百分比分析法。

表 2-11 为某公司成本构成表，请运用结构百分比分析法对其进行分析。

表 2-11　某公司成本构成表（占成本费用总额的比例）　　　单位：万元

项目名称	2013 年数值	2012 年数值	2011 年数值
成本费用总额	3 743 269	3 656 507	4 215 831
主营业务成本	3 475 751	3 411 433	3 986 624
销售费用	83 463	65 648	47 037
管理费用	70 101	56 709	63 512
财务费用	79 640	95 405	93 335
主营业务税金及附加	21 198	16 439	18 364

工作过程

步骤 1：根据表 2-11 填写完成表 2-12。

表 2-12　某公司成本构成表（占成本费用总额的比例）

项目名称	2013 年		2012 年		2011 年	
	数值/万元	百分比/%	数值/万元	百分比/%	数值/万元	百分比/%
成本费用总额		100		100		100
主营业务成本						
销售费用						
管理费用						
财务费用						
主营业务税金及附加						

步骤 2：根据表 2-12 计算相关财务指标。

2013 年某公司成本费用总额为_____万元，其中：主营业务成本为_____万元，占成本总额的_____%；销售费用为_____万元，占成本总额的_____%；管理费用为_____万元，占成本总额的_____%；财务费用为_____万元，占成本总额的_____%。

任务 3：演练因素分析法。

表 2-13 为某公司甲产品原材料费用资料，请运用因素分析法对其进行分析。

表 2-13　某公司甲产品原材料费用资料

项目	产品产量/件	单位产品消耗量/千克	材料单价/元	材料费用总额/元
定额成本	2 500	18	12	
实际成本	3 600	20	15	
差异				

步骤 1：初步对比分析。

材料定额成本＝

材料实际成本＝

该材料成本实际比定额超支_____元。

步骤 2：测定各因素对总差异的影响程度。

定额成本（①）＝

替换产量因素后的成本（②）＝

产量变化对材料成本的影响（②－①）＝

替换单耗因素后的成本（③）＝

单耗变化对材料成本的影响（③－②）＝

替换单价因素后的成本（④）＝

单价变化对材料成本的影响（④－③）＝

差异合计＝

结论：

🐭 动脑筋

在进行财务报表分析时，如何有机地运用专门的分析方法，为企业内、外决策者提供帮助？

📝 知识与能力拓展

前面介绍的财务分析方法主要侧重于分析公司的利润表和资产负债表。随着人们对现金流量表的重视程度与日俱增，现金流量表披露信息也日益完善，现金流量信息已在使用者的决策中获得越来越多的应用。

现金流量分析是指对现金流量表上的有关数据进行比较、分析和研究，从而了解企业的财务状况，发现企业在财务方面存在的问题，预测企业未来的财务状况，从而为科学决策提供依据。会计师们可以通过考察现金流量更深入地了解公司经营、投资和筹资效率。

此外，拿到企业的报表，首先不是做一些复杂的比率计算或统计分析，而是通读三张报表（即利润表、资产负债表和现金流量表），看看是否有异常科目或异常金额的科目，或从表中不同科目金额的分布来看是否异常。一家连续盈利的公司业绩一般来讲要比一家前3年亏损、本期却盈利丰厚的企业业绩来得可靠。

将企业与同业比较，小心报表中的"粉饰"。将企业的业绩与同行业指标的标准进行比较，也许会给我们带来更深阔的企业画面：一家企业与自己比较也许进步已经相当快了，比如销售增长了20%，但是放在整个行业的水平上来看，可能就会得出不同的结论；如果行业平均的销售增长水平是50%，那么低于此速度的、跑得慢的企业最终将败给自己的竞争对手。财务报表中粉饰报表、制造泡沫的一些手法，对企业决策绩效的评估容易产生偏差甚至完全出错现象。

📝 职业能力训练

一、判断题（正确的在括号内打"√"，错误的打"×"）

1. 在财务分析中，最关心企业资本保值、增值状况和盈利能力的利益主体是企业经营决策者。（　　）

2. 结构百分比实际上是一种特殊形式的财务比率。（　　）

3. 在财务报表分析中，除了普遍使用比较分析法和因素分析法之外，有时还要使用回归分析、模拟模型等技术方法。（   ）

4. 比率分析的目的就是评价企业在经营管理、投资管理、融资战略和股利政策四个领域的管理效果。（   ）

5. 财务分析方法主要侧重于分析公司的利润表和资产负债表，现金流量表分析并不重要。（   ）

二、多选题（下列答案中有一项或多项是正确的，将正确答案前的英文字母填入括号内）

1. 财务信息的用户主要有（   ）。

A. 投资人   B. 债权人

C. 政府   D. 企业内部

2. 财务报表主要包括（   ）。

A. 主表   B. 报表附注

C. 损益表   D. 附表

3. 企业财务报表中需要对外报送的主表有（   ）。

A. 成本报表   B. 损益表

C. 资产负债表   D. 现金流量表

4. 比较分析法是指将实际达到的数据同指定的各种标准相比较，从数量上确定其差异，并进行（   ）或（   ）的一种分析方法。

A. 因素分析   B. 比率分析

C. 差异分析   D. 趋势分析

5. 比较分析法的具体方法有（   ）。

A. 比率分析法   B. 横向比较法

C. 因素分析法   D. 纵向分析法

6. 因素分析法包括（   ）。

A. 连环替代法   B. 绝对数比较

C. 相对数比较   D. 差额计算法

7. 会计报表分析的方法有（   ）。

A. 因素分析法   B. 趋势分析法

C. 比较分析法   D. 比率分析法

8. 利润增减变动分析采用的方法有（   ）。

A. 因素分析法   B. 对比和趋势分析

C. 差异及变动百分比法   D. 比率分析法

三、实训

1. 实训目的

掌握财务分析方法。

2. 实训资料

某公司的负债变动情况见表2-14。

表 2-14　负债变动情况表

项目名称	2013 年		2012 年		2011 年	
	数值/万元	增长率/%	数值/万元	增长率/%	数值/万元	增长率/%
负债总额	6 880 403		5 061 320		3 671 188	
短期借款	1 075 450		875 838		302 530	
应付账款	2 039 513		1 430 289		954 481	
其他应付款	246 513		73 124		93 593	
流动负债	5 419 421		3 684 291		2 721 283	
长期负债	1 460 982		1 377 030		949 905	

3. 实训要求

根据表 2-14 完成趋势及结构比分析。

公司有息负债及应付票据所占比例_____，占流动负债的_____，表明公司的偿债压力_____。公司经营活动派生的负债资金（如应付账款等）数额_____，占流动负债的_____，资金成本_____。

动脑筋

如何有效运用财务分析的专门方法对企业做出准确的分析和评价？

项目小结

财务分析又称财务报表分析，财务报表是企业财务状况和经营成果的信息载体，但财务报表所列示的各类项目的金额，如果孤立地看，并无多大意义，必须与其他数据相比较，才能成为有用的信息。这种参照一定标准将财务报表的各项数据与有关数据进行的比较、评价就是企业财务分析。具体来说，财务分析就是以财务报表和其他资料为依据和起点，采用专门方法，系统分析和评价企业的财务状况、经营成果和现金流量状况的过程。其目的是评价过去的经营业绩，衡量现在的财务状况，预测未来的发展趋势。

财务分析既是财务预测的前提，也是过去经营活动的总结，具有承上启下的作用。

1. 财务分析是评价财务状况及经营业绩的重要依据

通过财务分析，可以了解企业偿债能力、营运能力、盈利能力和现金流量状况，合理评价经营者的经营业绩，以奖优罚劣，促进管理水平的提高。

2. 财务分析是实现理财目标的重要手段

企业理财的根本目标是实现企业价值最大化。通过财务分析，不断挖掘潜力，从各方面揭露矛盾，找出差距，充分认识未被利用的人力、物力资源，寻找利用不当的原因，促进企业经营活动按照企业价值最大化目标运行。

3. 财务分析是实施正确投资决策的重要步骤

投资者通过财务分析，可了解企业获利能力、偿债能力，从而进一步预测投资后的收益水平和风险程度，以做出正确的投资决策。

案例分析与讨论

蒙牛公司财务分析报告

蒙牛集团总部设在内蒙古呼和浩特市和林格尔盛乐经济园区，前后四期工程占地面积55万平方米，建筑面积14万平方米，员工万余人。

1999年蒙牛创立之时，面临的是"三无状态"：一无奶源；二无工厂；三无市场。公司成立之初，董事会确定了"先建市场、后建工厂"的战略。通过虚拟联合，蒙牛投入品牌、管理、技术、配方，与区内外8家乳品企业合作。当时，比照"哑铃型企业"的说法，蒙牛建立起"两头在内、中间在外"（研发与销售在内、生产加工在外）的企业组织形式。1999年年底，蒙牛建起了自己的工厂，自此由虚转实。

1999年年底，蒙牛总部一期工程竣工投入使用；2000年年底，二期工程投入使用；2002年年底，三期工程投入使用。全部工程均定位于"国内顶尖、国际领先"。其中三期工程是目前全球放置生产线数量最多、日处理鲜奶能力最大、智能化程度最高的单体车间，被世界上最大的牛奶设备制造商瑞典利乐公司列为"全球样板工厂"。2003年年底，四期工程投入使用。与此同时，蒙牛生产基地在内蒙古自治区境内以总部呼和浩特为轴心，向西延伸，进入包头、巴盟等地区；向东延伸，进入兴安盟、通辽等地区；向外省延伸，进入北京、天津、山西、山东、湖北、河南、甘肃、新疆、浙江、黑龙江等省市。目前，企业生产规模不断扩大，开发的产品有液态奶、冰淇淋、奶粉及奶片等系列100多个品种。

通过经济杠杆的调控，蒙牛整合了大量社会资源。目前，参与公司原料、产品等运输的1000多辆运货车、奶罐车、冷藏车及奶站配套设施，近15万平方米的员工宿舍，合计总价值近10亿元，通过当地政府及公司的动员和组织，均由社会投资完成。2002年，摩根士丹利、英联投资公司、鼎晖投资同时投资蒙牛，2003年再次注资。

目前，国内乳业的景气度在逐渐恢复，消费者对国内奶粉品牌的信心也在恢复，一些国内乳业大举进军奶粉市场，而蒙牛也需要加大对奶粉业务的投入，在这一块领域获得话语权，取得市场的制高点。

据中投顾问《2009—2012年中国奶粉市场投资分析及前景预测报告》显示，到2010年，中国将可能成为高端婴幼儿奶粉的第一大市场。中国的婴幼儿奶粉市场有着巨大的发展空间，每年至少需要80万吨，产值在300亿元以上。

分析与讨论：

(1) 这份分析报告中所用到的数据来自于什么资料？

(2) 这份分析报告中用到了哪些分析方法？分析了哪些方面的情况？

(3) 看完这份分析报告，你作为投资者会不会选择蒙牛公司进行投资？为什么？

阅读篇目

[1][美] 埃里克·赫尔弗特. 财务分析技术：价值创造指南 [M].11 版. 刘霄仑，朱晓辉，译. 北京：人民邮电出版社，2010.

[2] 黄世忠. 财务报表分析：理论·框架·方法与案例 [M]. 北京：中国财政经济出版社，2007.

盈利能力分析

【学习目标】

- 熟悉根据项目、任务的需要查阅有关资料的方法
- 明确盈利能力分析的内容与方法
- 掌握盈利能力分析常用财务指标
- 了解盈利能力其他因素的定性分析

【项目导航】

2013 年 1 月 14 日，人民网新闻《国际视野下的茅台正能量》连载中报道：2009 年，美国《福布斯》杂志公布了全球 2 000 个企业排行榜，贵州茅台的排位在过去一年中提升了 55 位，连续多年在中国食品行业中遥遥领先；《财富》（中文版）公布 2009 年度"最受赞赏的中国公司"，国酒茅台作为白酒行业唯一上榜公司，连续第 4 年跻身"最受赞赏的中国公司"全明星榜；英国《金融时报》全球上市公司 500 强排行榜，茅台列第 363 名，并排全球饮料行业第 9 名；茅台品牌跻身世界酒业品牌 50 强，位于第 9 位；胡润中国品牌榜，茅台更是以 290 亿元的品牌价值挺进前 10 位。2012 年 5 月，茅台首次以 118.38 亿美元的品牌价值被全球知名品牌调查公司评选机构华通明略列入"2012 年最有价值全球品牌"百强，位列全球最具品牌价值企业排行榜第 69 位。这是多年来国际知名机构对茅台品牌的又一次认可。这些荣誉表明高举民族精品大旗的茅台已经以更加宏大的全球视野，开始了国酒品牌的国际版图扩张。

统计数据表明，1998—2012 年，茅台集团累计实现税金 495 亿元，并在过去 14 年中，解决 13 000 多人就业。茅台集团主导产品的销售量、利税总额、利润、税金、人均创利税、人均上缴税金、品牌价值等高居中国白酒行业榜首，贵州茅台股票继续保持沪深两市第一高价股地位，总市值遥遥领先同行业上市公司，进一步巩固和提升了茅台酒"世界蒸馏酒第一品牌"的地位。

在这些荣誉的背后，我们思考的是茅台是怎样将民族的精品振翅翱翔在国际版图上的？这就涉及本项目的主题——企业盈利能力分析。

盈利能力是指企业获取利润的能力，反映企业的经营业绩。企业的盈利能力越强，它给予股东的回报越高，企业价值越大。同时盈利能力越强，带来的现金流量越多，企业的偿债能力得到加强。在企业的财务评价体系中，盈利能力是核心，不论是投资人、债权人还是企业管理人员，都日益重视和关心企业的盈利能力。对企业盈利能力进行分析时，在考虑绝对值的基础上，往往更多地考虑相对值指标。相对值指标一般用各种比率指标进行

反映。在这里我们分为 4 个方面来进行分析，分别是销售盈利能力、资产盈利能力、成本费用盈利能力和股东盈利能力。

本项目主要引导学生熟悉企业盈利能力分析的方法，掌握盈利能力分析常用指标的计算，并能够利用这些指标评价企业盈利能力，了解其他因素对企业盈利能力的影响。学习时，要理解相关指标的意义，提高综合运用分析指标客观评价企业盈利能力的能力。

任务 3.1　销售盈利能力分析

任务描述

明确销售盈利能力分析的内容与方法，掌握销售盈利能力分析常用指标的计算与应用。

知识准备

对企业销售活动的盈利能力分析是企业盈利能力分析的重点。在企业利润形成中，营业利润是主要来源，而营业利润高低关键取决于商品销售的增长幅度。商品销售额的增减变化，直接反映了企业生产经营状况的优劣和经济效益的高低。

销售盈利能力分析是以营业收入为基础的，通过利润表中的各利润项目与之做出比较，来求得单位收入的盈利水平。因此，销售盈利能力的分析常用的方法是比较分析法、比率分析法，反映销售盈利能力的主要指标包括销售毛利率、营业利润率和销售净利润率。评价销售盈利能力的数据均来自于利润表。

一、销售毛利率

销售毛利率是销售毛利与销售收入净额（营业收入）之比，其中销售毛利是销售收入净额（营业收入）与销售成本（营业成本）的差额。其计算公式为

$$销售毛利率 = \frac{营业收入 - 营业成本}{营业收入} \times 100\%$$

提示

销售毛利率在一定程度上反映企业生产环节效率的高低，即企业营业活动流转额初始盈利能力的强弱，体现了企业的盈利空间和基础。销售毛利对于企业是非常重要的，毛利不仅是企业利润的起点，也是企业分配现金流的起点。企业如果没有足够多的毛利做保障，很可能会陷入收不抵支的状态。较高的销售毛利率预示着企业有更多的机会获得较多的利润。

请注意

在分析企业的毛利率时，应注意以下两个方面。

（1）毛利率具有明显的行业特征，不同行业的毛利率会有很大差别。例如，商品零售

业的毛利率比较低，制造业的毛利率比较高。在分析企业的毛利率时，应与同行业平均水平相比较，这样可以揭示企业在定价决策、成本控制等方面存在的问题，还可以表明企业在同行业中的市场竞争力，从而正确评价企业的盈利能力，找出原因，提高企业的盈利能力。

（2）毛利率的下降可能意味着价格竞争正在损害企业，企业成本可能失去控制，或者企业的产品组合可能发生变化。

二、营业利润率

营业利润率是指营业利润和营业收入之间的比例关系，体现每 1 元的营业收入能够带来多少营业利润。其计算公式为

$$营业利润率 = \frac{营业利润}{营业收入} \times 100\%$$

🔔 提示

营业利润率综合反映企业具有稳定的和持久性的收入和支出因素。首先，营业利润率不仅考核主营业务的盈利能力，还考虑了非主营业务的盈利能力，在企业多元化经营的今天，对企业盈利能力应进行综合分析，该指标具有重要的现实意义。其次，营业利润率还将企业本期的间接费用纳入支出项目进行盈利扣减，更能反映营业利润率的稳定性和持久性。

ⓘ 请注意

同时考察营业利润率和毛利率可以获得更多的信息。例如，在毛利率没有下降的情况下，营业利润率的下降表明了企业管理不善，有可能存在期间费用增加而销售收入没有相应增长的情况。

三、销售净利率

销售净利率是指企业实现的净利润与营业收入的对比关系，用以衡量企业在一定时期销售收入获取利润的能力。其计算公式为

$$销售净利率 = \frac{净利润}{营业收入} \times 100\%$$

🔔 提示

销售净利率可以看作每实现 1 元的收入能给企业带来多少净利润。销售净利率是企业销售的最终盈利能力指标。销售净利率低，表明企业经营者未能创造足够多的销售收入或未能控制好成本费用。该指标数越高越好，数值高表明企业的盈利能力强。

ⓘ 请注意

在分析企业的销售净利率时，应注意以下四个方面。

（1）对于单个企业来说，销售净利率指标越大越好，但各行业内的竞争能力、经济状

况、利用负债融资程度及行业经营特征，使得不同行业的指标不尽相同。越是高科技企业，其销售净利率也越高；越是重工业和传统制造业，其销售净利率也越低。因此，在使用该比率分析时，要注意与同行业其他企业进行对比分析。在进行不同行业间比较时，必须考虑不同行业和不同时期的情况，设定参考基准进行比较，否则将无法得出正确结论。

（2）从指标计算可以看出，只有当净利润的增长速度快于销售收入净额的增长速度时，销售净利率才会上升。通过这一指标的分析，可以促使企业在扩大销售的同时注意改进经营管理，提高盈利水平。

（3）由于净利润中包含波动较大的营业外收支净额和投资收益，该指标年际之间的变化相对较大。

（4）销售净利率和销售毛利率的关系：毛利率是企业盈利的基础素质，净利率则代表企业最终成绩。尽管有时毛利率大，也可能净利小甚至亏损，这是由于企业期间费用太大等原因所导致的，但实际上毛利率对企业来说更为关键。

典型任务实例

任务 1：贵州茅台酒股份有限公司（股票代码：600519）销售盈利能力分析。

工作过程

步骤 1：收集贵州茅台酒股份有限公司 2009—2013 年的财务报告。

步骤 2：确定销售盈利能力评价所需指标。

想一想

指标计算需要选取的数据有哪些？

步骤 3：计算相关指标，评价销售盈利能力。

计算结果见表 3-1。

表 3-1　贵州茅台酒股份有限公司销售盈利能力分析

年份 项目	2009	2010	2011	2012	2013
销售毛利率/%	90.17	90.95	91.57	92.27	92.90
营业利润率/%	62.83	61.56	67.04	71.18	70.47
销售净利率/%	47.08	45.90	50.27	52.95	51.63

从表 3-1 可知，贵州茅台酒股份有限公司销售盈利能力稳定，各项指标显示：企业销售盈利能力均表现很好，销售毛利率每年都在 90% 以上，并且逐年递增，说明企业生产环节效率很高，给企业销售盈利创造的基础和空间很大；营业利润率的平均水平在 66.62%，说明企业主业创造盈利的能力很强，期间费用控制很好；销售净利率的平均水平在 50%，说明企业销售的最终盈利能力很强。

任务 2：中国石油化工股份有限公司（股票代码：600028）销售盈利能力分析。

工作过程

步骤 1：收集中国石油化工股份有限公司 2009—2013 年的财务报告。

步骤 2：确定销售盈利能力评价所需指标。

步骤 3：计算相关指标，评价销售盈利能力。

计算结果见表 3-2。

表 3-2　中国石油化工股份有限公司销售盈利能力分析

项目＼年份	2009	2010	2011	2012	2013
销售毛利率/％	23.46	19.66	16.46	14.85	14.70
营业利润率/％	5.96	5.30	4.03	3.16	3.35
销售净利率/％	4.76	4.02	3.07	2.38	2.48

从表 3-2 可知，中国石油化工股份有限公司销售盈利能力呈下降趋势，各项指标显示：企业销售盈利能力表现并不理想，销售毛利率平均水平在 17.83％，并且逐年递减，说明企业生产环节效率下降趋势明显，给企业销售盈利创造的基础和空间不高；营业利润率的平均水平在 4.36％，说明企业主业创造盈利的能力较弱，期间费用支出较大；销售净利率的平均水平在 3.34％，说明企业销售的最终盈利能力不强。

但是，中国石油化工股份有限公司作为国内能源行业龙头企业，拥有极强的竞争力和突出的市场地位，因此还需结合行业内整体情况分析其销售盈利能力。例如，受国家政策性要求对石油售价进行价格管控等因素影响，导致营业收入增长空间受限，在此情况下，如果成本费用持续增加的话，必然导致企业销售盈利能力下降。

🔧 **动脑筋**

如何利用销售盈利能力指标进行综合分析。

任务 3： 贵州茅台酒股份有限公司同行业 5 家上市公司销售盈利能力的横向比较分析。

步骤 1：收集贵州茅台酒股份有限公司同行业 5 家上市公司 2013 年的财务报告。

步骤 2：确定销售盈利能力评价所需指标。

步骤 3：计算相关指标，进行销售盈利能力的横向比较分析。

计算结果见表 3-3。

表 3-3　酒业上市公司的销售盈利能力指标
2013 年 12 月 31 日

项目	贵州茅台（600519）	山西汾酒（600809）	老白干（600559）	水井坊（600779）	沱牌舍得（600702）
销售毛利率/％	92.90	75.07	50.72	69.93	60.41
营业利润率/％	70.47	24.39	5.60	−31.60	3.39
销售净利率/％	51.63	16.19	3.64	−31.25	0.83

根据表 3-3 可以得出以下结论。

(1) 销售毛利率最多的公司是贵州茅台，销售毛利率为 92.90％；销售毛利率最少的公司是老白干，销售毛利率为 50.72％。这意味着，与同行业其他企业相比较，贵州茅台在生产环节的效率最高，给企业销售盈利创造的基础和空间最大。

(2) 营业利润率最高的公司是贵州茅台，营业利润率为 70.47％；营业利润率最低的公司是水井坊，营业利润率为 -31.60%；这意味着，与同行业其他企业相比较，贵州茅台的营业收入为企业带来的利润最高，说明企业主业创造盈利的能力很强。

（3）销售净利率最高的公司是贵州茅台，销售净利率为51.63%；销售净利率最低的公司是水井坊，销售净利率为-31.25%。这意味着，与同行业其他企业相比较，贵州茅台营业收入为企业带来的净利润最多，说明企业销售的最终盈利能力很强，对成本费用控制得好。

知识与能力拓展

企业盈利能力分析的重要意义

利润是投资者取得投资收益、债权人收取债务本息、国家取得财政税收、企业职工获得劳动收入和福利保障的资金来源，同时，企业盈利能力也是衡量经营者经营业绩的集中体现。企业盈利能力分析的意义包括以下四个方面。

1. 有助于保障投资人的所有者权益

投资人的投资动机是获取较高的投资回报。一个不能盈利、甚至赔本的经营项目对投资人的投资会构成严重威胁。特别是在企业所有权与经营权相分离的股份有限公司，企业经营者更要对广大的股东投资承担起管好用好资金、保障他们权益的责任。若企业经营得好，盈利能力就强，就能给企业带来较丰厚的利润，从而使权益性股份每股账面价值加大，每股所得利润增多，还能使每股分得较多的股利。而且，这样的业绩往往会引起公司股票市价的升值，给公司股东带来双重好处。总之，具有较强的盈利能力既能为企业进一步增资扩股创造有利条件，又能给更多的投资人带来新的投资机会。

2. 有利于债权人衡量投入资金的安全性

向企业提供中长期贷款的债权人十分关心企业的资本结构和长期偿债能力，从而衡量他们能否收回本息的安全程度。从根本上看，企业是否具有较强的盈利能力以及盈利能力的发展趋势乃是保证中长期贷款人利益的基础所在。一般而言，金融机构向企业提供中长期贷款的目的是为了增加固定资产投资，扩大经营规模。当新建项目投入使用后，若不能给企业带来收益或只能带来较少的收益，不具备或者基本不具备盈利能力，就难以承担贷款利息及本金的偿付重担。若具有较强的盈利能力，往往说明企业管理者经营有方，管理得当，企业有发展前途，这实际上也就给信贷资本提供了好的流向和机会。

3. 有利于政府部门行使社会管理职能

政府行使其社会管理职能，要有足够的财政收入作保证。税收是国家财政收入的主要来源，而税收的大部分又来自于企业单位。企业盈利能力强，就意味着实现利润多，对政府税收贡献大。各级政府如能集聚较多的财政收入，就能更多地投入于基础设施建设、科技教育、环境保护以及其他各项公益事业，更好地行使社会管理职能，为国民经济的良性运转提供必要的保障，推动社会向前发展。

4. 有利于保障企业职工的劳动者权益

企业盈利能力强弱、经济效益大小，直接关系到企业员工自身利益。实际上也成为人们择业的一个比较主要的衡量条件。企业的竞争说到底是人才的竞争。企业经营得好，具有较强的盈利能力，就能为员工提供较稳定的就业岗位、较多的深造和发展机会、较丰厚的薪金及物质待遇，为员工工作、生活、健康等各方面创造良好的条件，同时也就能吸引住人才，使他们更努力地为企业工作提供经济保障。

总之，盈利能力能够用以评价一个企业的经营业绩、管理水平，乃至预期它的发展前途，对企业关系重大。因而，盈利能力成为企业以及其他相关利益群体极为关注的一项重要内容。

职业能力训练

一、判断题（正确的在括号内打"√"，错误的打"×"）

1. 通常人们所说的毛利是指利润总额。（　　）

2. 营业利润是企业营业收入与营业费用及税金之间的差额。（　　）

3. 衡量企业经营活动初始盈利能力的指标是销售毛利率。（　　）

4. 销售净利率越高越好。（　　）

二、单选题（下列答案中有一项是正确的，将正确答案前的英文字母填入括号内）

1. 营业利润率指标计算中，分子是指（　　）。

A. 营业利润　　　　B. 销售利润　　　　C. 税前利润　　　　D. 息税前利润

2. 某公司的净利润是 136 万元，销售收入是 3 000 万元，销售净利率是（　　）%。

A. 4　　　　　　　B. 5　　　　　　　C. 4.53　　　　　　D. 6

3. 下列各项中会引起企业销售净利润率下降的是（　　）。

A. 增加销货　　　　B. 加速折旧　　　　C. 降低单位成本　　D. 提高售价

4. 某产品的销售单价是 180 元，单位成本是 120 元，本月实现销售 2 500 件，则本月实现的毛利额是（　　）元。

A. 300 000　　　　B. 450 000　　　　C. 750 000　　　　D. 150 000

三、实训

1. 实训目的

掌握企业销售盈利能力分析常用指标的应用。

2. 实训资料

选取同一行业五家公司同一年度财务报告。

3. 实训要求

（1）选取销售盈利能力分析指标。

（2）计算各企业的指标值。

（3）比较评价各企业的销售盈利能力。

任务 3.2　资产盈利能力分析

任务描述

明确资产盈利能力分析的内容与方法，掌握资产盈利能力分析常用指标的计算与应用。

资产盈利能力是指企业资产项目的盈利能力，这是从资产使用效率的角度来分析资产的盈利能力。资产盈利能力分析常用的方法是比率分析，通过分析计算相关的财务比率评价企业的资产盈利能力。用以分析、评价资产盈利能力的指标主要有总资产报酬率和净资产收益率。

一、总资产报酬率

总资产报酬率又称总资产收益率，反映了企业利用全部经济资源的获利能力。其计算公式为

$$总资产报酬率 = \frac{净利润}{总资产平均余额} \times 100\%$$

其中

$$总资产平均余额 = \frac{期初资产总额 + 期末资产总额}{2}$$

提示

总资产报酬率是指每 1 元资产能够创造的净利润是多少，它是反映企业资产综合利用效果的指标。比率越高，证明企业资产利用的效益越好，利用全部资产创造的利润也越多，整个企业的盈利能力越强，财务管理的水平也就越高。

请注意

在进行总资产报酬率的分析时，应注意以下五个方面。

（1）总资产报酬率反映企业资产利用的综合效果。总资产报酬率是一个综合性较强的指标，与企业经营管理的各个方面相关。企业综合经营管理水平越高，各部门、各环节的工作效率和工作质量越高，资产运用越得当，费用控制越严格，利润水平越高，总资产报酬率越高。反之亦然。

（2）总资产报酬率的高低主要取决于总资产周转速度的快慢以及利润的大小。企业销售利润率越大，资产周转速度越快，则总资产报酬率越高。因此，提高总资产报酬率可以从两方面入手：一方面加强资产管理，提高资产利用率；另一方面加强销售管理，增加销售收入，提高利润水平。

（3）总资产报酬率是一个综合指标，为了正确评价企业经济效益的高低，挖掘提高利润水平的潜力，可以用该项指标与本企业前期、与计划、与本行业平均水平和本行业内先进企业进行对比，分析形成差异的原因。

（4）企业的总资产来源于所有者投入资本和举债两个方面，因此，总资产报酬率不能够反映出企业自有资本获取收益的能力。

（5）计算时，分子也可以采用"息税前利润"（息税前利润＝利润总额＋利息支出），这样可以排除不同企业由于资金结构、筹资方式不同而对总资产报酬率可比性降低的影响。

二、净资产收益率

净资产收益率又称为所有者权益收益率、自有资金利润率、权益报酬率等，它是净利润与平均所有者权益（股东权益）的百分比。其计算公式为

$$净资产收益率 = \frac{净利润}{(期初所有者权益 + 期末所有者权益) \div 2} \times 100\%$$

🔔 **提示**

净资产收益率是通过所有者权益角度来看企业的盈利能力，指标高说明投入企业的资本回报水平高，企业盈利能力强。

ℹ️ **请注意**

在进行净资产收益率分析时，应该考虑以下三个方面。

（1）净资产收益率反映所有者投资的获利能力，该比率越高，说明所有者投资带来的收益越高。

（2）净资产收益率是从所有者角度考查企业盈利水平高低，而总资产报酬率则从所有者和债权人两方面来共同考查整个企业盈利水平。在相同的总资产报酬率水平下，由于企业采用不同的资本结构形式，即不同的负债与所有者权益比例，会造成不同的所有者权益收益率。

（3）净资产收益率充分体现了投资者投入企业自有资本获取净收益的能力，突出反映了投资与报酬的关系，是一个既反映获利能力又反映资本安全程度的综合性指标，是衡量企业盈利能力的主要核心指标之一，也是杜邦财务比率分析体系的核心指标。

✏️ **典型任务实例**

任务 1：贵州茅台酒股份有限公司（600519）资产盈利能力分析。
工作过程
步骤 1：收集贵州茅台酒股份有限公司 2009—2013 年的财务报告。
步骤 2：确定资产盈利能力评价所需指标。

👤 **想一想**

应该选择哪些资产盈利能力分析指标？
步骤 3：计算相关指标，评价资产盈利能力。
计算结果见表 3-4。

表 3-4　贵州茅台酒股份有限公司资产盈利能力分析

年份 项目	2009	2010	2011	2012	2013
总资产报酬率/%	27.25	25.16	30.60	35.22	32.99
净资产收益率/%	29.81	27.45	35.06	38.97	35.51

从表 3-4 可知, 贵州茅台酒股份有限公司的资产盈利能力很强, 总体呈上升趋势, 波动较小。其中, 总资产报酬率的平均水平在 30.24%, 说明企业资产利用的综合效果较好; 净资产收益率的平均水平在 33.36%, 与行业平均值 15.95% 相比, 说明所有者投入企业的资金回报水平很高。

任务 2: 中国石油化工股份有限公司 (600028) 资产盈利能力分析。

工作过程

步骤 1: 收集中国石油化工股份有限公司 2009—2013 年的财务报告。

步骤 2: 确定资产盈利能力评价所需指标。

步骤 3: 计算相关指标, 评价资产盈利能力。

计算结果见表 3-5。

表 3-5 中国石油化工股份有限公司资产盈利能力分析

项目 \ 年份	2009	2010	2011	2012	2013
总资产报酬率/%	59.04	59.20	56.09	54.75	54.14
净资产收益率/%	16.25	16.79	15.11	12.37	11.78

从表 3-5 可知, 中国石油化工股份公司资产盈利能力较好, 各项资产盈利能力指标显示: 总资产报酬率的平均水平在 56.64%, 说明企业利用全部资产创造的利润水平很高; 净资产收益率的平均水平在 14.46%, 与行业平均值 10.67% 相比, 说明投入企业的资金回报水平较高。

但值得注意的是, 自 2011 年以来, 资产盈利能力各项指标均呈下降趋势, 说明企业资产利用效率在逐年降低, 所有者投资的获利能力在逐渐降低, 企业应认真分析原因, 加强资产和销售管理。

🧠 动脑筋

该如何进行资产盈利能力综合评价?

任务 3: 贵州茅台酒股份有限公司同行业 5 家上市公司资产盈利能力的横向比较分析。

步骤 1: 收集贵州茅台酒股份有限公司同行业 5 家上市公司 2013 年的财务报告。

步骤 2: 确定资产盈利能力评价所需指标。

步骤 3: 计算相关指标, 进行资产盈利能力的横向比较分析。

计算结果见表 3-6。

表 3-6 酒业上市公司的资产盈利能力指标
2013 年 12 月 31 日

项目	贵州茅台 (600519)	山西汾酒 (600809)	老白干 (600559)	水井坊 (600779)	沱牌舍得 (600702)
总资产报酬率/%	32.99	27.10	15.13	5.74	23.58
净资产收益率/%	35.51	25.08	10.50	−9.45	0.53

根据表 3-6，可以得出以下结论。

（1）总资产报酬率最高的公司是贵州茅台，总资产报酬率为 32.99％；总资产报酬率最低的公司是水井坊，总资产报酬率为 5.74％。这意味着，与同行业其他企业相比较，贵州茅台的总资产盈利能力最强，说明企业利用全部资产创造的利润更多，资产综合利用效果更好。

（2）净资产收益率最高的公司是贵州茅台，净资产收益率为 35.51％；净资产收益率最低的公司是水井坊，净资产收益率为 −9.45％。这意味着，与同行业其他企业相比较，贵州茅台的净资产盈利能力最强，说明所有者投资的获利能力更强，资金的回报水平更高。

知识与能力拓展

影响盈利能力的因素

企业的盈利能力分析在企业财务分析中占有重要地位。通过盈利能力分析，企业把错综复杂的数据化为简明的财务信息，有利于衡量企业目前的获利状况，了解企业过去一段时间内的净利与收益信息，为企业的计划与决策提供有效的信息。想要全面评价企业的盈利能力，还必须关注以下影响盈利能力的因素。

1. 税收政策

目前，对企业利润影响最大的税种主要有增值税、消费税、营业税、企业所得税等。对于那些享受税收优惠政策的企业来说，其盈利能力会因为少缴税而提升。例如，高新技术企业的企业所得税率为 15％，而不享受税收优惠政策的企业所得税率是 25％，仅此一点就相差 10 个百分点。

因此，在分析企业盈利能力时，应该充分了解企业已经享受的税收优惠政策，将来可能享受的优惠政策，以及税收优惠政策的变化趋势。必要时需要对企业面临的税收政策环境进行有效分析和预测。

2. 市场开拓能力

市场开拓能力是获利能力的基础，是企业生存的根本保证。评价企业的市场开拓能力，不能仅仅看销售增长的速度，也要考虑销售回款的速度，以及销售带来的利润多少。同时，在市场开拓的过程中，如果仅仅追求短期收入的增加，有时候会伤害企业长期发展目标。

决定市场开拓能力的因素有很多，例如，销售人才、产品质量、品牌影响力、分销渠道、激励措施等。市场开拓能力的提高是一个综合因素作用的结果。市场营销能力的提高在财务数据上的表现就是销售收入的增长，以及利润和现金收入的增加。

3. 利润结构

企业的利润是由这样几个方面来贡献的：主营业务利润、其他业务利润、投资收益、非经常性损益等。对于一家经营正常的企业来讲，在利润构成中，主营业务利润是最主要的利润来源，所占的比重应该是最大的，其他业务利润是营业利润的补充，投资收益对企业总利润的影响也不容忽视，尤其对长期股权投资金额较大的企业更应该注重对其投资回报的分析。非经常性损益主要包括营业外收支净额、公允价值变动损益等，这些因素通常不应该占更多比重。

在对企业盈利能力进行分析时，不仅要对企业利润总额进行分析，也需要对企业利润构成进行分析。

4. 资产负债结构

企业的资产负债结构也是影响企业盈利能力的重要因素之一，企业负债经营程度的高低对企业盈利能力有直接影响。企业资产负债结构对利润的影响主要通过财务杠杆来体现。当企业的权益报酬率高于企业的借款资金成本率时，企业通过负债资金可以获得更高的杠杆收益。反之，就会降低企业收益。

对于高负债率的企业，要经受其债务风险，如果没有获得较高的利润率，那么企业就会面临着较大的破产风险。另外，高额的利息支出会大大降低企业的盈利，分析利息支出时还要考虑国家的货币政策，从紧的货币政策常常伴随着金融贷款利息率的不断攀升。

5. 资产运转效率

企业的盈利能力与资产的周转速度密切相关，一般情况下，资产周转速度越快，获利能力就会越强。资产运转效率的高低不仅关系着企业营运能力的好坏，也影响到企业盈利能力的高低。对于制造企业来说，这一指标很有价值，从采购、生产、销售整个流程来看，资产运转速度越快，生产周期越短，企业盈利就会越大。对于批发、零售等商品销售企业来说，这一指标更为重要，而对于服务业来说，分析价值不大。

6. 表外因素

所谓表外因素，是指财务报表中无法体现出来的情况，但是又对企业的财务状况产生较大影响。如果在分析企业的财务状况时，没有考虑到这些因素，可能会导致分析的结论出现较大偏差，甚至出现严重的误判。因此，要关注以下几项表外因素。

（1）资产发生了减值或损失，并且基本得到证实。如应收账款成为坏账，长期股权投资权益法下被投资单位连续亏损，其股票市价连续下跌，并且在未来一定时期内这种下跌趋势又不可能逆转。

（2）经营租入的固定资产，不在资产负债表中列示，其租赁费却在利润表中列示。

（3）企业未记录的大额或有负债，如为其他企业贷款提供的担保。

（4）资产负债表外的衍生金融工具。

（5）为形成无形资产而发生的研究开发费。

（6）影响企业盈利能力的资产负债表外事项，如员工素质、管理人员的水平、品牌影响力、技术水平、竞争优势等。

职业能力训练

一、判断题（正确的在括号内打"√"，错误的打"×"）

1. 总资产报酬率是反映企业资产综合利用效果的指标。（　　　）

2. 利息费用对总资产报酬率没有影响。（　　　）

二、单选题（下列答案中有一项是正确的，将正确答案前的英文字母填入括号内）

1. 某企业的期初资产为1 680万元，期末资产为2 000万元，净利润为136万元，该企业的总资产报酬率为（　　　）%。

　　A. 10　　　　　　　B. 7.4　　　　　　　C. 8.3　　　　　　　D. 9.5

2.（　　）是一个综合性最强的财务分析指标，是杜邦分析体系的核心。

A. 净资产收益率　　　　　　　　B. 总资产报酬率

C. 销售净利润率　　　　　　　　D. 总资产周转率

3. 某企业 2012 年度总资产报酬率为 12%，资产负债率为 50%，其净资产收益率为（　　）%。

A. 48　　　　　　B. 30　　　　　　C. 24　　　　　　D. 6

4. 某企业资产负债率为 60%，净资产收益率为 25%，其总资产报酬率为（　　）%。

A. 10　　　　　　B. 15　　　　　　C. 24　　　　　　D. 30

三、实训

1. 实训目的

掌握企业资产盈利能力分析常用指标的应用。

2. 实训资料

选取同一行业五家公司同一年度财务报告。

3. 实训要求

（1）选取资产盈利能力分析指标。

（2）计算各企业的指标值。

（3）比较评价各企业的资产盈利能力。

任务3.3　成本费用盈利能力分析

任务描述

明确成本费用盈利能力分析的内容与方法，掌握成本费用盈利能力分析常用指标的计算与应用。

知识准备

成本费用盈利能力主要是从成本费用的角度考察企业的盈利能力，分析企业各项支出对收益的贡献。成本费用盈利能力分析的常用方法是比率分析，通过分析计算成本费用利润率这一指标来评价企业的成本费用盈利能力。

成本费用利润率是指企业的净利润与成本费用总额的比率，是从总耗费的角度来看企业的盈利能力。其计算公式为

$$成本费用利润率 = \frac{净利润}{成本费用总额} \times 100\%$$

提示

成本费用利润率全面反映企业为取得利润而付出的代价，从支出方面评价企业的收益能力。一般来说，成本费用利润率越大，表明企业为取得收益所付出的代价越小，企业成本费用控制得越好，企业的经营和财务管理水平越高，产品的市场竞争力越大，盈利能力越强。

ⓘ 请注意

在进行成本费用利润率的分析时，应注意以下三个方面。

（1）计算时，分子可用净利润或利润总额，分母可用成本费用总额或只用经营成本（不包括期间费用），各种计算方法都有其特殊意义，并提供不同的分析信息，关键看分析目的是什么。因此，在使用该指标时，应注意保持公式分子与分母口径一致。

（2）在分析成本费用利润率时应参考同行业的平均水平，进行客观分析，从而得出正确的分析结果，提高企业的成本费用利润率，增强盈利能力。

（3）耗费与利润是此消彼长的关系。成本费用利润率既可评价企业盈利能力的强弱，也可以评价企业对费用的控制能力和管理水平。

✏️ 典型任务实例

任务 1： 贵州茅台酒股份有限公司（600519）成本费用盈利能力分析。

工作过程

步骤 1：收集贵州茅台酒股份有限公司 2009—2013 年的财务报告。

步骤 2：确定成本费用盈利能力评价所需指标。

步骤 3：计算相关指标，评价成本费用盈利能力。

计算结果见表 3-7。

表 3-7　贵州茅台酒股份有限公司成本费用盈利能力分析

年份 项目	2009	2010	2011	2012	2013
成本费用利润率/%	169.09	160.02	203.14	245.26	231.74

从表 3-7 可以看出，贵州茅台酒股份有限公司的成本费用盈利能力很强，尤其是 2011 年以来，指标上升较快，企业的净利润已经达到成本费用的 2 倍多，说明企业为取得收益所付出的代价较小，企业成本费用控制得很好。

任务 2： 中国石油化工股份有限公司（600028）成本费用盈利能力分析。

工作过程

步骤 1：收集中国石油化工股份有限公司 2009—2013 年的财务报告。

步骤 2：确定成本费用盈利能力评价所需指标。

步骤 3：计算相关指标，评价成本费用盈利能力。

计算结果见表 3-8。

表 3-8　中国石油化工股份有限公司成本费用盈利能力分析

年份 项目	2009	2010	2011	2012	2013
成本费用利润率/%	6.41	5.71	4.29	3.37	3.50

从表 3-8 可以看出，中国石油化工股份有限公司的成本费用盈利能力呈下降趋势，说明企业为取得收益所付出的代价在升高，经济效益下滑，企业应采取措施对成本费用及利

润进行控制和调整。

需要注意的是，在对企业进行指标分析时，还需结合行业内整体情况和国内外市场供求关系变化情况，具体分析其成本费用盈利能力。例如，受国际市场原油价格波动等因素影响，会导致成本费用的持续变化，必然导致企业成本费用盈利能力受到影响。

动脑筋

如何进行成本费用盈利能力综合评价？

任务 3：贵州茅台酒股份有限公司同行业 5 家上市公司成本费用盈利能力的横向比较分析。

步骤 1：收集贵州茅台酒股份有限公司同行业 5 家上市公司 2013 年的财务报告。

步骤 2：确定成本费用盈利能力评价所需指标。

步骤 3：计算相关指标，进行成本费用盈利能力的横向比较分析。

计算结果见表 3-9。

表 3-9　酒业上市公司的成本费用盈利能力指标

2013 年 12 月 31 日

项目	贵州茅台 （600519）	山西汾酒 （600809）	老白干 （600559）	水井坊 （600779）	沱牌舍得 （600702）
成本费用利润率/%	231.74	31.35	6.64	－20.66	3.59

从表 3-9 可以看出，成本费用利润率最高的公司是贵州茅台，成本费用利润率为231.74％；成本费用利润率最低的公司是水井坊，成本费用利润率为－20.66％。这意味着：与同行业其他企业相比较，贵州茅台的成本费用盈利能力最强，说明企业为取得收益所付出的代价较小，企业成本费用控制得好，企业的经营和财务管理水平高，产品的市场竞争力大。

知识与能力拓展

成本控制的意义

成本控制是企业根据一定时期预先建立的成本管理目标，由成本控制主体在其职权范围内，在生产耗费发生以前和成本控制过程中，对各种影响成本的因素和条件采取的一系列预防和调节措施，以保证成本管理目标实现的管理行为。

建立健全成本控制系统，实施成本控制，对于充分发挥成本管理职能，提高企业的经营管理水平和经济效益具有重要意义。

1. 实施成本控制是保证企业完成既定成本目标的重要手段

企业在生产经营过程中，为了实现预定的利润等目标，一般需要确定目标成本，进行成本控制是保证目标成本完成的一项主要措施。通过成本控制，可以及时揭示生产过程中成本指标脱离计划的差异，从而采取措施纠正偏差，保证既定目标的完成。

2. 实施成本控制是降低成本、增加盈利、提高经济效益的重要途径

营利是企业的主要目的，成本的高低对于企业盈利水平的影响很大，降低产品或劳务

的成本，就意味着相应增加企业的盈利。因此，对于凡是同产品或劳务成本有关的经济业务，都应建立完善的成本控制制度和成本控制方法，从而提高企业的经济效益。

3. 实施成本控制为保护企业财产物资安全，防止贪污盗窃等事件的发生提供了制度保证

实施成本控制，可以有效地保护企业财产物资的安全完整，这也是成本控制的一个副产品。虽然它不是成本控制的主要目的，但成本控制却有这样一个功能。这其实也从另一个方面控制了成本费用，降低了成本。

4. 成本控制在企业各控制系统中起着综合的控制作用

企业在生产经营过程中，有多种不同的管理控制系统，如人力资源控制系统、生产技术控制系统等，这些控制系统都是局部的，不能反映和控制生产经营的全部，而成本控制是用统一的计量单位来综合反映和控制企业的经营活动，因而，它具有很强的综合性。

在市场经济条件下，企业以经济效益为中心，各项工作的开展，都要以提高经济效益为主要目的。而能够直接体现出提高经济效益的措施就是控制成本费用的发生，降低成本费用。这是企业其他管理工作所无法比拟的，充分体现出了成本控制系统的综合作用。所以，在进行成本控制时，要从企业整体利益出发，发挥好成本控制的这种综合作用。

职业能力训练

一、判断题（正确的在括号内打"√"，错误的打"×"）

1. 企业成本总额的增加不一定意味着利润的下降和管理水平的下降。（　　）

2. 当获取的利润总额不变时，成本费用总额越小，成本费用利润率越低；当成本费用总额不变时，利润总额越大，成本费用利润率越高。（　　）

二、单选题（下列答案中有一项是正确的，将正确答案前的英文字母填入括号内）

1. 某企业当期净利润为150万元，营业成本为400万元，营业税金及附加为35万元，销售费用为50万元，管理费用为90万元，财务费用为25万元，则该企业的成本费用利润率为（　　）%。

A. 34.5　　　　　　B. 28.6　　　　　　C. 26.5　　　　　　D. 25

2. （　　）是从企业总耗费角度评价盈利能力的指标。

A. 净资产收益率　　　　　　　　　　B. 总资产报酬率

C. 销售净利润率　　　　　　　　　　D. 成本费用利润率

三、实训

1. 实训目的

掌握企业成本费用盈利能力分析常用指标的应用。

2. 实训资料

选取同一行业五家公司同一年度财务报告。

3. 实训要求

（1）选取成本费用盈利能力分析指标。

（2）计算各企业的指标值。

（3）比较评价各企业的成本费用盈利能力。

任务 3.4　股东盈利能力分析

任务描述

明确股东盈利能力分析的内容与方法，掌握上市公司盈利能力分析常用指标的计算与应用。

知识准备

对于股东来说，上市公司的盈利能力对公司股价的影响是股东关注的焦点，因此，应从股本的角度来说明上市公司的盈利能力，评价股东投资的回报水平，这对上市公司进行盈利能力分析十分重要。上市公司盈利能力分析常用的方法是比较分析法、比率分析法，股东盈利能力的强弱主要通过每股收益、每股净资产和市盈率等指标来反映。

一、每股收益

每股收益是指企业归属于普通股股东的净利润与发行在外的普通股股数的比率，是普通股股东每持有一股所能享有的企业利润或需承担的企业亏损。其计算公式为

$$每股收益 = \frac{税后利润 - 优先股股利}{发行在外的普通股股数}$$

提示

每股收益是综合衡量上市公司盈利能力的核心指标，每股收益越大，表明企业盈利能力越好，股利分配来源越充足，资产增值能力越强。每股收益所涵盖的信息，有助于对公司未来的股利政策和股价走势做出预测，从而做出"买—卖—持有"的决策。

请注意

计算和使用每股收益指标时，应注意以下六个方面。

（1）每股收益实际上是一种对普通股收益的描述，我们应当对所有优先证券如公司债券和优先股股票等所产生的投资收益，在公司的盈利中加以扣除，以便得到属于普通股股东的投资收益。

（2）以合并报表为基础计算的每股收益，分子应当是归属于母公司普通股股东的当期合并净利润，即扣除少数股东损益后的余额。

（3）发行在外的普通股股数一般是指年末数，年度中股份总数有增减时，应当按照加权平均股数计算年末股份数。

（4）在分析每股收益指标时，应注意公司利用回购库存股的方式减少发行在外的普通

股股数，使每股收益简单增加。另外，由于企业将盈利用于再投资，派发股票股利或配售股票，就会使企业流通在外的股票数量增加，这样将会大量稀释每股收益。在分析公司公布的信息时，应注意区分公布的每股收益是按原始股股数或是按完全稀释后的股份计算规则计算的，以免使投资者受到误导。

(5) 每股收益剔除了不同上市公司之间由于股本数量不同造成的差异，通常在各公司之间的业绩比较中被广泛地加以引用并结合公司的其他每股指标而被运用。例如，市盈率指标一般就是以股票的每股市价除以每股收益。在分析股利发放率时，也经常引用每股收益指标。股利发放率为每股股利分配额与当期的每股收益之比。

(6) 由于不同股票的每一股份在经济上不等量，它们所含有的净资产和市价不同，即换取每股收益的投入量不相同，这在一定程度上限制了公司间每股收益的比较。投资者在进行财务分析时如果过分依赖每股收益指标，则可能会忽略对企业成长性和其他方面的分析。

二、每股净资产

每股净资产又称每股账面价值，是指公司净资产与发行在外的普通股股份之间的比率。其计算公式为

$$每股净资产 = \frac{股东权益总额 - 优先股股本}{发行在外的普通股股份}$$

🔔**提示**

每股净资产指标显示了发行在外的每一普通股股份所能分配的企业账面净资产的价值，即反映每一股份于会计期末在公司账面上到底值多少钱。这里所说的账面净资产是指企业账面上的总资产减去欠债后的余额，即股东权益总额。每股净资产越高，说明公司每股实际拥有的净资产越大，公司的发展潜力越强。

ℹ️**请注意**

计算和使用每股净资产指标时，应注意以下三个方面。

(1) 净资产应当扣除优先股的股本，以便得到属于普通股股东的净资产。

(2) 对于投资者来说，每股净资产是进行投资决策的重要参考依据。利用该指标进行横向和纵向对比，可以衡量公司发展状况的好坏和发展潜力的大小，估计其上市股票或拟上市股票的合理市价，判断股票投资风险的大小。最谨慎的投资策略是买入价格低于每股净资产的股票。

(3) 在市场投机气氛较浓的情况下，每股净资产指标往往不太受重视，投资者，特别是短期投资者更注重股票市价的变动，有的公司的股票市价低于其账面价值，投资者会认为这个企业没有前景，从而失去对该公司股票的兴趣；如果市价高于其账面价值，而且差距较大，投资者会认为企业前景良好，有潜力，因而甘愿承担较大的风险购进该公司股票。

三、市盈率

市盈率是指普通股每股市价与每股收益的比值，是通过公司股票的市场行情，间接评

价上市公司盈利能力的重要指标。其计算公式为

$$市盈率 = \frac{普通股每股市价}{普通股每股收益} \times 100\%$$

🔔**提示**

市盈率表明投资者为了获得公司每 1 元的收益所愿意付出的价格，可以用来评估股票投资的报酬与风险。由于市盈率把股价和企业盈利能力结合起来，其水平高低更真实地反映了股票价格的高低。以市盈率的高低来评价股票的投资价值，已成为中国股市的一种趋势。对股市的发展而言，这是一种进步。

ℹ️**请注意**

在分析上市公司市盈率时，应注意以下四个方面。

（1）市盈率并不是越低越好，也不是越高越好。一般来说，市盈率低表示公司股票估值较低，当前不被市场认可。若公司在股票市场上连续维持较高的市盈率，或相对于其他上市公司市盈率高，则说明公司具有潜在的成长能力，公司有较高的声誉，对股东有较大的吸引力。当然，过高的市盈率往往意味着风险的累积，稳健的投资人常常对这类公司敬而远之。

（2）市盈率应在同行业之间进行比较分析。

（3）每股收益很小时的市盈率不具有太多的意义。

（4）市盈率是会受利率影响的，当利率发生变化时，市盈率也应做适当的调整。

✏️**典型任务实例**

任务 1：贵州茅台酒股份有限公司（600519）股东盈利能力分析。

工作过程

步骤 1：收集贵州茅台酒股份有限公司 2009—2013 年的财务报告。

步骤 2：确定股东盈利能力评价所需指标。

👤**想一想**

指标计算需要选取的数据有哪些？

步骤 3：计算相关指标，评价股东盈利能力。

计算结果见表 3-10。

表 3-10　贵州茅台酒股份有限公司股东盈利能力分析　　　　单位：元

项目＼年份	2009	2010	2011	2012	2013
每股收益	4.57	5.35	8.44	12.82	14.58
每股净资产	15.33	19.49	24.07	32.89	41.05

从表 3-10 可以看出，贵州茅台酒股份有限公司的股东盈利能力指标持续升高，表明

股东盈利能力很强。其中，每股收益从 4.57 元上升至 14.58 元，说明普通股股东获得的收益增长很快，表明企业盈利能力很好，股利分配来源很充足，资产增值能力很强；每股净资产从 15.33 元上升至 41.05 元，说明公司每股实际拥有的净资产变大，公司的发展潜力很强。

任务 2：中国石油化工股份有限公司（600028）股东盈利能力分析。

工作过程

步骤 1：收集中国石油化工股份有限公司 2009—2013 年的财务报告。

步骤 2：确定股东盈利能力评价所需指标。

步骤 3：计算相关指标，评价股东盈利能力。

计算结果见表 3-11。

表 3-11　中国石油化工股份有限公司股东盈利能力分析　　　　单位：元

项目 ＼ 年份	2009	2010	2011	2012	2013
每股收益	0.71	0.82	0.83	0.73	0.58
每股净资产	4.35	4.86	5.47	5.91	4.91

从表 3-11 可以看出，中国石油化工股份有限公司的股东盈利能力相对稳定，波动不大。其中，每股收益平均为 0.734 元，与行业平均水平 0.564 元相比，说明其普通股股东获得的收益相对较好；每股净资产平均为 5.1 元，与行业平均水平 3.716 元相比，说明其普通股股东每股实际拥有的净资产高于同行业平均水平，公司的发展状况相对较好。

但值得注意的是，2013 年企业的股东盈利能力各项指标均呈下降趋势，说明普通股股东的收益能力在逐渐降低，企业应认真分析原因，加强经营管理。

动脑筋

如何利用这些指标进行综合分析。

任务 3：贵州茅台酒股份有限公司同行业 5 家上市公司股东盈利能力的横向比较分析。

步骤 1：收集贵州茅台酒股份有限公司同行业 5 家上市公司 2013 年的财务报告。

步骤 2：确定股东盈利能力评价所需指标。

步骤 3：计算相关指标，进行股东盈利能力的横向比较分析。

计算结果见表 3-12。

表 3-12　酒业上市公司的股东盈利能力指标
2013 年 12 月 31 日　　　　单位：元

项目	贵州茅台 （600519）	山西汾酒 （600809）	老白干 （600559）	水井坊 （600779）	沱牌舍得 （600702）
每股收益	14.58	1.11	0.47	−0.31	0.03
每股净资产	41.05	4.42	4.46	3.33	6.64

根据表 3-12，可以得出以下结论。

（1）每股收益最多的公司是贵州茅台，每股收益为 14.58 元；每股收益最少的公司是水井坊，每股收益为 −0.31 元。这意味着：与同行业其他企业相比较，贵州茅台的普通股股东收益能力最强，表明企业股利分配来源很充足，资产增值能力很强。

（2）每股净资产最高的公司是贵州茅台，每股净资产为 41.05 元；每股净资产最低的公司是水井坊，每股净资产为 3.33 元。这意味着：与同行业其他企业相比较，贵州茅台的普通股每股净资产最多，说明企业发展潜力很强。

知识与能力拓展

基本每股收益与稀释每股收益

《企业会计准则——每股收益》要求公司将每股收益在利润表中列示，并且要求在会计报表附注中披露基本每股收益和稀释每股收益及其计算过程等。

1. 基本每股收益

基本每股收益是指企业应当按照属于普通股股东的当期净利润，除以发行在外普通股的加权平均数从而计算出的每股收益。基本每股收益的计算公式为

$$基本每股收益 = \frac{归属于普通股股东的当期净利润}{当期发行在外普通股加权平均数}$$

从公式中可以看出，计算基本每股收益，关键是要确定归属于普通股股东的当期净利润和当期发行在外普通股加权平均数。在计算归属于普通股股东的当期净利润时，应当考虑公司是否存在优先股。如果不存在优先股，那么公司当期净利润就是归属于普通股股东的当期净利润。如果存在优先股，在优先股是非累积优先股的情况下，应从公司当期净利润中扣除当期已支付或宣告的优先股股利；在优先股是累积优先股的情况下，公司净利润中应扣除至本期止应支付的股利。在中国，公司暂不存在优先股，所以公司当期净利润就是归属于普通股股东的当期净利润。当期发行在外普通股加权平均数的计算公式为

$$当期发行在外普通股加权平均数 = 期初发行在外普通股股数$$
$$+ \frac{当期新发行普通股股数 \times 发行在外时间}{报告期时间}$$
$$- \frac{当期回购普通股股数 \times 已回购时间}{报告期时间}$$

在计算当期发行在外普通股加权平均数时，权数可以按天数来计算，在不影响计算结果合理性的前提下，也可以按月来计算。

2. 稀释每股收益

稀释每股收益是以基本每股收益为基础，假设企业所有发行在外的稀释性潜在普通股均已转换为普通股，从而分别调整归属于普通股股东的当期净利润以及发行在外普通股加权平均数计算而得的每股收益。

稀释每股收益又称"冲淡每股收益"，是新会计准则引入的一个全新概念，用来评价"潜在普通股"对每股收益的影响，以避免该指标虚增可能带来的信息误导。从字面理解：在基本每股收益的基础上，潜在普通股（如公司发行的可转债）转换为普通股后，使普通股总数增加，重新计算每股收益，导致每股收益被稀释。

潜在普通股是指赋予其持有者在报告期或以后期间享有取得普通股权利的一种金融工具或其他合同。我国企业发行的潜在普通股主要有可转换公司债券、认股权证、股份期权等。

稀释性潜在普通股是指假设当期转换为普通股会减少每股收益的潜在普通股。对于亏损企业而言，稀释性潜在普通股是指假设当期转换为普通股会增加每股亏损金额的潜在普通股。

在衡量潜在普通股是否具稀释性时，中国的每股收益准则采用了国际会计准则中的规定，即以是否会减少每股持续正常经营净利润作为衡量潜在普通股是否具稀释性的尺度。如果潜在普通股转换成普通股会增加持续正常经营每股收益或减少持续正常经营每股亏损，则该潜在普通股是具反稀释性的。在计算稀释每股收益时，只考虑具有稀释性的潜在普通股的影响，不考虑具有反稀释性或不具有稀释性的普通股的影响。

计算稀释每股收益时，应对基本每股收益的分子和分母进行调整。就分子而言，当期可归属于普通股股东的净利润，应根据下列事项的税后影响进行调整：①当期已确认为费用的稀释性潜在普通股的利息；②稀释性潜在普通股转换时将产生的收益或费用。这里主要是指可转换公司债券。就分母而言，普通股加权平均股数为在计算基本每股收益时的股份加权平均数加上全部具稀释性潜在普通股转换成普通股时将发行的普通股的加权平均数量。以前发行的具稀释性潜在普通股应视为已在当期期初转换为普通股，本期发行的潜在普通股应视为在发行日转换成普通股。对分母的调整主要涉及期权和认股权证。具有稀释性的期权和认股权证不影响归属于普通股的净利润，只影响普通股的加权平均数。只有当行权价格低于平均市场价格时，股票期权和认股权证才具有稀释性。计算时，应假定已行使该期权，因此发行的普通股股数包括两部分：①按当期平均市场价格发行的普通股，不具有稀释性，计算稀释每股收益时不必考虑；②未取得对价而发行的普通股，具有稀释性，计算稀释每股收益时应当加到普通股股数中。调整增加的普通股股数用公式表示为

调整增加的普通股股数＝拟行权时转换的普通股股数－行权价格
×拟行权时转换的普通股股数÷平均市场价格

职业能力训练

一、判断题（正确的在括号内打"√"，错误的打"×"）

1. 计算每股收益时，包含优先股投资收益。（　　　）

2. 稀释每股收益金额大于基本每股收益金额。（　　　）

3. 市盈率一般越低越好。（　　　）

4. 每股净资产通常用来确定一个公司的市场价值。（　　　）

二、单选题（下列答案中有一项是正确的，将正确答案前的英文字母填入括号内）

1. （　　　）是评价上市公司股东盈利能力的基本和核心指标。

    A. 每股市价　　　　B. 每股净资产　　　　C. 每股收益　　　　D. 净资产收益率

2. 某公司股东权益总额 8 000 万元，其中优先股权益 340 万元，全部股票数是 620 万股，其中优先股股数是 170 万股，则每股净资产是（　　　）万元。

    A. 12.58　　　　　B. 12.34　　　　　　C. 17.75　　　　　　D. 17.02

3. 某股份公司上市流通普通股的股价为每股 16.8 元，每股收益为 0.8 元，该公司的市盈率为（　　　）。

    A. 16.8　　　　　　B. 21　　　　　　　C. 13.44　　　　　　D. 16

4. 下列关于市盈率说法不正确的是（　　　）。

A. 该比率越高，说明市场对公司的未来越看好

B. 该比率越低，说明市场对公司的未来越看好

C. 该指标不宜用于不同行业之间的比较

D. 该指标是普通股每股市价与每股收益的比值

三、实训

1. 实训目的

掌握上市公司股东盈利能力分析常用指标的应用。

2. 实训资料

选取同一行业五家公司同一年度财务报告。

3. 实训要求

（1）选取股东盈利能力分析指标。

（2）计算各公司的指标值。

（3）比较评价各上市公司的股东盈利能力。

项目小结

盈利能力分析具有特别重要的意义，因为利润是股东利益的源泉，是企业偿还债务尤其是长期债务的基本保障，也是企业管理当局业绩的主要衡量指标。盈利能力分析中通常运用的基本分析比率是各种形式的利润率，包括以销售、资产、成本费用为基础的利润比率，它们分别用于说明企业营业过程的盈利能力、资产报酬水平以及净资产报酬水平。

股东盈利能力分析事实上是企业盈利能力分析的一个侧面，即直接从股东利益的角度分析上市公司的盈利能力。股东盈利能力分析主要通过每股收益、每股净资产和市盈率等指标来衡量。

案例分析与讨论

华锐风电惊天巨变

2014年1月25日，《中国经营报》报道称：曾经风光无限的华锐风电（601558.SH）再陷风波之中。华锐风电公告称，收到证监会《立案调查通知书》，这已是华锐风电在不到一年内，第二次遭到证监会立案调查。2013年5月，华锐风电就曾经被证监会立案调查。

盛极而衰，2011年1月13日，头顶"中国最大的风电企业"光环的华锐风电，以90元的A股主板最高发行价高调上市。但仅过了一年时间，其净利润就暴跌50%；一年后，净利润更是暴跌近200%，面临连亏两年、戴帽ST的窘境。

短短两年间，华锐风电在中国的资本市场上演了一场触目惊心的过山车游戏。截至2014年1月24日收盘，华锐风电股价已跌至3.70元/股，与上市之初的股价相比，跌幅高达83%，总市值已由当初的904.59亿元缩水至148.75亿元，市值蒸发约755.84亿元。

华锐风电是如何跌下神坛的？

分析与讨论：

请收集华锐风电公司 2011 年前后的财务报告，利用报告中的数据分析其盈利能力变化情况，评价其财务状况。分组讨论并展示研讨结果。

阅读篇目

[1] [美] 斯蒂芬·A. 罗斯，伦道夫·W. 威斯特，杰弗利·F. 杰富. 公司理财 [M]. 原书 9 版. 吴世农，等，译. 北京：机械工业出版社，2012.

[2] 付小平. 财务三驾马车 [M]. 北京：机械工业出版社，2014.

[3] 王德敏. 成本费用控制精细化管理全案 [M]. 2 版. 北京：人民邮电出版社，2012.

营运能力分析

【学习目标】

● 根据项目、任务的需要查阅有关资料

● 明确营运能力分析的程序、方法

● 掌握营运能力衡量指标的分析、计算方法

【项目导航】

周成建缔造了一个从乡村裁缝到服装巨富的励志故事。1993年，周成建开创美特斯邦威系列品牌，其后，美特斯邦威凭借"生产外包""加盟＋直营"的轻资产模式迅速崛起，成为国内休闲服饰的领头羊，销售规模破百亿。在2012年福布斯富豪榜上，周成建以170.1亿元的身家位居第19位。

但创业30年来，周成建一路跌跌撞撞。库存是周成建无法回避的话题。2009年年底，美特斯邦威的库存数据为9亿元，2010年年底，其库存规模已攀升至25.48亿元，较年初增加183％。2011年一季度，其库存规模曾超过30亿元。美特斯邦威的存货周转天数从2008年的80.2天，增加到2009年的97.39天，2010年和2011年又分别激增到154天和167天。2012年，中国的服装零售企业大面积陷入高库存危机。根据Wind的统计，2012年上半年，纺织服装行业87家上市公司的累计库存高达732亿元，而2011和2010年同期的数据分别是699亿元和501亿元。美特斯邦威也不例外。2011年年底，美特斯邦威累积的库存达25.6亿元，创历史纪录。进入2012年，清库存成为美特斯邦威的重要任务。财报显示，仅2012年上半年，美特斯邦威就清理掉8亿元库存，速度之快甚至引发了外界的质疑，进而导致其股价大幅动荡，市值曾在两天内蒸发12.8亿元。至2012年第三季度末，美特斯邦威仍有近22亿元的库存在手。

与传统服装零售的困境形成强烈反差的是，2012淘宝"双十一"活动一天的销售额就突破191亿元，2015年更是突破912亿元。

美特斯邦威库存激增的背后是什么出了问题？这就涉及本项目的主题——企业营运能力分析。

营运能力是指企业资产的营运效率和效益。营运资产的效率通常是指资产的周转速度，营运资产的效益是指营运资产的利用效果。营运能力表明企业管理人员充分利用现有资源创造社会财富的能力，用来评价企业对拥有资源的利用程度。对企业营运能力进行分析，实质是对企业经营状况及其潜力的分析，是对资产存量是否合理、管理效率高低的分析，目的是实现对现有资源进行合理配置，对资金进行有效利用，以尽可能短的周转时

间，创造尽可能多的营业收入。可见，营运能力影响着企业的盈利能力、偿债能力和发展能力。

本项目主要引导学生熟悉企业营运能力分析的方法，掌握流动资产营运能力分析、固定资产营运能力分析以及总资产营运能力分析常用指标的计算，并能够利用这些指标评价企业营运能力，了解其他因素对企业营运能力的影响。学习时，要理解相关指标的意义，提高综合运用分析指标客观评价企业营运能力的能力。

任务 4.1　流动资产营运能力分析

任务描述

明确流动资产营运能力分析的内容与方法，掌握流动资产营运能力分析常用指标的计算与应用。

知识准备

企业的流动资产在生产经营过程中，从货币资金开始，然后经过存货、应收账款，又回到货币资金，周而复始地不断循环和周转，因此，对流动资产的构成和周转使用情况的分析在营运能力分析中具有重要地位。其中，应收账款和存货周转速度的快慢对整个流动资产的周转及使用效果起着重要作用。常用的定量分析指标有应收账款周转率、存货周转率和流动资产周转率。

一、应收账款周转率

应收账款周转率是指赊销收入净额与应收账款平均余额之比，是反映企业应收账款变现速度的指标，表示平均每年应收账款周转多少次，也称为应收账款周转次数。其计算公式为

$$应收账款周转率（次数）=\frac{赊销收入净额}{应收账款平均余额}$$

其中

$$应收账款平均余额=\frac{期初应收账款余额＋期末应收账款余额}{2}$$

$$赊销收入净额=产品销售收入－现销收入－销售退回、销售折扣与折让$$

提示

实务中，反映应收账款周转变现能力还有另外一种表示方法，就是应收账款周转天数，又叫收账期。其计算公式为

$$应收账款周转天数=\frac{360}{应收账款周转率}$$

在一定时期内，应收账款周转次数越高，表明企业的平均收账期越短，应收账款回收速度越快，企业管理工作的效率就越高。这不仅有利于企业及时收回货款，减少和避免发

生坏账损失的可能性，而且有利于提高企业资产的流动性，提高企业短期债务的偿还能力。

ⓘ 请注意

在使用和计算应收账款周转率时，应注意以下三方面的问题。

（1）由于赊销收入净额通常作为企业的商业机密，因此，在实务中可用销售收入或营业收入净额来代替。

（2）由于应收账款周转率会受到企业季节性经营、分期付款结算方式、年末销售不稳定等多种因素影响，在分析这一指标时，应与企业前期指标、行业平均水平和其他类似企业相比较，同时结合企业所售商品的种类、各地商业往来惯例、企业信用政策等进行综合考虑，确定合理的评价标准，才能做出正确的判断。

（3）应收账款周转率并非越高越好。如果应收账款周转率过高，可能是由于企业的信用政策、付款条件过于苛刻所致，这样会限制企业销售量的扩大，从而影响企业的盈利水平。

二、存货周转率

存货周转率是指企业销售成本与存货平均余额之比，是用以衡量企业销货能力和存货管理效率的重要指标，反映企业存货利用效率的高低，表示平均每年存货周转多少次，也称为存货周转次数。其计算公式为

$$存货周转率（次数）=\frac{销售成本}{存货平均余额}$$

其中

$$存货平均余额=\frac{期初存货+期末存货}{2}$$

销售成本通常指主营业务成本。

🔔 提示

实务中对存货周转变现能力还有另外一种表示方法，就是存货周转天数，又叫存货期。其计算公式为

$$存货周转天数=\frac{360}{存货周转次数}$$

一般来说，存货周转率越高，存货周转天数越少，说明存货周转速度越快，存货占用流动资金的水平越低，资金的流动性越强，存货转化为现金或应收账款的速度越快，说明企业存货利用效果好，存货管理工作效率高。这不仅表明企业的营运能力强，而且会增强企业的短期偿债能力和盈利能力。

ⓘ 请注意

在使用和计算存货周转率时，应注意以下两方面的问题。

（1）在分析企业存货周转率时，可以参照比较的标准有两个：一是行业平均水平标准；二是企业历史标准。

（2）存货周转率并非越高越好。如果存货周转率过高，有可能因为存货量过少导致生

产停顿或错失销售商机；存货周转率过低则显示了企业在存货管理中存在滞销积压、管理不善等问题。因此，一定要保持存货结构合理、质量可靠。

三、流动资产周转率

流动资产周转率是指企业一定时期的销售收入净额与流动资产平均余额之比，是反映企业流动资产周转速度的指标。其计算公式为

$$流动资产周转率（次数）= \frac{销售收入净额}{流动资产平均余额}$$

其中

$$流动资产平均余额 = \frac{期初流动资产 + 期末流动资产}{2}$$

🔔 提示

实务中，对流动资产周转变现能力还有另外一种表示方法，就是流动资产周转天数。其计算公式为

$$流动资产周转天数 = \frac{360}{流动资产周转次数}$$

在一定时期内，流动资产周转次数越多，表明流动资产周转速度越快，流动资产利用的效果越好，企业完成一定的销售收入占用的流动资产越少，表明企业营运能力增强。相反，流动资产周转次数越低，说明流动资产周转速度越慢，表明企业的流动资产利用效果越差，从而降低企业的营运能力。

ⓘ 请注意

在使用和计算流动资产周转率时，应注意以下两方面的问题。

（1）在分析企业流动资产周转速度的快慢时，还需结合同类企业的流动资产周转速度进行比较分析，并与反映盈利能力的指标结合在一起分析使用，这样可以全面评价企业的盈利能力。

（2）从公式中可以看出，提高流动资产周转率可以从两个方面着手：一是增加销售收入；二是降低流动资产占用额。但在销售收入既定的情况下，要注意不能单纯地以大幅降低流动资产为代价去追求高的流动资产周转率。因为流动资产的多少直接反映了企业短期偿债能力的强弱，企业应保持一个较稳定的流动资产水平，以保证其短期偿债能力，在此基础上再提高其使用效率。

✦ 典型任务实例

任务 1：中国石油化工股份有限公司（600028）流动资产营运能力分析。

工作过程

步骤 1：收集中国石油化工股份有限公司 2009—2013 年的财务报告。

步骤 2：确定流动资产营运能力评价所需指标。

想一想

指标计算需要选取的数据有哪些?

步骤 3:计算相关指标,评价流动资产营运能力。

计算结果见表 4-1。

表 4-1   中国石油化工股份有限公司流动资产营运能力分析

年份 项目	2009	2010	2011	2012	2013
应收账款周转率/次	67.96	54.91	49.22	39.77	38.44
存货周转率/次	8.75	10.31	11.63	11.25	11.16
流动资产周转率/次	7.98	8.72	8.68	8.29	8.03

从表 4-1 可知,中国石油化工股份有限公司 2009—2013 年的流动资产营运能力指标平均水平为 8.34,与行业平均值 5.6 相比表现很好,但 2010 年以来指标处于小幅波动下滑状态,流动资产周转速度变慢,需引起注意。其中,应收账款周转率平均水平为 50.06,高于 29.7 的行业平均水平,但是,该指标呈逐年下降趋势,说明企业应收账款周转速度变慢,变现能力减弱;存货周转率指标平均水平为 10.62,表现较好,总体呈小幅波动状态,说明企业存货占用流动资金的水平变低,存货转化为现金的速度变快,但自 2011 年以来呈小幅下滑趋势,需引起注意。

动脑筋

如何利用这些指标进行综合分析。

任务 2:贵州茅台酒股份有限公司同行业 5 家上市公司流动资产营运能力的横向比较分析。

步骤 1:收集贵州茅台酒股份有限公司同行业 5 家上市公司 2013 年的财务报告。

步骤 2:确定流动资产营运能力评价所需指标。

步骤 3:计算相关指标,进行流动资产营运能力的横向比较分析。

计算结果见表 4-2。

表 4-2   酒业上市公司的流动资产营运能力指标

2013 年 12 月 31 日

项目	贵州茅台 (600519)	山西汾酒 (600809)	老白干 (600559)	水井坊 (600779)	沱牌舍得 (600702)
应收账款周转率/次	3 299.14	612.05	786.45	7.14	33.09
存货周转率/次	0.20	0.92	0.86	0.15	0.30
流动资产周转率/次	0.79	1.35	1.56	0.32	0.62

根据表 4-2,可以得出以下结论。

(1)应收账款周转率最高的公司是贵州茅台,应收账款周转率为 3 299.14;应收账款周转率最低的公司是水井坊,应收账款周转率为 7.14。这意味着:与同行业其他企业相比，贵州茅台的应收账款周转速度最快，变现能力最强，发生坏账损失的可能性最小。

（2）存货周转率最高的公司是山西汾酒，存货周转率为 0.92；存货周转率最低的公司是水井坊，存货周转率为 0.15。这意味着：与同行业其他企业相比，贵州茅台的存货周转率较低，说明存货占用资金水平过高，存货资产的流动性较差，需要引起关注，分析原因。

（3）流动资产周转率最高的公司是老白干，流动资产周转率为 1.56；流动资产周转率最低的公司是水井坊，流动资产周转率为 0.32。这意味着：与同行业其他企业相比，贵州茅台的流动资产周转率表现一般，说明企业占用较多的流动资产，资金使用效率较低，主要原因是存货资产的流动性较差引起的，需予以关注。

知识与能力拓展

营业周期

在进行营运能力分析时，往往比较重视各项资产的周转速度，而忽视了营业周期的分析，事实上营业周期的长短更能反映一家企业营运能力的强弱。

所谓"营业周期"，就是指企业从取得存货开始到销售存货并收回现金为止的时间。一个营业周期就是从企业采购原材料、物资开始，然后开始进行生产加工，生产产品，将生产的产品投放市场进行销售，最终把销售资金回收。

营业周期的长短取决于存货周转天数和应收账款周转天数。其计算公式为

营业周期＝存货周转天数＋应收账款周转天数

企业的一个营业周期即为企业的一个资金循环，就是企业的全部存货都转变成现金的期限。一般而言，一个企业的营业周期短，说明资金周转速度快；营业周期长，说明资金周转速度慢。由于营业周期的长短是由存货周转天数和应收账款周转天数来决定的，因此，评价一个企业营业周期的长短就要考虑二者周转速度的快慢。

职业能力训练

一、判断题（正确的在括号内打"√"，错误的打"×"）

1. 存货周转次数是用企业存货平均占用额与销售成本进行对比所确定的指标。（　　）

2. 应收账款周转次数是利用销售收入与应收账款平均占用额进行对比所确定的指标。（　　）

3. 通常情况下，存货周转速度越快，如果是盈利企业则其利润就会越多；或者利润额不变，其存货资金占用量就越多。（　　）

二、单选题（下列答案中有一项是正确的，将正确答案前的英文字母填入括号内）

1. 在计算应收账款周转天数指标的公式中，计算期天数一般为（　　）天。

A. 270　　　　　　　　B. 365　　　　　　　　C. 360　　　　　　　　D. 30

2. 反映流动资产周转速度的指标是（　　）。

A. 流动资产周转率　　　　　　　　B. 资产报酬率

C. 固定资产周转率　　　　　　　　D. 利息保障倍数

3. 某企业上年度和本年度的流动资产平均占用额分别为 100 万元和 120 万元，流动资产周转率为 6 和 8，则本年度比上年度的销售收入增加了（　　）万元。

A. 80　　　　　　　B. 180　　　　　　　C. 320　　　　　　　D. 360

三、实训

1. 实训目的

掌握企业流动资产营运能力分析常用指标的应用。

2. 实训资料

选取同一行业五家公司同一年度财务报告。

3. 实训要求

（1）选取流动资产营运能力分析指标。

（2）计算各企业流动资产营运能力的指标值。

（3）比较评价各企业的流动资产营运能力：谁是应收账款周转最快的公司；谁是存货周转最快的公司；谁是流动资产周转最快的公司；你认为哪家公司流动资产营运能力最强？为什么？

任务 4.2　固定资产营运能力分析

任务描述

明确固定资产营运能力分析的内容与方法，掌握固定资产营运能力分析常用指标的计算与应用。

知识准备

企业的固定资产占资产总额的比重一般来说比较大，且直接构成企业的生产能力，对企业产生经营杠杆效应。企业固定资产的利用情况直接影响企业生产效率、产品质量和成本水平，因此分析固定资产利用情况对于判断企业营运能力具有重要意义。分析和评价固定资产营运能力最常用的指标是固定资产周转率。

固定资产周转率是指企业销售收入净额与固定资产平均净值的比率，是反映企业固定资产周转情况、衡量固定资产利用效率的指标。其计算公式为

$$固定资产周转率（次数）=\frac{销售收入净额}{固定资产平均净值}$$

其中

$$固定资产平均净值=\frac{期初固定资产净值+期末固定资产净值}{2}$$

提示

实务中，对固定资产周转速度还有另外一种表示方法，就是固定资产周转天数。其计算公式为

$$固定资产周转天数=\frac{360}{固定资产周转率}$$

固定资产周转率主要用于分析企业对厂房、设备等固定资产的利用效率。固定资产周转率高，表明企业固定资产利用充分，固定资产投资得当，固定资产结构合理，能够充分发挥效率，固定资产管理效率高；反之，如果固定资产周转率不高，则表明企业的固定资产使用效率不高，提供的生产成果不多，企业的营运能力不强。

🛈 请注意

在使用和计算固定资产周转率时，应注意以下两方面的问题。

（1）从固定资产周转率的计算公式可以看出，该指标除了与销售收入之间关联外，还受到固定资产净值的影响，由于固定资产净值的影响因素比较多，如果在某期，固定资产周转率出现了忽高忽低的变化时，一定不能直接认为企业的营运能力在短期内有调整，而需要进一步分析固定资产净值组成项目是否在本期有特殊异动后再做判断。

（2）固定资产周转率并非越高越好。不同行业对固定资产的需求不同，过高的固定资产周转率，可能是企业的设备已被充分利用，需要扩大生产规模，也可能是企业的设备老化即将折旧完了，导致净值很小，所以弄清楚原因很重要。

✏️ 典型任务实例

任务 1：中国石油化工股份有限公司（600028）固定资产营运能力分析。

工作过程

步骤 1：收集中国石油化工股份有限公司 2009—2013 年的财务报告。

步骤 2：确定固定资产营运能力评价所需指标。

步骤 3：计算相关指标，评价固定资产营运能力。

计算结果见表 4-3。

表 4-3　中国石油化工股份有限公司固定资产营运能力分析

项目 \ 年份	2009	2010	2011	2012	2013
固定资产周转率/次	2.98	3.64	4.30	4.58	4.35

从表 4-3 可以看出，中国石油化工股份有限公司 2009—2013 年的固定资产营运能力处于小幅上升状态，表现良好，说明企业对固定资产利用比较充分，固定资产投资得当，固定资产结构较为合理，能够充分发挥效率，固定资产管理效率较高。

任务 2：贵州茅台酒股份有限公司同行业 5 家上市公司固定资产营运能力的横向比较分析。

步骤 1：收集贵州茅台酒股份有限公司同行业 5 家上市公司 2013 年的财务报告。

步骤 2：确定固定资产营运能力评价所需指标。

步骤 3：计算相关指标，进行固定资产营运能力的横向比较分析。

计算结果见表4-4。

表 4-4　酒业上市公司的固定资产营运能力指标

2013 年 12 月 31 日

项目	贵州茅台 （600519）	山西汾酒 （600809）	老白干 （600559）	水井坊 （600779）	沱牌舍得 （600702）
固定资产周转率/次	4.03	8.44	4.97	0.92	2.09

从表4-4可以看出，固定资产周转率最高的公司是山西汾酒，固定资产周转率为8.44次；固定资产周转率最低的公司是水井坊，固定资产周转率为0.92次。这意味着：与同行业其他企业相比，贵州茅台的固定资产周转率表现一般，略低于4.09次的平均水平，说明企业对固定资产利用不是很充分，固定资产管理效率有待提高。

知识与能力拓展

营运能力分析的目的

企业营运能力主要是指营运资产的效率和效益。营运资产的效率通常是指资产的周转速度。营运资产的效益是指资产的利用效果，通过其投入和产出相比较来体现。对企业营运能力进行分析，主要目的有以下三个方面。

1. 评价企业资产的流动性

企业资产的两大基本特征是收益性和流动性。企业经营的基本动机就是获取预期的收益。当企业的资产处于静止状态时，根本就谈不上收益，当企业运用这些资产进行经营时，才可能产生收益。企业营运能力越强，资产的流动性越高，企业获得预期收益的可能性越大。流动性是企业营运能力的具体体现，通过对企业营运能力的分析，可以对企业资产的流动性做出评价。

2. 评价企业资产利用的效益

对企业各项资产占用或投资的合理性和运用的有效性进行评估，可以揭示企业内部的各项资产是否都最充分地投入到经营运转中，是否出现生产经营资源的闲置或不足。企业资产营运能力分析的实质，就是以尽可能少的资产占用、尽可能短的时间周转，生产出尽可能多的产品，实现尽可能多的销售收入，创造出尽可能多的纯收入。通过产出额与资产占用额的比较，可以评价企业资产利用的效益，为提高企业经济效益指明方向。

3. 分析企业资产利用的潜力

只有了解各项资产的运用效率，才能最大限度地挖掘资产的使用潜力，节约资金使用。通过资产营运能力分析，可以了解企业资产利用方面存在哪些问题，还有多少潜力可以挖掘，进而采取有效措施，提高企业资产营运能力。

职业能力训练

一、判断题（正确的在括号内打"√"，错误的打"×"）

1. 一般情况下，固定资产周转率高，表明企业固定资产利用充分，固定资产管理效

率高。（　　）

2. 固定资产比重越高，企业资产的弹性越差。（　　）

二、单选题（下列答案中有一项是正确的，将正确答案前的英文字母填入括号内）

1. 在计算固定资产周转率指标的公式中，年销售收入净额指的是（　　）天。

A. 年销售收入

B. 现销收入

C. 赊销净额

D. 年销售收入扣除销售退回、销售折扣与折让

2. 反映固定资产周转速度的指标是（　　）。

A. 流动资产周转率　　　　　　　　B. 资产报酬率

C. 固定资产周转率　　　　　　　　D. 利息保障倍数

三、实训

1. 实训目的

掌握企业固定资产营运能力分析常用指标的应用。

2. 实训资料

选取同一行业五家公司同一年度财务报告。

3. 实训要求

（1）选取固定资产营运能力分析指标。

（2）计算各企业固定资产营运能力的指标值。

（3）比较评价各企业的固定资产营运能力：谁是固定资产周转最快的公司？为什么？

任务4.3　总资产营运能力分析

任务描述

明确总资产营运能力分析的内容与方法，掌握总资产营运能力分析常用指标的计算与应用。

知识准备

总资产就是企业所有的资产，包括流动资产和固定资产。资产直接构成了企业的生产能力，它的利用情况直接关系到企业的生存和发展，因此，分析总资产周转能力意义重大，它在一定程度上反映了企业的营运能力和盈利能力。分析和评价总营运能力最常用的指标是总资产周转率。

总资产周转率是指企业销售收入净额与平均资产总额的比率，是反映企业全部资产周转情况、衡量企业全部资产利用效率的指标。其计算公式为

$$总资产周转率 = \frac{销售收入净额}{平均资产总额}$$

其中

$$平均资产总额 = \frac{期初资产总额 + 期末资产总额}{2}$$

提示

总资产周转率是考察企业资产运营效率的一项重要指标，体现了企业经营期间全部资产从投入到产出周而复始的流转速度，反映了企业全部资产的管理质量和利用效率。总资产周转率越高，表明企业全部资产周转速度越快，企业资产营运能力越强；反之，总资产周转率较低，则表明企业全部资产营运效率较低，总资产周转速度慢，资产的利用效率低下。

请注意

在使用和计算总资产周转率时，应注意以下五方面的问题。

（1）总资产营运能力取决于每一项资产的营运能力。在分析总资产营运能力时，应单独分析各项重要资产的营运能力。例如，如果流动资产周转率高，则总资产周转速度就会变快。

（2）资产结构会影响总资产营运能力。例如，流动资产占总资产的比重越大，总资产的流动性就越强，总资产的周转速度就越快，营运能力越强。

（3）资产的增加应与销售收入的增加相配比，特别是固定资产的增加要满足生产能力的需求。

（4）如果企业某期总资产周转率突然上升，而销售收入与以往持平，这并不能说明企业资产利用效率真的提高，很有可能是本期报废了大量固定资产造成的。因此，在进行总资产周转率分析时，应与企业以前年度的资产周转率相比较，进行趋势分析。

（5）不同行业总资产营运能力差异较大，计算分析时要参照同行业水平。

典型任务实例

任务 1：中国石油化工股份有限公司（600028）总资产营运能力分析。

工作过程
步骤 1：收集中国石油化工股份有限公司 2009—2013 年的财务报告。
步骤 2：确定总资产营运能力评价所需指标。

想一想

指标计算需要选取的数据有哪些？
步骤 3：计算相关指标，评价总资产营运能力。
计算结果见表 4-5。

表 4-5　中国石油化工股份有限公司总资产营运能力分析

年份 项目	2009	2010	2011	2012	2013
总资产周转率/次	1.66	2.07	2.37	2.34	2.19

从表 4-5 可以看出，中国石油化工股份有限公司 2009—2013 年的总资产营运能力指标平均值为 2.13，整体波动幅度不大，与行业平均水平 0.5 相比处于领先地位，说明企业全部资产的周转速度很快，资产营运能力很强，资产管理质量和利用效率都很好。

任务2：贵州茅台酒股份有限公司同行业5家上市公司总资产营运能力的横向比较分析。

步骤1：收集贵州茅台酒股份有限公司同行业5家上市公司2013年的财务报告。

步骤2：确定总资产营运能力评价所需指标。

步骤3：计算相关指标，进行总资产营运能力的横向比较分析。

计算结果见表4-6。

表4-6　酒业上市公司的总资产营运能力指标

2013年12月31日

项目	贵州茅台 （600519）	山西汾酒 （600809）	老白干 （600559）	水井坊 （600779）	沱牌舍得 （600702）
总资产周转率/次	0.62	1.02	1.02	0.21	0.41

从表4-6可以看出，总资产周转率最高的公司是山西汾酒和老白干，总资产周转率为1.02；总资产周转率最低的公司是水井坊，总资产周转率为0.21。这意味着：与同行业其他企业相比，贵州茅台的总资产周转率表现一般，略低于0.66的平均水平，说明企业全部资产的周转速度不是十分理想，资产总体营运能力一般，资产管理质量和利用效率有待提高。

知识与能力拓展

营运能力指标分析的特点、作用及局限性

1. 营运能力指标分析的特点

（1）所有指标的资产负债表项目均采用了 $\dfrac{期初+期末}{2}$ 的均值方式，这是因为资产负债表反映的是企业在某一特定日期的财务状况，而我们需要分析的是企业一定期间内的营运能力，分析时的数据来源采用均值方式，可以在一定程度上避免某一日期特殊事项对各个指标的绝对影响。

（2）所有指标分析时，与企业利润中成本相关的项目，如存货，其领用和消耗会增加销售成本，则分析其使用效率时，与销售成本比；而与企业利润中收入相关的项目，如应收账款，因为是实现销售收入时产生的，所以在分析其使用效率时，与销售收入比较。了解指标的根源，就不用刻意记公式了。

2. 营运能力指标分析的作用

（1）营运能力分析能帮助报表使用者客观、有效地评价企业资产营运的效率，为确认企业的盈利能力和偿债能力提供依据。

（2）营运能力分析能帮助企业经营者发现企业在资产营运中存在的问题。如果通过分析发现企业应收账款周转率过低，可以采用调整信用政策、加大催收力度等方式加强对应收账款的管理，从而减少出现应收账款坏账的比例，提高企业的资金周转能力。

（3）营运能力分析能为企业投资者评价和考核企业管理层提供参考数据。投资者把资金投入企业，目的是最大限度获得利润，如果企业很多资产都没有充分利用，那肯定谈不上获得尽可能多的利润，所以，投资者可以把企业的营运能力指标作为考核企业管理者的参考指标之一。

3. 营运能力指标分析的局限性

（1）虽然营运能力评价指标将利润表数据与资产负债表数据有机结合了起来，然而，要真正了解企业的经营效率，仅将注意力集中于企业的销售收入、销售成本与各项资产的相对关系上是不够的，因为有关资产周转率的比率虽然能衡量企业的资产运营效率，但是不能够衡量资产运营速度所实现的利润情况。这就需要在深入分析企业营运能力的同时，关注盈利能力指标是否也同步在变化。

（2）由于营运能力评价指标都是用利润表数据与资产负债表数据相比计算而得，资产负债表反映的是时点值，利润表反映的是时期值，直接将二者进行对比可能会存在口径不一致的问题。同时，应收账款周转率计算公式中，分子是赊销收入净额，但在实际计算中，由于很难获得该数据，所以往往就用销售收入总额来取代赊销收入净额，导致高估应收账款的周转率。总资产周转率的计算中，有一部分收入与企业销售收入的形成没有必然联系，这些数值的存在会导致资产周转率比实际情况要低，这一点在分析时要有所考虑。

（3）仅仅通过存货周转率和应收账款周转率等指标并不能完全反映营运能力的全貌，还应该通过分析反映企业营运能力指标的经济内涵，以此来提高对财务比率的分析判断能力。例如，在分析存货周转率时，要清楚这些存货的构成是什么，有多少产成品、半成品，有多少原材料等，而且要对这些存货的市场价格波动有所了解，从而能够对存货的市场价值做出准确判断。再比如，对应收账款的分析，除了要看应收账款周转率的高低，更应该分析应收账款的客户构成，客户信用能力如何，是否存在恶意拖欠的问题，同时要分析应收账款是否过于集中，集中度过高风险就大，当然过于分散也不便于管理。

总之，在分析营运能力指标时，只有全面、深入、细致地掌握这些指标的构成、经济内涵，才能做出更准确的判断，才能使分析的价值更大。

职业能力训练

一、判断题（正确的在括号内打"√"，错误的打"×"）

1. 一般情况下，资产结构会影响总资产营运能力。（   ）

2. 如果本期总资产比上期有较大幅度增加，表明本期总资产营运能力较强。（   ）

二、单选题（下列答案中有一项是正确的，将正确答案前英文字母填入括号内）

1. 反映资产周转速度的指标不包括（   ）。

A. 存货期   B. 速动比率

C. 流动资产周转率   D. 应收账款周转率

2. 某公司2012年营业收入为5 852万元，年末总资产为2 012万元，年初总资产为1 650万元，则总资产周转率为（   ）。

A. 3.5   B. 3.8   C. 3.2   D. 2.9

3. 某企业总资产周转率为1.8，会引起该指标下降的经济业务是（   ）。

A. 销售商品取得收入

B. 借入一笔短期借款

C. 用银行存款购入一台设备

D. 用银行存款支付一年保险费

三、实训

1. 实训目的

掌握企业总资产营运能力分析常用指标的应用。

2. 实训资料

选取同一行业五家公司同一年度财务报告。

3. 实训要求

（1）选取总资产营运能力分析指标。

（2）计算各企业的总资产营运能力指标值。

（3）比较评价各企业的总资产营运能力：谁是总资产周转最快的公司？哪家公司营运能力最强？为什么？

项目小结

企业盈利能力的高低，既取决于产品的盈利能力，又受资产营运能力的影响。企业的营运能力越强，资产运用效率越高，企业的业务越发达，营业收入越多，利润越大。

本项目主要阐述了营运能力分析的目的、内容及衡量指标。企业应根据不同的资产类型对流动资产、固定资产以及总资产的营运能力分别进行分析，其意义在于进一步为改善经营管理、增强企业营业能力指明方向。分析评价强调的主要方法是财务比率分析法，利用企业的财务报表数据，分析计算一些基本的财务比率，包括：应收账款周转率、存货周转率、流动资产周转率、固定资产周转率、总资产周转率等，通过纵向趋势分析、同行业横向分析来评价企业的营运能力。

除了利用上述基本财务比率外，还应该善于利用财务报表及其附注中揭示的未能反映到比率之中的一些重要信息，通过对补充信息的分析，以及对外部环境的定性分析来客观、合理评价企业的营运能力。

案例分析与讨论

鞍钢马钢两大亏损公司翻身 由亏 80 亿变预盈 9.2 亿

2014 年 1 月 29 日，《财经综合报道》称：2012 年以高达数十亿元的亏损"黑洞"震惊市场的钢铁行业两大"亏损王"——＊ST 鞍钢和马钢股份近日连连预喜。

1 月 28 日晚间，马钢股份发布业绩预报称，经财务部门初步测算，预计 2013 年实现归属于上市公司股东的净利润为 1.5 亿元左右。此前几天，＊ST 鞍钢亦发布业绩预报称，2013 年公司实现归属于上市公司股东的净利润为 7.7 亿元。而此前的 2012 年，＊ST 鞍钢和马钢股份分别以高达 41.57 亿元和 38.63 亿元的亏损额，成为钢铁行业的两大"亏损王"，并在 2012 年 A 股上市公司亏损榜单上名列前茅。

值得关注的是，从已披露的数据来看，钢铁业上市公司的亏损面相比 2012 年有所缩减。据本报记者统计，截至1月28日，已有21家钢铁业上市公司发布业绩预告，其中4家略增，9家扭亏，5家预增，2家续亏和1家首亏。此外，宝钢股份已发布业绩快报，称2013年实现归属上市公司股东净利润为57.81亿元，同比下降44%。合计来看，2013年，逾八成钢铁业上市公司有望实现正的净利润。

然而，虽然看上去亏损面缩减，但这些钢铁业上市公司的钢铁主业仍然不容乐观，许多公司盈利多靠各种非常规的收入或措施获得，如政府补贴、变卖资产、调整折旧政策等。

对此，马钢股份在此次业绩预告中就坦言，2013年公司能够扭亏为盈，一方面是因为公司全方位开展降本增效，持续深化产品结构调整，生产经营形势好转，经营性亏损减少；另一方面公司为做好钢铁主业，出售了部分非钢铁主业相关资产，获得了资产增值收益。

而 *ST 鞍钢的扭亏则早在2012年年底就已经埋下伏笔，通过一系列的资产置换和资产折旧，其在2013年日子确实好过许多。

分析与讨论：

请搜集 *ST 鞍钢和马钢股份2012年前后的财务报告，利用报告中的数据分析其营运能力变化情况，评价其财务状况。分组讨论并展示研讨结果。

阅读篇目

［1］上海国家会计学院.资产经营管理［M］.北京：经济科学出版社，2011.

［2］［美］卡伦·伯曼，乔·奈特，约翰·凯斯.财务智慧：如何理解数字的真正含义［M］.刘璐，译.北京：商务印书馆，2008.

［3］高春雷.巴菲特教你学看上市公司财务报表［M］.北京：经济科学出版社，2012.

偿债能力分析

【学习目标】

● 熟悉根据项目、任务的需要查阅有关资料的方法
● 明确偿债能力分析的内容与方法
● 掌握偿债能力分析常用财务指标
● 了解偿债能力其他因素的定性分析

【项目导航】

2008 年国际金融危机以来，特别是近两年，无论是中国金融部门还是非金融部门，政府部门还是私人部门，都面临着巨大的压力，而新发布的《2013 年中国 500 强企业报告》更增添了我们对此的担忧。

2013 中国企业 500 强榜单显示，2013 年中国企业 500 强实现营业收入 50.02 万亿元，较 2012 年增加了 5.12 万亿元，增长了 11.41%，增幅大幅回落 12.22 个百分点。资产总额达到 150.97 万亿元，较 2012 年增长了 15.99%，增幅下降 4.41 个百分点。盈利放缓，营收总额增速下降明显，但与此同时，资产负债率却出现快速飙升。根据该榜单，中国 500 强资产负债率平均高达 84%……

金融危机后我们到底担忧什么？上述数据意味着什么？这就涉及本项目的主题——企业偿债能力分析。

企业的负债包括短期负债和长期负债。因此，企业的偿债能力主要包括短期偿债能力和长期偿债能力。偿债能力的衡量方法有两种：一种是比较债务与可供偿债资产的存量，资产存量超过债务存量较多，则认为偿债能力强；另一种是比较偿债所需现金和经营活动产生的现金流量，如果产生的现金超过需要的现金较多，则认为偿债能力强。

本项目主要引导学生熟悉企业偿债能力分析的方法，掌握短期偿债能力分析和长期偿债能力分析常用指标的计算，并能够利用这些指标评价企业偿债能力，了解其他因素对企业偿债能力的影响。学习时，要理解相关指标的意义，提高综合运用分析指标客观评价企业偿债能力的能力。

任务 5.1 短期偿债能力分析

任务描述

明确短期偿债能力分析的内容与方法，掌握短期偿债能力分析常用指标的计算与应用。

知识准备

短期偿债能力反映企业流动资产偿付短期负债的能力，一个企业的流动资产越多，证明其偿还短期债务的能力也就越强，财务风险也相对越小。短期负债是指流动负债，包括将在未来一年内到期的短期借款、应付及预收款等。

企业有无短期债务的偿还能力关系到债权人、投资者、员工、供应商的利益，以及企业未来的发展。只有当企业有较强的短期偿债能力时，才能有一个良好的环境供企业发展。

企业的短期偿债能力也可以理解为企业的支付能力，企业的短期债务一般是由流动资产支付的，所以对企业短期偿债能力的分析主要是对流动资产与流动负债之间的关系进行分析。短期偿债能力分析常用的方法有比较分析法、比率分析法，主要分析指标有营运资金、流动比率、速动比率、现金比率和经营活动净现金比率等。

一、营运资金

营运资金是企业流动资产与流动负债的差额，是反映企业短期偿债能力的绝对数。其计算公式为

$$营运资金＝流动资产－流动负债$$

提示

营运资金是流动资产与流动负债差额的绝对数值，在分析时必须结合其他指标，才能正确评价企业的短期偿债能力。

从上式可以看出，当营运资金为正值时，表明企业有能力偿还短期债务；当营运资金为零或负值时，表明企业无力偿还短期债务，资金周转存在问题。

请注意

不能认为营运资金越多越好。营运资金过多，说明企业中有部分资产闲置，没有充分发挥其功用，会影响获利能力。

二、流动比率

流动比率是指流动资产与流动负债的比例关系，表示每一元的流动负债能够有多少流动资产作为保障。其计算公式为

$$流动比率＝\frac{流动资产}{流动负债}$$

提示

流动比率是用相对数对营运资金进行解释，企业的流动资产在清偿完流动负债后还应有一些剩余，以便应付日常生产经营过程中其他方面对资金的需求，保证企业持续经营。

国际惯例认为这个比率在 200% 左右才能显示企业财务状况的稳定。当然，这个标准也不是绝对的，要根据企业的性质和实际情况来判断，还应结合其他指标进行综合分析。

ⓘ 请注意

运用流动比率时，必须注意以下三方面的问题。

（1）虽然流动比率越高，企业偿还短期债务的流动资产偿还能力越强，但这并不等于企业有足够的现金或存款用来偿债。流动比率高也可能是存货积压、应收账款增多且收账期延长，以及待摊费用和待处理财产损失增加所致，而真正可用来偿债的现金和存款却严重短缺。因此，企业应在分析流动比率的基础上，进一步对现金流量加以分析。

（2）从短期债权人的角度看，自然希望流动比率越高越好。但从企业经营角度看，过高的流动比率通常意味着企业闲置现金的持有量过多，必然降低企业现金的获利能力。因此，应合理调整这一结构，降低货币资金的闲置水平。

（3）流动比率是否合理，不同的企业以及同一企业不同时期的评价标准是不同的，因此，不应用统一的标准来评价各企业流动比率合理与否。

三、速动比率

速动比率是指企业速动资产与流动负债的比率。其计算公式为

$$速动比率 = \frac{速动资产}{流动负债}$$

🔔 提示

速动资产是指流动资产减去变现能力较弱且不稳定的存货、待摊费用、待处理流动资产损失等后的余额。

由于速动资产去除了存货等变现能力较弱且不稳的资产，速动比率比流动比率更能客观、准确、可靠地反映企业的短期偿债能力。

西方企业传统经验认为，速动比率为 1 时是安全边际。如果速动比率小于 1，必使企业面临很大的偿债风险；如果速动比率大于 1，尽管债务偿还的安全性很高，但却会因企业现金及应收账款资金占用过多而使企业资金闲置，势必影响资金的获利能力。

ⓘ 请注意

尽管速动比率较流动比率更能反映出流动负债偿还的安全性和稳定性，但并不能认为速动比率较低的企业的流动负债到期绝对不能偿还。实际上，如果企业存货流转顺畅，应收账款流动性强，则变现能力较强，即使速动比率较低，只要流动比率高，企业仍然有望偿还到期的债务本息。所以，分析时还要同时结合其他相关的指标进行综合分析。

四、现金比率

现金比率是企业的现金类资产与流动负债的比率。其计算公式为

$$现金比率 = \frac{现金类资产}{流动负债}$$

提示

现金类资产包括企业拥有的货币资金和持有的有价证券，并非仅仅包括现金。通常，速动资产扣除应收账款后的余额即为现金类资产。应收账款存在不能按时收回的可能，所以，把应收账款这一项目排除掉，现金比率就更能直接反映企业偿付流动负债的能力。

现金比率反映企业随时支付短期债务的能力，比率越高表明其偿债能力越强，但是比率不能太高，太高则证明企业中存在资金闲置。现金比率分析还要通过其他相关指标一起进行综合分析才能充分反映企业的短期偿债能力。

请注意

营运资金、流动比率、速动比率和现金比率是从流动资产和流动负债之间的关系出发来评估企业的短期偿债能力，分析时不能只关注某一个目标，应该通过综合考察来全面、客观地判断企业短期偿债能力的强弱。

五、经营活动净现金比率

经营活动净现金比率是经营活动现金流量净额和流动负债的比率，用来衡量企业的流动负债用经营活动所产生的现金来支付的程度。其计算公式为

$$经营活动净现金比率 = \frac{经营活动现金流量净额}{流动负债}$$

由于企业的短期负债大多源于企业的经营活动，所以用该指标进行分析能够较好地评价企业偿还短期债务的能力。

六、其他因素分析

在进行财务报表分析时，除了从财务报表中取得资料外，还需要分析财务报表资料中没有反映出来的因素，以作出正确的判断。

提示

提高短期偿债能力的因素包括：可动用的银行贷款指标、准备很快变现的长期资产、偿债能力的良好声誉。

提示

降低短期偿债能力的因素包括：已贴现商业承兑汇票形成的或有负债、未决诉讼或仲裁形成的或有负债、为其他单位提供债务担保形成的或有负债。

典型任务实例

任务1：贵州茅台酒股份有限公司（600519）短期偿债能力分析。

工作过程

步骤1：收集贵州茅台酒股份有限公司2009—2013年的财务报告。

步骤2：确定短期偿债能力评价所需指标。

想一想

指标计算需要选取的数据有哪些？

步骤3：计算相关指标，评价短期偿债能力。

计算结果见表5-1。

表5-1 贵州茅台酒股份有限公司短期偿债能力分析

年份\项目	2009	2010	2011	2012	2013
营运资金/百万元	10 547	13 272	18 349	26 698	30 624
流动比率	3.06	2.89	2.93	3.80	3.71
速动比率	2.01	1.87	1.98	2.38	2.28
现金比率	1.91	1.83	1.93	2.32	2.23
经营活动净现金比率	0.83	0.88	1.07	1.25	1.12

从表5-1可以看出，贵州茅台酒股份有限公司的短期偿债能力稳定。各项短期偿债能力指标显示：公司偿债能力均表现极好，5年营运资金平均为200亿元左右，并且连年递增；每年流动比率都在3：1左右，速动比率在2：1左右，说明企业有充足的流动资金用于偿还或者支付短期债务；即使是现金比率平均也高达2：1，经营活动净现金比率也在1：1左右，说明可随时支付短期债务。

任务2：中国石油化工股份有限公司（600028）短期偿债能力分析。

工作过程

步骤1：收集中国石油化工股份有限公司2009—2013年的财务报告。

步骤2：确定短期偿债能力评价所需指标。

步骤3：计算相关指标，评价短期偿债能力。

计算结果见表5-2。

表5-2 中国石油化工股份有限公司短期偿债能力分析

年份\项目	2009	2010	2011	2012	2013
营运资金/百万元	−112 139	−76 177	−101 485	−148 358	−198 812
流动比率	0.63	0.77	0.76	0.70	0.65
速动比率	0.15	0.27	0.28	0.25	0.26
现金比率	0.03	0.06	0.06	0.02	0.03
经营活动净现金比率	0.53	0.53	0.35	0.29	0.27

从表5-2可以看出，中国石油化工股份有限公司的短期偿债能力不佳。从短期偿债能力指标看，企业的流动资产对于流动负债的保证程度不高，营运资金为负，每年的流动资金缺口在不断扩大，流动比率不足1，并且连年下降。企业的现金状况也不乐观，现金比

率仅为 0.03：1 左右。这是由于流动负债的增加幅度较大所引起，短期偿债能力从指标上来看，并不乐观。

但是，作为国内能源行业龙头企业，中国石油化工股份有限公司拥有着极强的竞争力和突出的市场地位，因此还需结合行业内整体情况分析其短期偿债能力。

动脑筋

这些因素是如何影响企业短期偿债能力的？

任务 3：贵州茅台酒股份有限公司同行业 5 家上市公司短期偿债能力的横向比较分析。

步骤 1：收集贵州茅台酒股份有限公司同行业 5 家上市公司 2013 年的财务报告。

步骤 2：确定短期偿债能力评价所需指标。

步骤 3：计算相关指标，进行短期偿债能力的横向比较分析。

计算结果见表 5-3。

表 5-3 酒业上市公司的短期偿债能力指标

2013 年 12 月 31 日

项目	贵州茅台 （600519）	山西汾酒 （600809）	老白干 （600559）	水井坊 （600779）	沱牌舍得 （600702）
营运资金/百万元	30 624	2 158	−5	887	1 091
流动比率	3.71	2.11	0.996	3.64	1.93
速动比率	2.28	1.11	0.036	1.33	0.19
现金比率	2.23	0.51	0.029	0.75	0.12
经营活动净现金比率	1.12	−0.16	−0.012	−1.31	0.09

根据表 5-3，可以得出以下结论。

（1）营运资金最多的公司是贵州茅台，为 30 624 百万元；营运资金最少的公司是老白干，为−500 万元。这意味着：比较同行业其他企业，贵州茅台的营运资金充足，有非常强的偿债能力。

（2）流动比率最高的公司是贵州茅台，为 3.71；流动比率最低的公司是老白干，为 0.996。这意味着：整体来看，行业内的样本企业的流动比率均表现正常，大多在 2：1 左右，其中贵州茅台的流动比率最强。

（3）速动比率最高的公司是贵州茅台，为 2.28；速动比率最低的公司是老白干，为 0.036。这意味着：贵州茅台的流动负债偿还最为安全、稳定，老白干与沱牌舍得的速动比率较低，不够稳定。

（4）现金比率最高的公司是贵州茅台，为 2.23；现金比率最低的公司是老白干，为 0.029。这意味着：贵州茅台随时支付、偿还债务的能力最强。

（5）经营活动净现金比率最高的公司是贵州茅台，为 1.12；经营活动净现金比率最低的公司是水井坊，为−1.31。这意味着：贵州茅台在行业中的表现突出，有充足的资金进行短期债务的支付与偿还。

适当的偿债能力

企业保持适当的偿债能力，具有重要意义。然而在偿债能力问题上，不同的利益相关者有不同的要求。

首先，股东和债权人的利益并不一致。对股东来说，不能及时偿债可能导致企业破产，但是提高流动性必然降低盈利性，因此他们希望企业权衡收益和风险，保持适当的偿债能力。对于债权人来说，企业偿债能力不足可能导致他们无法及时、足额收回债权本息，因此他们希望企业具有尽可能强的偿债能力。股东更愿意拿债权人的钱去冒险，如果冒险成功，超额报酬全部归股东，债权人只能得到固定的利息而不能分享冒险成功的额外收益。如果冒险失败，债权人有可能无法收回本金，要承担冒险失败的部分损失。

其次，管理者和股东的利益也不一致。对管理当局来说，为了股东的利益他们必须权衡企业的收益和风险，保持适当的偿债能力。为了能够取得贷款，他们必须考虑债权人对偿债能力的要求。从他们自身的利益考虑，更倾向于维持较高的偿债能力。如果企业破产，股东失掉的只是金钱，而经理人不仅会丢掉职位，而且他们作为经理人的"无形资产"也会大打折扣。

职业能力训练

一、判断题（正确的在括号内打"√"，错误的打"×"）

1. 营运资金是一个绝对值指标，不利于企业间的比较分析。（   ）

2. 通常情况下，速动比率保持在 2 比较好。（   ）

3. 最准确衡量企业短期偿债能力的方法是分析现金比率。（   ）

4. 企业偿债能力越强越好。（   ）

二、单选题（下列答案中有一项是正确的，将正确答案前的英文字母填入括号内）

1. 一般来说，表明企业的流动负债有足够流动资产作保证，其营运资金应为（   ）。

A. 正数　　　　　　B. 负数　　　　　　C. 0　　　　　　D. 小数

2. 若速动比率大于 1，则下列说法正确的是（   ）。

A. 营运资金大于零

B. 短期偿债能力绝对有保障

C. 流动比率大于 2

D. 现金比率等于 1

3. 若流动比率大于 1，则下列结论成立的是（   ）。

A. 速动比率大于 1　　　　　　　　B. 营运资金大于零

C. 短期偿债能力绝对有保障　　　　D. 资产负债率大于 1

4. 最稳健的衡量企业短期偿债能力的方法是采用（   ）。

A. 流动比率　　　　　　　　B. 速动比率

C. 现金比率　　　　　　　　D. 以上均不是

5. 当公司流动比率小于 1 时，增加流动资金借款会使当期流动比率（　　　）。

A. 提高　　　　　　　　　　　　B. 降低

C. 不变　　　　　　　　　　　　D. 不确定

6. 在计算速动比率时，之所以要扣除存货项目，是由于（　　　）。

A. 存货的价值变动较大

B. 存货的数量不易确定

C. 存货的质量难以保证

D. 存货的变现能力较差

7. 计算速动比率时，之所以要扣除待摊费用，是因为（　　　）。

A. 待摊费用的价值变动较大

B. 待摊费用的数量不易确定

C. 待摊费用的变现时间较长

D. 待摊费用本身是费用的资本化，不能变现

三、实训

1. 实训目的

掌握企业短期偿债能力分析常用指标的应用。

2. 实训资料

选取同一行业五家公司同一年度财务报告。

3. 实训要求

（1）选取偿债能力分析指标。

（2）计算各企业的指标值。

（3）比较评价各企业的短期偿债能力。

任务 5.2　长期偿债能力分析

任务描述

明确长期偿债能力分析的内容与方法，掌握长期偿债能力分析常用指标的计算与应用。

知识准备

长期偿债能力是指企业偿还长期债务的能力，用于衡量企业偿还债务本息的保证程度，是评价企业财务状况的重点。企业的长期债务是指偿还期在一年以上的债务，包括长期借款、应付债券、长期应付款等。长期偿债能力分析常用的方法是比率分析，通过分析计算相关的财务比率评价企业的长期偿债能力。用以分析评价企业长期偿债能力的指标主要有资产负债率、产权比率、利息保障倍数、营运资金与长期负债比率、长期负债率等。

一、资产负债率

资产负债率是全部负债总额除以全部资产总额的比率，也就是负债总额与资产总额的比例关系。资产负债率有时也称为债务比率。其计算公式为

$$资产负债率 = \frac{负债总额}{资产总额} \times 100\%$$

🔔 **提示**

资产负债率表明企业中由债权人提供的资金来源占资金总来源的比重。这一比重越小，企业资产对债权人权益的保障程度也就越高，企业的长期偿债能力也就越强。一般认为，资产负债率的适宜水平是 40%～60%。

ⓘ **请注意**

对于经营风险比较高的企业，为减少财务风险应选择比较低的资产负债率；对于经营风险低的企业，为增加股东收益应选择比较高的资产负债率。

总之，资产负债率较大，对于企业所有者来说，就能利用少量的自有资金形成较多的生产经营用资产，不仅扩大了生产经营规模，而且在经营状况良好的情况下，还可以利用财务杠杆作用，得到较多的投资利润。但如果这一比率过大，则表明企业的债务负担重，企业资金实力不强，偿债能力较弱，会对企业的发展形成障碍。

二、产权比率

产权比率是负债总额与所有者权益总额之间的比率，它也是衡量企业长期偿债能力的指标之一。产权比率可用于评价企业财务结构是否稳定合理，它反映了企业的所有者权益对债权人权益的保障程度。产权比率也称为债务股权比率。其计算公式为

$$产权比率 = \frac{负债总额}{所有者权益总额} \times 100\%$$

🔔 **提示**

产权比率越低，表明企业的长期偿债能力越强，债权人将资金借给企业时承担的风险越小；反之，则越大。

ⓘ **请注意**

产权比率只是资产负债率的另一种表示方法，产权比率的分析方法与资产负债率分析类似。资产负债率分析中注意的问题，在产权比率分析中也应引起注意。

三、利息保障倍数

利息保障倍数（interest times earned）也称为已获利息倍数，是通过企业息税前利润与利息费用的比率来衡量企业偿付借款利息的能力。其计算公式为

$$利息保障倍数 = \frac{税前利润 + 利息费用}{利息费用}$$

🔔 提示

利息保障倍数是与利润表项目有关的偿债能力分析，通过比较经营所得支付债务利息的能力来反映企业长期偿债能力的强弱。

ⓘ 请注意

实务中，可以用财务费用的数额作为利息费用，也可以根据报表附注资料确定更准确的利息费用数额。

如果利息保障倍数处在一个比较适当的位置，表明企业不能偿付其利息债务的风险很小，如果企业偿还的利息债务很好，当本金到期时企业也能够重新取得新的资金。用新债还旧债，有良好的利息清偿记录，对于企业以后获得较优的借款条件，以及资金来源有着很好的辅助作用。相反，如果此指标较低且波动，则企业难以保证用经营所得及时偿付债务利息，从而影响企业举债。一般来说，利息保障倍数至少应该大于1。

作为反映长期偿债能力的指标，利息保障倍数代表获利能力对偿还到期债务的保证程度。但是，由于税前利润是按照权责发生制基础核算收入、费用的结果，账面的税前利润以及调整后的息税前利润均不能代表企业的支付能力，所以还存在一定的局限性。

🧠 动脑筋

如何进行进一步的分析，从而避免利息保障倍数分析的缺陷呢？

四、营运资金与长期负债比率

营运资金与长期负债比率是指企业的营运资金和长期负债的比率关系，其计算公式为

$$营运资金与长期负债比率 = \frac{流动资产 - 流动负债}{长期负债}$$

🔔 提示

随着时间的推移，长期负债会逐步转化为流动负债，流动资产不仅仅要有偿还流动负债的能力，也要有能力偿付长期负债。营运资金与长期负债比率越高，则不仅表明企业的短期偿债能力强，而且也预示企业未来的长期偿债能力的保障程度也越强。

五、长期负债率

长期负债率（long-term liability ratio）是指长期负债和负债总额之间的比例关系，用于反映企业负债中长期负债的份额。其计算公式为

$$长期负债率 = \frac{长期负债}{负债总额} \times 100\%$$

长期负债率的高低可以反映企业借入资金成本的高低，也可反映企业筹措长期负债资金的能力。

🔔 **提示**

长期负债具有时间长、成本高、低风险、稳定性强的特点。在资金需求量一定的情况下，提高长期负债比率，意味着企业降低了短期偿债的压力。

六、影响长期偿债能力的其他因素

上述衡量长期偿债能力的财务比率是根据财务报表数据计算的，此外还有一些表外因素会影响对企业长期偿债能力评价的有效性，这些表外因素主要包括以下三个。

1. 长期租赁

当企业急需某种设备或厂房而又缺乏足够的资金时，可以通过租赁的方式解决。财产租赁的形式包括融资租赁和经营租赁。融资租赁形成的负债大多会反映于资产负债表，而经营租赁则没有反映于资产负债表。当企业的经营租赁量比较大、期限比较长或具有经常性时，就形成了一种长期性筹资，这种长期性筹资到期时必须支付租金，会对企业的偿债能力产生影响。因此，如果企业经常发生经营租赁业务，应考虑租赁费用对偿债能力的影响。

2. 债务担保

担保项目的时间长短不一，有的涉及企业的长期负债，有的涉及企业的流动负债。在分析企业长期偿债能力时，应根据有关资料判断担保责任带来的潜在长期负债问题。

3. 未决诉讼

未决诉讼一旦判决败诉，便会影响企业的偿债能力，因此在评价企业长期偿债能力时要考虑其潜在影响。

✏️ **典型任务实例**

任务 1： 贵州茅台酒股份有限公司（600519）长期偿债能力分析。
工作过程
步骤 1：收集贵州茅台酒股份有限公司 2009—2013 年的财务报告。
步骤 2：确定长期偿债能力评价所需指标。

👤 **想一想**

应该选择哪些长期偿债能力分析指标？
步骤 3：计算相关指标，评价长期偿债能力。
计算结果见表 5-4。

表 5-4　贵州茅台酒股份有限公司长期偿债能力分析

年份 项目	2009	2010	2011	2012	2013
资产负债率/%	26	20	27	21	20

项目＼年份	2009	2010	2011	2012	2013
产权比率/％	35	38	37	27	26
利息保障倍数/％	—	—	—	143 847	—
营运资金与长期负债比率/％	105 470	132 720	107 900	148 300	170 100
长期负债比率/％	0.19	0.14	0.18	0.19	0.16

　　从表5-4可以看出，贵州茅台酒公司的长期偿债能力表现良好，企业资产对于债权人权益保障程度较高，2009—2013年的资产负债率均低于30％、产权比率也低于40％，没有太多债务负担，财务风险较低。

练一练

你能利用这些资料起草一份分析报告吗？

任务2：中国石油化工股份有限公司（600028）长期偿债能力分析。

工作过程

步骤1：收集中国石油化工股份有限公司2009—2013年的财务报告。

步骤2：确定长期偿债能力评价所需指标。

步骤3：计算相关指标，评价长期偿债能力。

计算结果见表5-5。

表5-5　中国石油化工股份有限公司长期偿债能力分析

项目＼年份	2009	2010	2011	2012	2013
资产负债率/％	54	54	55	59	55
产权比率/％	116	118	122	127	122
利息保障倍数	9.2	12.8	11.9	8.5	9.5
营运资金与长期负债比率/％	−68	−37	−53	−73	−106
长期负债比率/％	35	39	31	29	25

　　从表5-5可以看出，中国石化股份有限公司的长期偿债能力较强。从相关指标看，资产负债率保持在55％左右，虽然负债比例较高，但是公司利息保障倍数较高，基本上保持在9倍左右，财务结构合理、稳定。

动脑筋

该如何进行长期偿债能力综合定量评价？

任务3：贵州茅台酒股份有限公司同行业5家上市公司长期偿债能力的横向比较分析。

步骤1：收集贵州茅台酒股份有限公司同行业5家上市公司2013年的财务报告。

步骤2：确定长期偿债能力评价所需指标。

步骤3：计算相关指标，进行长期偿债能力的横向比较分析。

计算结果见表 5-6。

表 5-6　酒业上市公司的长期偿债能力指标

2013 年 12 月 31 日

项目	贵州茅台 （600519）	山西汾酒 （600809）	老白干 （600559）	水井坊 （600779）	沱牌舍得 （600702）
资产负债率/%	20	33	66	21	34
产权比率/%	26	50	197	26	52
利息保障倍数	—	—	7.28		3.45
营运资金与长 期负债比率/%	170 100		−15	954	43 680
长期负债比率/%	0.16	0	2	22	0.2

根据表 5-6，可以得出以下结论。

（1）资产负债率最高的公司是老白干，为 66%；资产负债率最低的公司是贵州茅台，为 20%。这意味着：债务负担最小、财务风险最低的是贵州茅台。

（2）产权比率最高的公司是老白干，为 197%；产权比率最低的公司是贵州茅台和水井坊，为 26%。这意味着：相对来说，贵州茅台与水井坊的长期负债能力较强，财务风险较低。

（3）利息保障倍数最高的公司是老白干，为 7.28，利息保障倍数最低的公司是沱牌舍得，为 3.45。这意味着：由于贵州茅台、水井坊与山西汾酒当年没有利息支出，指标仅涉及存在利息支出的老白干和沱牌舍得，相比较而言，水井坊利息保障倍数更高，公司不能偿付其利息债务的风险很小。

（4）营运资金与长期负债比率最高的公司是贵州茅台，为 170 100%；营运资金与长期负债比率最低的公司是老白干，为 −15%。这意味着：贵州茅台的营运资金不仅能够偿还流动负债，同时对于长期负债的保障能力较强。

（5）长期负债比率最高的公司是水井坊，为 22%；长期负债比率最低的公司是山西汾酒，为 0。这意味着：样本企业的长期负债比率均不高，贵州茅台仅为 0.16%，企业资金需求主要还是通过时间短、成本低的流动负债满足，长期债务负担很小。

知识与能力拓展

财务风险——筹资风险

财务风险是指在财务活动中，由于各种难以预料或控制的因素影响，财务状况具有不确定性，从而使企业有蒙受损失的可能性。广义的财务风险可以分为四类：筹资风险、投资风险、经营风险、外汇风险。狭义的财务风险则侧重其中由于负债经营而产生的丧失偿债能力的风险。

筹资风险是指企业因负债经营而产生的丧失偿债能力的风险。在资本结构决策中，合理安排债务资本比率和权益资本比率是非常重要的。一般情况下，权益资本成本大于债务资本成本，因为债务利息率通常低于股票利息率，并且债务利息可以税前支付，具有抵税功能。利用债务筹资可以获得财务杠杆利益，但是企业如果一味追求降低资本成本，导致负债规模过大，则必然会使企业承担的利息支出过大，进而出现财务危机。因此，要保持合理的资本结构，减轻偿债压力，尽可能使长期负债、短期负债和利润分配日期在时间和金额上的均匀设置，避免同时"挤兑"情况的发生。企业在达到最优负债规模时，财务风险是最小的，同时零负债也意味着高风险。而当超过最优负债规模后继续扩大负债数额时，财务风险也与之递增。

财务风险是现代企业面对市场竞争的必然产物，尤其在我国市场经济发育不健全的条件下更是不可避免。因此，防范财务风险是加强财务管理，优化资本结构，实现价值最大化目标的重要工作。在挑战和机遇并存、效益和风险同在的市场竞争大环境下，我们要客观地分析和认识财务风险，通过偿债能力分析等建立财务预警系统，从而实现企业的健康、顺利与可持续发展。

职业能力训练

一、判断题（正确的在括号内打"√"，错误的打"×"）

1. 资产负债率表明企业中由债权人提供的资金来源占资金总来源的比重。这一比重越小，企业资产对债权人权益的保障程度也就越高，企业的长期偿债能力也就越强。（　　）

2. 产权比率越高，表明企业的长期偿债能力越强，债权人将资金借给企业时承担的风险越小；反之，则越大。（　　）

3. 营运资金与长期负债比率越高，则不仅表明企业的短期偿债能力强，而且也预示企业未来的长期偿债能力的保障程度也越强。（　　）

二、单选题（下列答案中有一项是正确的，将正确答案前英文字母填入括号内）

1. 以下不属于偿债比率的是（　　）。

A. 产权比率　　　　B. 资产负债率　　　C. 应收账款周转率　D. 利息保障倍数

2. 以下有关资产负债率的论述错误的是（　　）。

A. 该指标反映了债权人提供的资本占全部资本的比例

B. 债权人希望资产负债比率越低越好，否则其贷款不安全

C. 股东关心的是全部资本利润率是否超过借入资金的利率

D. 对股东而言，资产负债比率越低越好，因为财务风险小

3. 长期负债融资一般属于（　　）。

A. 弹性融资　　　　B. 刚性融资　　　　C. 半弹性融资　　　　D. 以上都不是

三、实训

1. 实训目的

掌握偿债能力分析的相关指标计算。

2. 实训资料

某公司 2014 年年末根据有关资料计算的有关财务比率指标如下。

① 流动比率＝200%。

② 速动比率＝100%。

③ 现金比率＝20%。

④ 资产负债率＝50%。

⑤ 长期负债对所有者权益比率＝25％。

3. 实训要求

根据上述财务比率填列资产负债表（见表 5-7）中空白处的数据。

表 5-7　资产负债表　　　　　　　　　　　　　　单位：元

项目	金额	项目	金额
现金		短期负债	
应收账款		长期负债	
存货		所有者权益	
固定资产			
资产总额	100 000	负债及权益总额	100 000

项目小结

偿债能力分析主要关注的是短期负债的偿还能力、负债利息的偿付能力以及长期负债本金的偿还能力等。短期偿债能力分析的基本财务比率是流动比率、速动比率和现金比率；长期偿债能力分析的基本财务比率是资产负债率、产权比率、利息保障倍数、营运资金与长期负债比率和长期负债率。

除了利用上述基本财务比率外，还应该善于利用财务报表及其附注中揭示的未能反映到比率之中的一些重要信息，通过对补充信息的分析，结合基本财务比率的分析，对企业偿债能力做出更为客观、合理的评价。

案例分析与讨论

2009 年中国经济界夺人眼球的事件是吉利收购沃尔沃的"蛇吞象"行为。2008 年总收入 42.89 亿元人民币的吉利收购了总收入约 1 000 亿元人民币的沃尔沃，称之为"蛇吞象"显然并不过分。2010 年 8 月 2 日，吉利与福特在伦敦举行沃尔沃资产交割仪式，福特将沃尔沃的资产完全移交到吉利手上。至此，吉利终于完成收购。吉利控股为福特开出了 2 亿美元票据并向福特支付了 13 亿美元现金，总共 15 亿美元，这些收购资金来自吉利控股集团、中资机构以及国际资本市场。其余未付的 3 亿美元会根据下半年的养老金等相关数据最终做出调整，但是总价不超过 18 亿美金。在新的所有权下，沃尔沃轿车将会保留其瑞典总部以及在瑞典和比利时的生产基地，在董事会授权下，管理层将拥有执行商业计划的自主权。在交割仪式上，李书福强调了复苏沃尔沃的决心，他说："这一瑞典世界级知名豪华汽车品牌将坚守其安全、质量、环保和现代北欧设计这些核心价值，继续巩固和加强沃尔沃在欧美市场的传统地位，积极开拓包括中国在内的新兴国家市场。"

短短几年，吉利控股集团的负债额由 48 亿元飙升到 711 亿元，负债总额的增幅高达 15 倍。2011 年，吉利控股集团迅速就媒体指责其陷入财务危机做出回应，称其 2010 年虽然有 73.4％的资产负债率，但现金状况不存在问题。对此，中国汽车流通协会副秘书长罗磊认为，汽车企业普遍要比其他制造业的资产负债率稍高一些，但一般情况下也不会超过 70％，吉利负债率是偏高，确实存在一定的资金风险。截至 2010 年年底，吉利资产总额约 967 亿元人民币，现金总额为 210 亿元，负债总额约 710 亿元人民币，资产负债率约为 73.4%。其中，大约有 75% 的新增负债来自于收购沃尔沃，因为吉利同时也接收了沃尔沃的所有债务。吉利这笔为国人争面子的"蛇吞象"式的并购是不是会给其带来沉重的债务包袱，其偿债能力将会有怎样的发展趋势，会不会走向"财务危机"，陷入"财务困境"？吉利并不赞同所谓的"陷入财务危机"的说法。

分析与讨论：

请搜集吉利公司 2009 年前后的财务报告，利用报告中的数据分析其偿债能力变化情况，评价其财务状况。分组讨论并展示研讨结果。

阅读篇目

[1] 杨小舟. 中国企业的财务风险管理 [M]. 北京：经济科学出版社，2010.

[2] 宋常. 财务风险防范 [M]. 北京：中信出版社，2012.

[3] 李秉成. 企业为什么会陷入财务危机：财务危机案例启示录 [M]. 北京：机械工业出版社，2012.

发展能力分析

【学习目标】

● 根据项目、任务的需要查阅有关资料

● 明确发展能力分析的程序和方法

● 掌握发展能力衡量指标的分析、计算方法

【项目导航】

淘宝官网（taobao.com）介绍说：淘宝网是中国深受欢迎的网购零售平台，目前拥有近 5 亿的注册用户数，每天有超过 6 000 万的固定访客，同时每天的在线商品数已经超过了 8 亿件，平均每分钟售出 4.8 万件商品。截至 2011 年年底，淘宝网单日交易额峰值达到 43.8 亿元，创造 270.8 万个直接且充分就业机会。随着淘宝网规模的扩大和用户数量的增加，淘宝也从单一的 C2C 网络集市变成了包括 C2C、团购、分销、拍卖等多种电子商务模式在内的综合性零售商圈。目前已经成为世界范围的电子商务交易平台之一。淘宝网致力于推动"货真价实、物美价廉、按需定制"网货的普及，帮助更多的消费者享用海量且丰富的网货，获得更高的生活品质；通过提供网络销售平台等基础性服务，帮助更多的企业开拓市场、建立品牌，实现产业升级；帮助更多胸怀梦想的人通过网络实现创业就业。新商业文明下的淘宝网，正走在创造 1 000 万就业岗位这下一个目标的路上。

淘宝网成立于 2003 年 5 月 10 日，由阿里巴巴集团投资创办。过去十多年来，它的发展轨迹是怎样的？它是依据什么扩大了规模，不断发展壮大，把竞争对手们远远抛在身后的？淘宝网未来发展潜力如何？这些能够通过财务分析来了解吗？

本项目主要引导学生熟悉企业发展能力分析的方法，掌握市场增长能力分析、资产增长能力分析、资本增长能力分析常用指标的计算，并能够利用这些指标评价企业发展能力，了解其他因素对企业发展能力的影响。学习时，要理解相关指标的意义，提高综合运用分析指标客观评价企业发展能力的能力。

任务 6.1　市场增长能力分析

任务描述

明确市场增长能力分析的内容与方法，掌握市场增长能力分析常用指标的计算与应用。

一般来说，一家企业的市场竞争能力越强，产品的市场占有率越高，企业就有更强的持续发展能力。只有不断地拓展市场，增加收入，企业才能有更好的发展空间。衡量企业的发展能力首先要从产品销售增长情况方面进行分析（即市场增长能力分析），常用的定量分析指标有销售增长率、销售平均增长率和净利润增长率。

一、销售增长率

销售增长率是本年销售增长额与上年销售额之比，反映企业销售的完成情况，比率越大说明企业销售实现得越多。其计算公式为

$$销售增长率＝\frac{本年销售增长额}{上年销售额}×100\%$$

其中

$$本年销售增长额＝本年销售额－上年销售额$$

请注意

在使用和计算销售增长率时，应注意以下三个方面的问题。

（1）销售增长率是衡量企业经营状况和市场占有能力、预测企业经营业务拓展趋势的重要指标，也是企业扩张增量和存量资本的重要前提。不断增加的销售收入，是企业生存的基础和发展的条件。世界500强排名主要依据销售收入的多少进行。

（2）该指标若大于0，表示企业本年的销售收入有所增长，指标值越高，表明增长速度越快，企业市场前景越好；若该指标小于0，则说明企业或是产品不适销对路、质次价高，或是在售后服务等方面存在问题，产品销售不出去，市场份额萎缩。

（3）该指标在实际操作时，应结合企业历年的销售水平、企业市场占有情况、行业未来发展及其他影响企业发展的潜在因素，进行前瞻性预测，或者结合企业前三年的销售收入增长率做出趋势性分析判断。

二、销售平均增长率

销售增长率指标存在一定的局限性，其中包含当年度外部诸多因素的影响，不排除偶发、意外的特殊因素影响，因此，在分析销售增长情况时，还可以同时计算、分析近三年的销售平均增长率，从而更充分地评价企业相关市场长期发展趋势以及市场稳定性。其计算公式为

$$三年销售平均增长率＝\left(\sqrt[3]{\frac{当年主营业务收入总额}{三年前主营业务收入总额}}－1\right)×100\%$$

提示

销售平均增长率越高，表明企业主营业务持续增长势头越好，市场扩张能力越强。

在使用和计算销售平均增长率时，应注意以下三个方面的问题。

（1）分析中需要观察三年独立增长率与平均增长率之间的差率，是平滑上涨还是大起大落？与企业重大项目或重大决策有无关联性？

（2）分析销售平均增长率的同时，要注意企业规模及行业发展情况（行业增长），以便于综合分析。

（3）分析销售平均增长率时，应注意引导增长的是主营业务还是企业临时性投资，例如从与产品销售业务无关联的房地产投资中获利。

三、净利润增长率

净利润增长率是本年净利增长额与上年净利额之比，反映企业净利润的变化，数值越大，证明企业获得净利润的能力越强，企业自身发展的能力也就越强。其计算公式为

$$净利润增长率=\frac{本年净利增长额}{上年净利额}\times100\%$$

其中

$$本年净利增长额=本年净利润-上年净利润$$

✎ **典型任务实例**

任务 1：中国石油化工股份有限公司（600028）市场增长能力分析。
工作过程
步骤 1：收集中国石油化工股份有限公司 2011—2013 年的财务报告。
步骤 2：确定市场增长能力分析所需指标。

想一想

市场增长能力分析所需指标有哪些？
步骤 3：计算相关指标，评价市场增长能力。
计算结果见表 6-1。

表 6-1 中国石油化工股份有限公司市场增长能力分析

年份 项目	2011	2012	2013
销售增长率/%	31	11	3.6
三年销售平均增长率/%	20	27	15
净利润增长率/%	0.03	14	7.5

从表 6-1 可知，中国石油化工股份有限公司各年的销售收入均有所增加，特别是 2011 年、2012 年的销售收入增长幅度较大，增长率保持在两位数，三年平均增长率在 15% 以上，净利润增长率 2012 年达到 14%，2013 年虽然增速减少，但仍然有 7.5% 的增长率，可见

企业具有极强的市场竞争能力，其市场在不断扩展，收入在不断增加，具有很强的持续发展能力。

动脑筋

如何利用相关指标完成发展能力的分析？

任务 2： 贵州茅台酒股份有限公司同行业 5 家上市公司市场增长能力的横向比较分析。

步骤 1： 收集贵州茅台酒股份有限公司同行业 5 家上市公司 2013 年的财务报告。

步骤 2： 确定市场增长能力分析所需指标。

步骤 3： 计算相关指标，进行市场增长能力的横向比较分析。

计算结果见表 6-2。

表 6-2 酒业上市公司的市场增长能力指标
2013 年 12 月 31 日

项目	贵州茅台 （600519）	山西汾酒 （600809）	老白干 （600559）	水井坊 （600779）	沱牌舍得 （600702）
销售增长率/%	17	20	8	—70	—28
三年销售平均增长率/%	39	26	16	—35	17
净利润增长率/%	14	19	—42	—145	—97

根据表 6-2，可以得出以下结论。

（1）销售增长率最高的公司是山西汾酒，为 20%；最低的公司是水井坊，为—70%。这意味着：山西汾酒的销售收入增速较快，贵州茅台保持增长，但是当年的增长速度略低于山西汾酒。

（2）销售平均增长率最高的公司是贵州茅台，为 39%；最低的公司是水井坊，为—35%。这意味着：贵州茅台 2011—2013 年的平均增长率高达 39%，其业务增长势头很好，市场扩张能力很强。

（3）净利润增长率最高的公司是山西汾酒，为 19%；最低的公司是水井坊，为—145%。这意味着：相比山西汾酒，贵州茅台净利润增长率稍低，但依然是两位数（14%）的增长，说明公司自身能力很强，公司在同行业处于领先地位。

知识与能力拓展

产品生命周期理论

产品生命周期理论是美国哈佛大学教授雷蒙德·费农（Raymond Vernon）1966 年在其《产品周期中的国际投资与国际贸易》一文中首次提出的。

产品生命周期（product life cycle，PLC）是产品的市场寿命，即一种新产品从开始进入市场到被市场淘汰的整个过程。费农认为，产品生命是指产品的的营销生命，产品和人的生命一样，要经历形成、成长、成熟、衰退这样的周期。就产品而言，也就是要经历一个开发、引进、成长、成熟、衰退的阶段。而这个周期在不同的技术水平的国家里，发生的时间和过程是不一样的，其间存在一个较大的差距和时差。正是这一时差，表现为不同国家在技术上的差距。它反映了同一产品在不同国家市场上的竞争地位的差异，从而决定了国际贸易和国际投资的变化。为了便于区分，费农把这些国家依次分为创新国（一般为最发达国家）、一般发达国家、发展中国家。

典型的产品生命周期一般可以分成四个阶段，即介绍期（或引入期）、成长期、成熟期和衰退期。

1. 第一阶段：介绍期（或引入期）

介绍期（或引入期）是指产品从设计投产直到投入市场进入测试的阶段。新产品投入市场，便进入了介绍期。此时产品品种少，顾客对产品还不了解，除少数追求新奇的顾客外，几乎无人实际购买该产品。生产者为了扩大销路，不得不投入大量的促销费用，对产品进行宣传推广。该阶段由于生产技术方面的限制，产品生产批量小，制造成本高，广告费用大，产品销售价格偏高，销售量极为有限，企业通常不能获利，反而可能亏损。

2. 第二阶段：成长期

当产品进入引入期，销售取得成功之后，便进入了成长期。成长期是指产品通过试销效果良好，购买者逐渐接受该产品，产品在市场上站住脚并且打开了销路。这是需求增长阶段，需求量和销售额迅速上升。生产成本大幅度下降，利润迅速增长。与此同时，竞争者看到有利可图，将纷纷进入市场参与竞争，使同类产品供给量增加，价格随之下降，企业利润增长速度逐步减慢，最后达到生命周期利润的最高点。

3. 第三阶段：成熟期

成熟期是指产品走入大批量生产并稳定地进入市场销售，经过成长期之后，随着购买产品的人数增多，市场需求趋于饱和。此时，产品普及并日趋标准化，成本低而产量大。销售增长速度缓慢直至转而下降，由于竞争的加剧，导致同类产品生产企业之间不得不在产品质量、花色、规格、包装服务等方面加大投入，这在一定程度上增加了成本。

4. 第四阶段：衰退期

衰退期是指产品进入了淘汰阶段。随着科技的发展以及消费习惯的改变等原因，产品的销售量和利润持续下降，产品在市场上已经老化，不能适应市场需求，市场上已经有其他性能更好、价格更低的新产品，足以满足消费者的需求。此时，成本较高的企业就会由于无利可图而陆续停止生产，该类产品的生命周期也就陆续结束，直至最后完全撤出市场。

产品生命周期是一个很重要的概念，它和企业制定产品策略以及营销策略有着直接的联系。管理者要想使自己的产品有一个较长的销售周期，以便赚取足够的利润来补偿在推出该产品时所做出的一切努力和经受的一切风险，就必须认真研究和运用产品生命周期理论。此外，产品生命周期也是营销人员用来描述产品和市场运作方法的有力工具。但是，在开发市场营销战略的过程中，产品生命周期却显得有点力不从心，因为战略既是产品生命周期的原因又是其结果，产品现状可以使人想到最好的营销战略。此外，在预测产品性能时，产品生命周期的运用也受到限制。

职业能力训练

一、判断题（正确的在括号内打"√"，错误的打"×"）

1. 销售增长率是用来衡量企业相关市场长期发展趋势以及市场稳定性的重要指标。（　　）

2. 销售平均增长率是计算几年销售增长额占这几年平均收入额的比率，用以评价市场发展的长期趋势。（　　）

3. 若净利润增长率小于1，则说明企业或是产品不适销对路、质次价高，或是在售后服务等方面存在问题，产品销售不出去，市场份额萎缩。（　　）

二、单选题（下列答案中有一项是正确的，将正确答案前的英文字母填入括号内）

1. 一般来说，企业市场发展能力分析常用的财务指标是（　　）。

A. 市场占有率　　　B. 资本积累率　　　C. 销售利润率　　　D. 销售增长率

2. 下列说法中不正确的是（　　）。

A. 销售增长率是衡量企业经营状况和市场占有能力，预测企业经营业务拓展趋势的重要指标，也是企业扩张增量和存量资本的重要前提

B. 销售增长率若大于0，表示企业本年的销售利润有所增长，指标值越高，表明增长速度越快，企业市场前景越好

C. 运用销售增长率指标进行分析时，应结合企业历年的销售水平、企业市场占有情况、行业未来发展及其他影响企业发展的潜在因素，进行前瞻性预测

D. 分析销售平均增长率的同时，要注意企业规模及行业发展情况（行业增长），以便于综合分析

三、实训

1. 实训目的

掌握企业市场发展能力分析常用指标的应用。

2. 实训资料

选取同一行业五家公司同一年度财务报告。

3. 实训要求

（1）选取市场发展能力分析指标。

（2）计算各企业的指标值。

（3）比较评价各企业的市场发展能力：你认为哪家公司发展能力最强？为什么？

任务6.2　资产增长能力分析

任务描述

明确资产增长能力分析的内容与方法，掌握资产增长能力分析常用指标的计算与应用。

知识准备

资产作为企业开展经营的基础，其增长情况是企业发展能力的重要外在表现。正常情况下，市场销售的增长、收入规模的提高，将带来资产规模的扩大，它们之间通常存在着同向变动的关系，因此企业的发展能力可以通过分析评价资产规模的扩张情况来进行评价。资产增长能力分析主要是通过计算总资产增长率指标来进行。

总资产增长率是本年总资产增长额与年初资产总额之比，反映企业总资产增长速度的快慢。其计算公式为

$$总资产增长率 = \frac{本年总资产增长额}{年初资产总额} \times 100\%$$

ⓘ 请注意

在使用和计算总资产增长率时，应注意以下三个方面的问题。

(1) 总资产增长率指标是从企业资产总量扩张衡量企业的发展能力，表明企业规模增长水平对企业发展后劲的影响。

(2) 总资产增长率指标越高，表明一个企业经营规模扩张的速度越快。但实际操作时，应注意资产规模扩张的质与量的关系，以及企业的后续发展能力，避免资产盲目扩张。

(3) 总资产增长率指标是考核企业发展的重要指标，我国上市公司业绩综合排序中，该指标位居第二。

典型任务实例

任务 1：中国石油化工股份有限公司（600028）资产增长能力分析。

工作过程

步骤 1：收集中国石油化工股份有限公司 2011—2013 年的财务报告。

步骤 2：确定资产增长能力分析所需指标。

步骤 3：计算相关指标，评价资产增长能力。

计算结果见表 6-3。

表 6-3　中国石油化工股份有限公司资产增长能力分析

项目 ＼ 年份	2011	2012	2013
总资产增长率/%	15	10	12

从表 6-3 可知，中国石油化工股份有限公司的资产规模处于稳定扩张态势，三年的总资产增长率均在 10% 以上，公司有良好的后续发展能力。

任务 2：贵州茅台酒股份有限公司同行业 5 家上市公司资产增长能力的横向比较分析。

步骤 1：收集贵州茅台酒股份有限公司同行业 5 家上市公司 2013 年的财务报告。

步骤 2：确定资产增长能力评价所需指标。

步骤3：计算相关指标，进行资产增长能力的横向比较分析。

计算结果见表6-4。

表6-4 酒业上市公司的资产增长能力分析指标
2013年12月31日

项目	贵州茅台 （600519）	山西汾酒 （600809）	老白干 （600559）	水井坊 （600779）	沱牌舍得 （600702）
总资产增长率/%	23	—5	10	—22	—1.6

从表6-4可知，总资产增长率最高的公司是贵州茅台，为23%；最低的公司是水井坊，为—22%。这意味着：贵州茅台在同行业中经营规模的扩张速度较快，后续发展能力更强。

动脑筋

横向比较分析时应考虑哪些客观因素？

知识与能力拓展

资产质量

资产质量是指特定资产在企业管理系统中发挥作用的质量，具体表现为变现质量、被利用质量、与其他资产组合增值的质量以及为企业发展目标作出贡献的质量等方面。因此，资产质量主要关注的不是特定资产的物理质量。这是因为，相同物理质量的资产在不同企业之间、在同一企业的不同时期或者在同一企业的不同用途之间会表现出不同的贡献能力。

1. 按照账面价值等金额实现的资产

按照账面价值等金额实现的资产，主要是指企业的货币资金。这是因为，作为充当一般等价物的特殊商品，企业的货币资金会自动地与任一时点的货币购买力相等。因此，我们可以认为，企业在任一时点的货币资产，均会按照账面等金额实现其价值。

2. 按照低于账面价值的金额贬值实现的资产

按照低于账面价值的金额贬值实现的资产，是指那些账面价值量较高，而其变现价值量或被进一步利用的潜在价值量较低的资产。这类资产主要有以下几种。

（1）短期债权。这里的短期债权，包括应收票据、应收账款和其他应收款等。由于存在发生坏账的可能性，因此，短期债权注定要以低于账面的价值量进行回收。

（2）部分短期投资。短期投资是指能够随时变现并且持有时间不准备超过一年的投资。企业计提的短期投资损失（即投资跌价）准备，反映了企业对其自己的短期投资跌价（贬值）的认识。

（3）部分存货。企业保有存货，主要目的是使其增值。但是，从企业管理的实践来看，由于各种原因，企业的部分存货会以低于其账面价值的金额变现。

（4）部分长期投资。企业"长期投资"项目的金额，在很大程度上代表企业长期不能直接控制的资产流出。企业的"长期投资"项目，代表的是企业高风险的资产区域。对股权投资而言，在企业采取有限责任制的条件下，投资方的股权投资，一般不能从被投资方撤出。投资方如果期望将手中持有的股权投资变现，就只能转让其股权。而转让投资不仅取决于转出方的意志，还取决于转入方（购买转出方的投资的企业）的意愿与双方的讨价还价。这就使得投资方在股权转让中的损益难以预料。

（5）部分固定资产。固定资产体现了企业的技术装备水平。在企业持续经营的条件下，企业一般不会将其正在使用中的固定资产对外出售。因此，企业固定资产的质量主要体现在被企业进一步利用的质量上。但是，在历史成本原则下，持续经营企业的资产负债表通常将提供固定资产的原值、累计折旧以及固定资产净值。受企业折旧政策的制约，企业披露的固定资产净值不可能反映在资产负债表日相应固定资产对企业的实际"价值"。

（6）纯摊销性的"资产"，其实际价值趋近于零。

3. 按照高于账面价值的金额增值实现的资产

按照高于账面价值的金额增值实现的资产，是指那些账面价值量较低，而其变现价值量或被进一步利用的潜在价值量（可以用资产的可变现净值或公允价值来计量）较高的资产。这类资产主要有以下几种。

（1）大部分存货。对于以商品经营为主的制造业企业和商品流通企业，其主要经营与销售的商品就是企业的存货。因此，企业的大部分存货应该按照高于账面价值的金额增值实现。

（2）部分对外投资。从总体上来说，企业的对外投资应该实现增值。但是，财务会计的历史成本原则与稳健原则均要求企业对那些能够增值的对外投资以较低的历史成本来对外披露。

（3）部分固定资产。前已述及，企业的部分固定资产可以增值。同样，财务会计的历史成本原则与稳健原则均要求企业对那些能够增值的固定资产以较低的历史成本来对外披露。

（4）账面上未体现净值，但可以增值实现的"表外资产"。账面上未体现净值，但可以增值实现的"表外资产"，是指那些因会计处理原因或计量手段的限制而未能在资产负债表中体现净值，但可以为企业在未来作出贡献的资产项目。主要包括：已经提足折旧，但企业仍然继续使用的固定资产；企业正在使用，但已经作为低值易耗品一次摊销到费用中去，资产负债表上未体现价值的资产；已经成功地研究和开发项目的成果；人力资源。对企业资产质量的整体把握，应当结合表内因素与表外因素综合分析。

分析资产质量，关键是掌握影响资产质量的因素，确认划分企业优质资产和不良资产的标准，研究解决处理的办法。

职业能力训练

一、判断题（正确的在括号内打"√"，错误的打"×"）

1. 资产增长能力分析主要是通过计算总资产增长率及净资产增长率指标来进行的。（　　）

2. 总资产增长率指标越高，表明一个企业经营规模扩张的速度越快，企业的后续发展能力越强。（　　）

二、单选题（下列答案中有一项是正确的，将正确答案前的英文字母填入括号内）

1. 不随销售规模变动而变动的资产是（　　）。

A. 货币资金　　　　B. 应收账款　　　　C. 存货　　　　D. 固定资产

2. 总资产增长率指标计算不包括（　　）的增长。

A. 不良资产　　　　B. 虚拟资产　　　　C. 贬值资产　　　　D. 表外资产

三、实训

1. 实训目的

掌握企业资产发展能力分析常用指标的应用。

2. 实训资料

选取同一行业五家公司同一年度财务报告。

3. 实训要求

（1）选取资产发展能力分析指标。

（2）计算各企业的指标值。

（3）比较评价各企业的资产发展能力：你认为哪家公司资产发展能力最强？为什么？

任务 6.3　资本增长能力分析

任务描述

明确资本增长能力分析的内容与方法，掌握资本增长能力分析常用指标的计算与应用。

知识准备

这里所提到的资本即净资产。资本是指企业所有者所拥有的资产，资本积累越多，企业应对风险的能力就更强，因此持续发展的能力也更强。分析企业资本增长能力常用的指标有资本积累率和资本保值增值率。

一、资本积累率

资本积累率是本年所有者权益增长额与年初所有者权益之比，反映企业一年中所有者权益的增长，体现自身的发展能力。其计算公式为

$$资本积累率 = \frac{本年所有者权益增长额}{年初所有者权益} \times 100\%$$

其中

$$本年所有者增长额 = 本年所有者权益年末数 - 本年所有者权益年初数$$

请注意

在使用和计算资本积累率时，应注意以下三个方面的问题。

（1）资本积累率是企业当年所有者权益总的增长率，反映了企业所有者权益在当年的变动水平。

（2）资本积累率体现了企业资本的积累情况，是企业发展强盛的标志，也是企业扩大再生产的源泉，展示了企业的发展潜力。

（3）资本积累率如为负值，表明企业资本受到侵蚀，所有者利益受到损害，应予以充分重视。

二、资本保值增值率

所谓资本保值增值率，是指所有者权益的年末数与年初数之比。其计算公式为

$$资本保值增值率 = \frac{期末所有者权益}{期初所有者权益} \times 100\%$$

一般来说，如果资本保值增值率大于100%，说明企业资本保值且有一定程度的增值。

🔔 提示

导致期末所有者权益增加的因素有：实现净利润；发行股票或吸收新的投资；法定财产重估增值；吸收外币投资时发生汇兑收益；接受捐赠；可转换债券按规定转换为股票。

ⓘ 请注意

许多非盈利因素可能导致资本保值并且增值，因此分析该指标时应结合企业的获利能力进行综合研判，得出恰当的结论。事实上，亏损企业资本保值增值率大于100%的情况并不少见，但这往往是一系列偶然因素增加的净资产，从长远发展的观点看，提高资本保值增值率的最根本办法是获利。

三、修正资本保值增值率

为了剔除客观因素对资本保值增值率的影响，可以使用修正后的计算方法

$$修正资本保值增值率 = \frac{扣除客观因素后的期末所有者权益}{期初所有者权益} \times 100\%$$

🔔 提示

扣除客观因素后的年末所有者权益是指《国有资产保值增值考核试行办法》（国资企发〔1994〕98号）中规定的客观因素，具体包括国家资本金及其权益因客观因素增加额和国家资本金及其权益因客观因素减少额两大类。

ⓘ 请注意

在使用和计算资本保值增值率时，应注意以下三方面的问题。

（1）资本保值增值率是根据资本保全原则设计的指标，更加谨慎、稳健地反映了企业资本保全和增值状况。它充分体现了对所有者权益的保护，能够及时、有效地发现侵蚀所有者权益的现象。

（2）资本保值增值率指标反映了投资者投入企业资本的保全性和增长性。该指标越高，表明企业的资本保全状况越好，所有者的权益增长越快，债权人的债权越有保障，企业发展的后劲也就越强。

（3）资本保值增值率指标如为负值，表明企业资本受到侵蚀，没有实现资本保全，损害了所有者的权益，也妨碍了企业进一步发展壮大，应予以充分重视。

典型任务实例

任务 1： 中国石油化工股份有限公司（600028）资本增长能力分析。

工作过程

步骤 1：收集中国石油化工股份有限公司 2011—2013 年的财务报告。

步骤 2：确定资本增长能力评价所需指标。

想一想

评价资本增长能力的指标有哪些？

步骤 3：计算相关指标，评价发展能力。

计算结果见表 6-5。

表 6-5　中国石油化工股份有限公司资本增长能力分析

项目 ＼ 年份	2011	2012	2013
资本积累率/%	13	8	13
资本保值增值率/%	113	108	113

从表 6-5 可知，中国石油化工股份有限公司的所有者权益稳定增长，资本积累率最低 8%，最高 13%，平均 11% 左右。这意味着企业应对风险的能力很强，有强劲的发展潜力。

任务 2： 贵州茅台酒股份有限公司同行业 5 家上市公司资本增长能力的横向比较分析。

步骤 1：收集贵州茅台酒股份有限公司同行业 5 家上市公司 2013 年的财务报告。

步骤 2：确定资本增长能力评价所需指标。

步骤 3：计算相关指标，进行资本增长能力的横向比较分析。

计算结果见表 6-6。

表 6-6　酒业上市公司的资本增长能力指标
2013 年 12 月 31 日

项目	贵州茅台 （600519）	山西汾酒 （600809）	老白干 （600559）	水井坊 （600779）	沱牌舍得 （600702）
资本积累率/%	24	7	0.2	—14	—4
资本保值增值率/%	124	107	100.2	86	96

根据表 6-6，可以得出以下结论。

（1）资本积累率最高的公司是贵州茅台，为24％；最低的是水井坊，为－14％。这意味着：贵州茅台投资人的资本保全状况最好，所有者权益增长最快，公司发展能力最强。

（2）资本保值增值率最高的公司是贵州茅台，为124％；最低的是水井坊，为86％。这意味着：贵州茅台投资人的资本保全状况最好，所有者权益增长最快，公司发展能力最强。

知识与能力拓展

企业自身发展能力

1. 企业自身发展能力的含义

企业自身发展能力是指企业通过自己的生产经营活动，用内部形成的资金而投资发展的能力。企业内部的发展资金主要来源于企业的销售收入和企业降低开支而节约的资金。

企业可动用的资金总额是企业实际收入和实际支出之差，是企业真正拥有的自身发展能力。企业可动用的资金总额实际上也是企业真正拥有的现金支付能力，是企业现金支付能力的累计结存额。

在企业中，并不是所有的收入都会引起企业资金的增加，例如冲减已核销但未发生的坏账。同样，并不是所有的费用都会引起企业资金的减少，如折旧费用、固定资产盘亏等，只是在账面上计算的支出反映为利润的减少，实际这些项目扣减的资金仍是企业可自主使用的资金。

因此，企业可动用资金总额等于企业各项利润加折旧费、固定资产盘亏，减去未发生的坏账。企业期末自身发展能力也就是企业可动用的资金总额，减去本期新增加的流动资金需求、上缴所得税和年终分红之后的资金用于投资发展的能力，可见，年终分红在分配之前也是企业可动用的发展资金。从这点来说，企业分红越少，企业将利润用于自我发展的能力就越强。不过在上市股份制企业，企业向股民分红越少，企业就越难在股市上筹集到所需的资金。因此，要根据股市行情，确定出一个恰当的分红比例，这个比例既让企业股票升值，又尽可能地保证自身发展能力。

2. 企业自身发展能力的计算

要清楚地了解企业发展能力是强是弱，就要通过科学的计算来体现。企业自身发展能力的计算有两种方法。

（1）以主营业务利润为基础，加上有现金收入的各项收入，减去实际引起现金支出的各项费用，计算公式为

企业自身发展能力＝主营业务利润＋其他业务收入＋金融投资收入＋营业外收入

＋固定资产盘亏和出售净损失＋折旧费＋计提坏账－其他业务支出

－金融费用支出－固定资产盘盈和出售净收益－上缴所得税

－收回未发生坏账

（2）以税后利润为基础，加上不实际支出的费用，减去不实际收入的收入，计算公式为

企业自身发展能力＝税后利润＋折旧费＋固定资产盘亏和出售净损失＋计提坏账

－固定资产盘盈和出售净收益－收回未发生坏账

通过这两个不同方向的计算方法，可以看出企业能够动用的资金多少，也就是说企业

能够动用的资金是否能够满足企业的发展需要。如果资金过多必然会使部分资金闲置，不能发挥出其应有的作用，造成资源的无端浪费。相反，如果资金过少，不能满足企业的需要，又会阻碍企业的发展。

3. 企业自身发展能力的运用

企业运用自身发展能力，主要用于技术改造、扩大生产、产品换代等各项投资活动，也可直接运用于企业当前生产经营活动之中，以改善资金结构或消除生产经营环节的不协调因素。企业以未来实现的自我发展能力投资于简单再生产或者扩大再生产，是一种以当前确定的支出来换取企业未来预期获利的风险活动。因此企业自身发展能力的使用也就是对企业投资方案的选择。如果投资回收期短，预计投资收益大于投资所需的支出，投资方案就可行。投资方案的选择通常使用投资盈利率和投资回收期两项指标。

4. 企业发展的评价

企业通过自身积累的资金和从企业外部筹集来的资金，组织企业的生产经营活动，开展正常的扩大市场销售、扩大生产规模等业务，形成企业的发展趋势。企业总体发展形势的评价，是一项很重要的工作。企业目前的处境是投资者做出投资决策的依据，但企业获得重大突破的可能也有，企业形势发生突破性变化的情况也常发生，应当动态地从总体上考察企业的发展前景。最主要的是要将正常的筹资发展和盲目的筹资发展区别开来。盲目筹资的发展主要有两种情况。

第一，如果企业生产规模连年扩大而又大举筹资，成倍扩大生产规模，则可能是盲目筹资。其盲目性在于：企业经营管理、生产组织能力和人员技术能力难以在短期内相适应；市场竞争加剧或市场容量有限可能导致销售下降、利润降低。

第二，企业突然转向与自己行业差别很大的产业，又没有新产业生产经营的经验而进行的筹资。这种筹资的盲目性在于企业低估了市场竞争和社会化分工所形成的产业结构调整的困难，投资效益短期内很难达到预期水平。

（1）平衡发展。平衡发展也可称为稳步发展，主要表现为：企业营业收入增长率高于通货膨胀率；销售利润能够支付管理费用、财务费用、流动资金需求并有盈余用于企业发展投资；资金结构合理，财务费用不超过一定标准。

（2）过快发展。过快发展即营业额增长很快，而存货和应收账款也相应增长，且后两项增长比营业额快，企业运营资金需求增加，但企业没有足够的资金来源来满足资金需求的增长，从而引起企业现金支付困难。

（3）失控发展。失控发展即市场需求增长很快，企业预期增长将持续，因而企业通过借款来支持这种增长，营运资金为负。一旦市场需求减少，因生产能力已经扩大，固定费用支出增加，企业却发生销售困难，资金结构极不合理且难以转变，造成发展失控。

（4）负债发展。企业盈利很低，却决定大量举债投资，营运资金为正，营运资金需求也大量增加，但企业利润增长缓慢。这是不平衡的冒险发展。企业自我发展能力很低，却又大量借款。

（5）周期性发展。企业发展随经济周期的变化而变化，如冶金行业，企业在经济扩张时期发展很快，盈利较好；在需求不足时期，盈利下降，发展缓慢。这种企业的投资应以长期发展趋势而定，避免因企业固定费用增加而陷入困境。

（6）低速发展。企业盈利率降低，没有新增生产能力，也没有新产品进入市场，企业投资已经收回，流动资产和流动负债均没有增长。这些企业对竞争很敏感，企业的投资与发展没有保障。

（7）慢速发展。企业主动投资减少，企业营业额增长放慢，但企业流动资产仍有增长。可能是企业产品竞争能力降低，也可能是企业盈利率降低，难以再投资。有一些企业往往在此时靠增加对外投资来解决。

总的来说，企业发展分为这七种情况。分析企业所处的发展阶段或状态，有利于我们对各项财务指标做出更准确的评价。

职业能力训练

一、判断题（正确的在括号内打"√"，错误的打"×"）

1. 资本保值增值率大于100%，说明企业资本保值且有一定程度的增值。（　　　）
2. 最准确衡量企业发展能力的方法是分析评价资本保值增值率。（　　　）
3. 企业发展速度越快越好。（　　　）

二、单选题（下列答案中有一项是正确的，将正确答案前的英文字母填入括号内）

1. 资本指的是（　　　）。

A. 资产　　　　　　B. 净资产　　　　　　C. 注册资本　　　　　　D. 权益

2. 下列结论成立的是（　　　）。

A. 资本保值增值率是企业当年所有者权益总的增长率，反映了企业所有者权益在当年的变动水平

B. 资本保值增值率体现了企业资本的积累情况，是企业发展强盛的标志

C. 资本保值增值率如为负值，表明企业资本受到侵蚀，所有者利益受到损害

D. 一般来说，如果资本保值增值率大于100%，说明企业资本保值且有一定程度的增值

3. 计算修正后资本保值增值率时，扣除了（　　　）。

A. 资本金增减额　　　　　　　　　B. 盈余公积增减额

C. 未分配利润增减额　　　　　　　D. 以上均不是

三、实训

1. 实训目的

掌握企业资本发展能力分析常用指标的应用。

2. 实训资料

选取同一行业五家公司同一年度财务报告。

3. 实训要求

（1）选取资本发展能力分析指标。

（2）计算各企业的指标值。

（3）比较评价各企业的资本发展能力：你认为哪家公司资本发展能力最强？为什么？

项目小结

企业发展能力是企业依靠自身积累资金或向外界筹资来扩大经营规模的能力。企业为

了生存和竞争，需要不断发展，在发展中壮大自身的实力。企业的发展能力最终取决于其获利能力，获利能力越大，发展潜力也越大。

本项目主要关注的是市场增长能力、资产增长能力、资本增长能力等。分析评价强调的主要方法是财务比率分析法，利用企业的财务报表数据，分析计算一些基本的财务比率，包括销售增长率、资产增长率、资本积累率、净利润增长率、资本保值增值率等，通过纵向趋势分析、同行业横向分析来评价企业的发展能力。

除了利用上述基本财务比率外，还应该善于利用财务报表及其附注中揭示的未能反映到比率之中的一些重要信息，通过对补充信息的分析，以及对外部环境的定性分析来客观、合理评价企业的发展能力。

案例分析与讨论

兴衰诺基亚

若是在几年前，真的无法想象自己将来会写这样一个失败案例——主角是诺基亚。然而，这个世界真的变化太快，在多数人还未缓过神来时，格局已经改变；从辉煌到落魄不过是转瞬间的事。不管你拥有百年积淀还是当下正傲视群雄，这都无法作为未来称霸的根本。跟不上步伐，看不清形势，就注定被淘汰。即便你是诺基亚。

对于诺基亚的兴衰过程而言，2007 年是一个关键时间点。这一年，全球通信业发生了两件大事，深刻地影响了未来整个手机市场的格局，不过现在看来，诺基亚当时并没有意识到。

2007 年 6 月底，苹果公司 CEO 乔布斯向世界抛出了一款叫作 iPhone 的手机。iPhone 的触摸屏，颠覆了用户使用手机的方式，带来了革命性的全新体验。与此同时，iPhone 还有自己的应用商店，用户可以根据自身的需要去商店下载应用；如果是付费应用，苹果将和应用开发者以 3 ：7 的比例分成。触摸屏与应用收入分成模式，是乔布斯带给通信业的两个变革。

另一件大事的主角是谷歌。2007 年 11 月，谷歌宣布成立开放手机联盟，并且将旗下 Android 手机操作系统开源——这意味着智能手机厂商可以免费使用 Android 并可以在其上按自己的需求进行修改。

这两件事都在 2007 年掀起了轩然大波，两个与手机毫不相关的门外汉居然一前一后敲锣打鼓地闯了进来。然而，就是这两个门外汉，在 4 年后以不同的方式诠释了自己的价值。苹果登上了全球智能手机第一的宝座，而且在整个手机行业，它以 5.6％的份额分享了 66.3％的利润，让人瞠目；Android 在智能手机领域的市场份额则达到了 48％，撑起了半边天。诺基亚这才惊诧地发现，原来 2007 年，苹果和谷歌在其前行的道路上，埋下了两枚炸弹。

就在两枚炸弹埋入地下的 2007 年，诺基亚尚美梦正酣，不管在智能手机还是功能型手机领域，它都称得上所向披靡。就当市场从功能型手机向智能手机演进时，诺基亚的生死考验来临了。2007 年，在诺基亚行进的前方，两枚定时炸弹已经开始倒计时。iPhone 问世不久，各大厂商迎头赶上纷纷推出了自己的触屏手机。不过，诺基亚却显得很是淡定，在它看来，iPhone 只是一款售价高昂的、被疯狂的苹果粉丝追捧的特别的手机而已。

应该说，作为行业老大，诺基亚有气定神闲的资格。沉着、冷静以及不盲目跟风，也是一家优秀的企业应该具备的素质。而且，诺基亚在怀疑：触摸屏真是未来吗？

诺基亚自己的第一反应是：不。早在 2004 年，诺基亚就研制了第一款触摸屏手机诺基亚 7700。不过，最终诺基亚以时机不成熟为由放弃了。很快另一款产品 7710 问世，该款手机支持触控笔输入以及手指输入，而且具备完善的通信功能。然而，7710 并没有带来多好的市场反响。基于 3 年前的教训，诺基亚坚定地相信自己的判断——触摸屏不会成为主流。就在诺基亚静观其变的时候，时间很快来到了 2009 年，在 iPhone 推出了一年多后，诺基亚的触摸屏手机姗姗来迟，如业界所料，并未激起多少浪花。智能手机的第一次小浪潮，诺基亚错过了。

尽管诺基亚错过了发布触摸屏的最佳时机，但是在该领域的失利也只是让它受了点儿皮外伤；真正让诺基亚伤筋动骨的是其在操作系统上的挫折，直接导致了接下来的举步维艰。智能手机都会搭载一款操作系统。诺基亚采用的叫 Symbian，该系统平台由诺基亚、摩托罗拉、索尼爱立信等公司合资成立，诺基亚的股份为 52%。其他非股东厂商也可以通过授权的方式使用。曾经一度，Symbian 是全球操作系统无可争议的老大，2007 年其全球的市场占有率一度高达 72%。依托 Symbian，诺基亚的智能手机也曾在全球称霸数年。

然而，当谷歌推出免费的操作系统 Android 后，过往的美好日子要注定成为回忆。一直以来，由于诺基亚在 Symbian 中所占股份最高，其他厂商认为二者的关系似乎有点过于密切，本来就心存芥蒂，如今出来个免费的第三方操作系统平台，Symbian 内部开始人心涣散。在第一批 Android 成员中，Symbian 的共同发起人摩托罗拉赫然在列，此后，它成为 Android 的坚定追随者。随后，不断有原 Symbian 成员推出 Android 手机，固有的 Symbian 阵营开始瓦解。

另外，自从谷歌将 Android 开源后，舆论上就有一种共同的声音：开放是必然，是未来，似乎如果再闭关下去，只能死路一条。或许是迫于舆论压力，或许是因为慌不择路，2008 年诺基亚做出了一个决定，回购 Symbian 其余 48% 的股份，并宣布将其开源。

然而，是寄居于竞争对手门下，还是选择一个纯粹第三方的产品，答案不言而喻。于是，Symbian 就这样被孤立了，诺基亚开始拥着 Symbian 孤独前行。手机操作系统和用户的使用体验直接相关，而 Symbian 似乎有些落伍了：比如对于许多多媒体格式并不支持，界面比较老旧，功能不够炫。独自坚守的诺基亚也意识到了 Symbian 不再具备竞争力，因为在操作系统和用户体验之外，还有一个重要的领域，那便是应用软件。丰富多彩的软件是一款手机吸引用户购买的一个重要原因。

自从苹果推出了应用商店 APP Store，应用开发者的热情被史无前例地调动起来。开发者称，苹果的开发界面友好，开发难度较低，而且最重要的是，有一套重要的机制最大限度上保证了开发者的利益。反观 Symbian 却是另一番情境。开发者认为，其开发界面不够友好，门槛较高。而且，由于多年积累了甚为庞大的代码量，新入门的开发者必须花费几倍于其他平台（如 Android）的时间来学习，增加了开发的难度。此外，由于 Symbian 在设计之初就定位于中低端手机，功能上较为简单，已经无法满足如今市场对于智能手机的需求。

2010 年，诺基亚联合英特尔推出了操作系统 Meego，试图自己革了 Symbian 的命，来一次凤凰涅槃。不幸的是，Meego 最终以失败告终，诺基亚无奈将之遗弃。就这样，

Android 的势头越发迅猛，到 2011 年第 2 季度已经占领了智能手机市场 48% 的份额；而 Symbian 则节节败退。2011 年初，诺基亚干脆痛下决心与微软合作，开发 Windows Phone 手机。这意味着，在不久的将来，诺基亚将会成为一家纯粹的手机制造商。操作系统是手机的灵魂，诺基亚却最终只剩下了躯壳。

自 2005 年起，中国市场开始在诺基亚的版图中扮演越来越重要的角色，甚至被看作是诺基亚的中流砥柱。一直以来，中国市场都对诺基亚表现出了颇大的热情和友好。那么，诺基亚在其他市场遭遇寒流时，中国能否成为一个可靠的避风港？形势相当不容乐观，中国的市场竞争环境正在越发复杂。随着智能终端的迅速发展，华为与中兴等国内厂商近年开始注重自身品牌的建设，试图建立自己的手机王国。这对于诺基亚来说，着实是一大隐患。挑战还不止于此。自从中国在 2009 年颁发 3G 牌照以来，各大运营商的网络覆盖已经相继完备，需要通过数据业务带来新的收入来源。而智能手机则是消费者参与新业务的必要平台。为此，运营商近来开始推广千元智能手机以刺激用户的使用热情。而在和运营商合作的伙伴中，国内手机厂商占了很大比重。这无疑会对诺基亚带来冲击。

就在同年 8 月份，一则关于大批代理商将诺基亚拒之门外的消息在业界引起了轩然大波，虽然此事最终被诺基亚否认，却将诺基亚在渠道上遭遇的危机暴露无遗。曾经，诺基亚凭借完备而深入的渠道覆盖赢得了中国市场，然而一直以来，诺基亚对于渠道的管理颇为严格，对此渠道商的抱怨已经有很长一段时间，大规模爆发似乎也不是什么稀奇事。产品、市场、渠道这三大领域，诺基亚似乎哪一方面都已不再有优势。

资料来源：许小火．兴衰诺基亚．销售与市场．评论版，2012 年第 3 期

分析与讨论：

请搜集诺基亚公司 2012 年前后的财务报告，利用报告中的数据分析其发展能力变化情况，评价其发展能力。分组讨论并展示研讨结果。

阅读篇目

[1] [美] 埃里克·赫尔弗特．财务分析技术：价值创造指南 [M]．11 版．刘霄仑，朱晓辉，译．北京：人民邮电出版社，2010.

[2] [美] 吉姆·柯林斯，杰里·波勒斯．基业长青 [M]．真如，译．北京：中信出版社，2009.

[3] [韩] 金炳完．李健熙 27 法则：三星快速成长 300 倍的秘密 [M]．张哲雄，译．北京：电子工业出版社，2013.

公司财务深度研究——以万科为例

任务 7.1　公司财务情况鸟瞰

一、公司简介

　　深圳万科股份有限公司（以下简称"万科"）是首批公开上市的企业之一。万科主要从事实业、国内商业、物资供销业、房地产开发等业务。2013 年，公司实现销售面积 1 489.9 万平方米，销售金额 1 709.4 亿元，同比分别增长 15.0% 和 21.0%，年度销售金额再度刷新行业记录。分区域看，公司在以珠三角为核心的广深区域实现销售面积 429.9 万平方米，销售金额 523.9 亿元；在以长三角为核心的上海区域实现销售面积 339.7 万平方米，销售金额 460.5 亿元；在以环渤海为核心的北京区域实现销售面积 405.4 万平方米，销售金额 454.0 亿元；在由中西部中心城市组成的成都区域实现销售面积 314.9 万平方米，销售金额 271.0 亿元。

　　2010 年，万科荣登"2010 年最受赞赏的中国公司全明星榜"，在"房地产开发"行业榜中位列第 1 位；在《中国证券报》评选的"上市公司金牛百强奖"中，万科位列百强榜第 4 位，房地产公司第 1 位，并且获得"我心目中的金牛上市公司前十强"第一名；在证券时报社主办的"中国主板上市公司价值百强"评选中，万科获得"中国上市公司价值百强""中国主板上市公司十佳管理团队""中国最具社会责任上市公司"等称号。

　　作为房地产上市公司第一股的万科股份（代码：000002），一直被认为是中国房地产企业中最优秀的上市公司。公司自 1991 年上市以来，几乎实现了连续十几年的跨越式发展。2010 年，万科的销售收入突破 1 000 亿元大关，到 2013 年底已经拥有总资产超过 4 792 亿元，2013 年实现销售收入超过 1 354 亿元，实现净利润超过 151 亿元，是中国房地产市场中销售收入首个破千亿元的上市公司。从上市初期 9.6 亿元的资产规模到 2013 年底的 4 792 亿元，年均复合增长率超过 30%，这无论是在政策多变、尚处发展初期的中国房地产市场还是在波动巨大、估值能力较弱的中国资本市场，都是一个奇迹。

二、基本规模情况

　　万科 2010 年年度报告显示，2010 年万科归属上市公司股东的净利润 72.8 亿元，较 2009 年增长 36.65%。万科 2010 年各项经营指标全面超越 2009 年，连续第三年问鼎全球住宅企业销售冠军，也以 1 081.6 亿元成为国内首家销售金额突破 1 000 亿元的房地产企业。万科销售额占全国商品房成交额的比例为 2.1%，在深圳、东莞、佛山、天津、沈阳、青岛、武汉等城市市场占有率第一，在珠海、福州、上海、苏州、长春等城市占有率第二，进一步巩固了行业领先地位。

截至 2013 年 12 月 31 日，万科总资产 4 792 亿元，流动资产合计 4 420 亿元，营业总收入 1 354 亿元，净利润 183 亿元，总股本 110 亿股，股东权益合计 1 054 亿元，每股净资产 9.58 元，每股收益 1.37 元。

三、员工素养情况

截至 2013 年 12 月 31 日，万科共有在册员工 35 330 人，较上年增长 13.9%，平均年龄 31.3 岁。其中，房地产开发系统共有员工 6 959 人，学历构成为：博士占 0.3%，硕士占 16.6%，本科占 69.5%，大专占 11.7%，大专以下占 1.9%（见图 7-1），本科及以上学历占地产总人数的 86.4%，大专及以上文化程度的员工占 98.1%。由此可见，万科公司员工学历层次比较高，保证了公司现代化管理理念的落实。

专业构成为：市场营销和销售人员 982 人，占 14.1%，较上年下降 2.7%。专业技术人员 4 151 人，占 59.3%，较上年增长 17.0%，其中工程人员 2 441 人，占 35.0%；设计人员 836 人，占 12.0%；成本管理人员 356 人，占 5.1%；项目发展人员 518 人，占 7.4%。管理类员工 1 826 人，包括财务、审计、IT、法律、人力资源、客户关系、信息分析等公司高级管理人员，占 26.1%，较上年增加 19.8%。

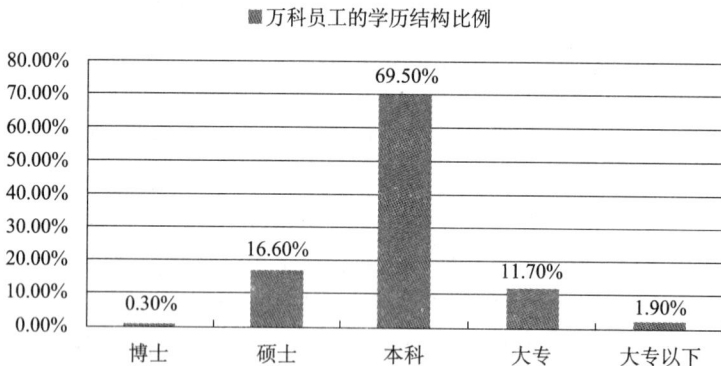

图 7-1　万科房地产开发系统员工学历结构

四、企业文化建设情况

万科秉承"创造健康丰盛的人生"的核心价值观，倡导"客户是我们永远的伙伴""人才是万科的资本""阳光照亮的体制""持续的增长和领跑"等价值理念，专注于为客户提供优质的生活空间和服务，充分尊重人才，追求开放透明的体制和公平的回报，积极促进公司业绩的持续增长和市场地位的提升，推动公司向绿色企业转型，在投资者、客户、员工等各方面，实现产品和服务的良好发展。

万科高度重视企业文化的宣传和推广，每年组织全公司范围内的"目标与行动"专题活动，由公司管理层进行公司目标和价值观的宣讲并要求所有员工签署受训确认书。在任用和选拔优秀人才时，把持续培养专业化、富有激情和创造力的职业经理队伍作为公司发展的一项重要使命。

五、公司偿债能力情况

从偿债能力来看，万科公司 2013 年的偿债能力比 2012 年有所下降（见表 7-1）：2013 年流动比率为 1.343 9 倍，与 2012 年的 1.396 2 倍相比，降低 3.75％；2013 年速动比率为 0.337 2 倍，与 2012 年的 0.414 1 相比，低出 18.57％。

表 7-1　偿债能力分析指标

项目 ＼ 年份	2013	2012
流动比率	1.343 9	1.396 2
速动比率	0.337 2	0.414 1
利息保障倍数	28.240 8	28.551 5
资产负债率	0.780 0	0.783 2
权益乘数	4.544 8	4.611 8

从资产负债率与权益乘数方面看，万科的资产负债率维持在 55％～78％，权益乘数在 2.2～4.6 倍浮动（见表 7-2）。由于资产负债率一定程度上反映了公司财务政策中的负债策略，因此总体而言，万科合理地应用了负债和财务杠杆，提高企业收益。但负债是把"双刃剑"，具有一定局限性，考虑到财务风险等因素，万科在 2006 年和 2007 年分别进行了两次 A 股增发的权益融资，适度稳定了杠杆过快提高的势头。但近观 2013 年的杠杆接近 5 倍，预示着万科亟须再次进行较大规模的去杠杆化运作，比如增发股本等。

表 7-2　万科 2002—2013 年资产负债率与权益乘数分析

年份	总资产/元	净资产（股东权益）/元	资产负债率/%	权益乘数/倍
2002	8 215 822 308.30	3 380 769 043.31	58	2.43
2003	10 561 040 095.70	4 701 359 103.82	55	2.25
2004	15 534 422 529.76	6 202 198 786.70	60	2.50
2005	21 992 392 061.30	8 309 602 557.04	61	2.65
2006	48 507 917 570.69	14 882 371 309.77	65	3.26
2007	100 094 467 908.29	33 919 523 029	66	2.95
2008	119 236 579 721.09	38 818 549 481.40	67	3.07
2009	137 608 554 829.39	45 408 512 454.14	67	3.03
2010	215 637 551 741.83	54 586 199 642.41	75	3.95
2011	296 208 440 030.05	67 832 538 547.03	77	4.37
2012	378 801 615 075.37	82 138 194 988.10	78	4.61
2013	479 205 323 490.54	105 439 423 398.63	78	4.54

通过上面分析，我们可以发现这样一个规律：万科一直将负债融资的极限控制在资产负债率 80％的水平之下，并不断通过权益融资来降低资产负债率，同时又为下一步债务融资拓展空间。

六、公司盈利能力情况

从表7-3可知，万科2013年的毛利率为31.47％，总资产报酬率为4.27％，净资产收益率为19.66％，成本费用利润率为21.64％，每股收益为1.37元。

表7-3　盈利能力分析指标

项目 \ 年份	2013	2012
毛利率/%	31.47	36.56
销售净利率（ROS）/%	13.51	15.19
成本费用利润率/%	21.67	25.40
总资产报酬率（ROA）/%	4.27	5.00
净资产收益率（ROE）/%	19.66	19.66
每股收益（EPS）/%	1.37	1.14

分析表7-3可见，尽管通过各项相对指标的比较，万科2013年度的盈利能力不如2012年度，但由于净利润同比增加（2013年度实现净利润182.97亿元，2012年是156.62亿元，见表7-4），两年的股本相差甚微（2013年末股本11 014 968 919.00股，2012年末股本10 995 553 118.00股，微增0.18％），因此每股收益指标2013年比2012年有较明显的提升。

表7-4　万科2002—2013年销售净利率分析

年份	营业收入/元	净利润/元	销售净利率/%
2002	4 574 359 629.05	382 421 274.06	8.36
2003	6 380 060 435.28	542 270 658.17	8.50
2004	7 667 226 237.03	878 006 255.08	11.45
2005	10 558 851 683.83	1 350 362 816.78	12.79
2006	17 848 210 282.17	2 154 639 315.18	12.07
2007	35 526 611 301.94	4 844 235 494.21	13.64
2008	40 991 779 214.96	4 033 170 027.89	9.84
2009	48 881 013 143.49	5 329 737 727.00	10.90
2010	50 713 851 442.63	8 839 610 505.04	17.43
2011	71 782 749 800.68	11 599 606 211.77	16.16
2012	103 116 245 136.42	15 662 588 423.06	15.19
2013	135 418 791 080.35	18 297 549 871.24	13.51

从表7-4可以看出，万科的销售净利率在2004年后，除了2008年受亚洲金融危机影响短暂下滑到9.84％以外，基本保持在10％的水平以上，并且在房地产市场十分火爆的2005—2007年，没有因为房地产市场火爆所引致的土地价格飞涨、成本上升而使利润率下降，这说明了两点问题。

（1）万科的市场定价能力较强，土地成本上升部分转移给了消费者。

（2）万科的前期土地储备较为丰富，土地成本基本维持稳定。

对外投资或投资收益2013年为100 519万元，与2012年的92 869万元相比，增长了 8.24%。

2013 年成本费用利润率为 21.67%，与 2012 年的 25.40% 相比，下降 14.69%。2013 年成本费用投入经济效益比 2012 年下降的主要原因是：2013 年实现利润为 1 829 755 万元，与 2011 年的 1 566 259 万元相比有所增长，增长率为 16.82%。2013 年成本费用总额为 10 055 692 万元，与 2012 年的 7 202 306 万元相比有所增长，增长率为 39.62%。实现利润增加速度小于成本费用总额的增长速度，致使成本费用投入经济效益减少。

七、公司营运能力情况

从表 7-5 可以看出：

万科 2013 年存货周转天数为 1 137 天，2012 年为 1 275 天，2013 年比 2012 年快 138 天；

万科 2013 年应收账款周转天数为 6.6 天，2012 年为 6 天，2013 年比 2012 年快 0.6 天；

万科 2013 年营业周期为 1 143.6 天，2012 年为 1 281 天，2013 年比 2012 年快 137.4 天；

万科 2013 年总资产周转次数为 0.315 7 次，比 2012 年的周转次数 0.305 5 次要快，总资产周转一次所需的天数从 2012 年的 1 178 天下降到 2013 年的 1 140 天。

表 7-5　营运能力分析指标

年份 项目	2013	2012
存货周转天数/天	1 137	1 275
存货周转率/（次/年）	0.32	0.28
应收账款周转天数/天	6.6	6.0
营业周期/天	1 143.6	1 281
总资产周转天数/天	1 140	1 178
总资产周转率/（次/年）	0.315 7	0.305 5

分析表 7-5 可知，万科公司的周转速度总体上比 2012 年要快，尤其是房地产行业的核心资产——存货的周转天数减少，说明万科公司的库存减少、销售提升、去杠杆化效果明显。

分析表 7-6 可知，万科公司的总资产周转率呈现总体下降趋势，从 2012 年起有触底企稳反弹的迹象。其主要原因并不是收入下降，相反，收入逐年递增，原因在于分母上的平均总资产项目快速增加所导致，也就是说，万科的总资产规模增速远远大于营业收入的增速。

表 7-6　万科 2002—2013 年资产周转率分析

年份	总资产/元	营业收入/元	总资产周转率/（次/年）
2001	6 482 911 630.82	—	—
2002	8 215 822 308.30	4 574 359 629.05	0.62
2003	10 561 040 095.70	6 380 060 435.28	0.68
2004	15 534 422 529.76	7 667 226 237.03	0.59
2005	21 992 392 061.30	10 558 851 683.83	0.56
2006	48 507 917 570.69	17 848 210 282.17	0.51

年份	总资产/元	营业收入/元	总资产周转率/（次/年）
2007	100 094 467 908.29	35 526 611 301.94	0.48
2008	119 236 579 721.09	40 991 779 214.96	0.37
2009	137 608 554 829.39	48 881 013 143.49	0.38
2010	215 637 551 741.83	50 713 851 442.63	0.29
2011	296 208 440 030.05	71 782 749 800.68	0.28
2012	378 801 615 075.37	103 116 245 136.42	0.31
2013	479 205 323 490.54	135 418 791 080.35	0.32

八、公司发展能力情况

从表 7-7 可以看出：

万科的销售收入呈现出增长趋势，2013 年营业收入为 13 541 879 万元，比 2012 年的 10 311 625 万元，增长了 31.33%；

万科的净利润呈现出增长趋势：2013 年净利润为 1 829 755 万元，比 2012 年的净利润 1 566 259 万元有了大幅度的增长，增长率为 16.82%；

万科的股东权益呈现出增长趋势：2013 年的股东权益为 10 543 942 万元，比较 2012 年的 8 213 819 万元，股东权益增长率为 28.37%。

表 7-7　发展能力指标

项目 ＼ 年份	2013	2012
销售收入增长率/%	31.33	43.65
净利润增长率/%	16.82	35.03
股东权益增长率/%	28.37	21.09
总资产增长率/%	26.51	27.88
每股收益增长率/%	20.18	29.55

从表 7-8 可以看出，万科的收益留存率从 2002 年的 67% 到 2013 年的 89%，逐年递增。这么高的留存率，一方面说明了公司股利政策逐步偏向于利用利润对公司进行再投资；另一方面也说明了万科对公司自有财务资源的充分利用。尤其是企业处在高速成长期，对资金的需求较大，同时公司也认为目前投入的利润能为公司股东创造更大的价值。但是，在制定公司分配政策时，也要兼顾股东尤其是中小股东对于红利的实际需求，就万科而言，截至 2014 年中报，公司自上市以来累计分红 21 次，累计分红金额为 133.81 亿元。

表 7-8　万科 2002—2013 年收益留存率分析

年份	净利润/元	分配股利/元	收益留存率/%
2002	382 421 274.06	126 194 942.60	67
2003	542 270 658.17	135 379 994.00	75
2004	878 006 255.08	227 362 788.70	74
2005	1 350 362 816.78	341 097 070.95	75
2006	2 154 639 315.18	591 747 769.65	73

年份	净利润/元	分配股利/元	收益留存率/%
2007	4 844 235 494.21	649 427 190.90	87
2008	4 033 170 027.89	687 200 638.70	83
2009	5 329 737 727.00	549 760 510.90	90
2010	8 839 610 505.04	769 664 715.26	91
2011	11 599 606 211.77	1 099 521 021.80	90
2012	15 662 588 423.06	1 429 377 328.34	91
2013	18 297 549 871.24	1 981 400 770.62	89

九、小结

本部分主要以万科为例，讲解了鸟瞰一家企业财务基本情况的方法，大体总结如下。

在"公司简介"中，主要介绍了万科的经营范围、市场边界、业界口碑等。

在"基本规模情况"中，概要给出了万科近年的主要财务数据指标：净利润、总资产、流动资产、营业总收入、总股本、股东权益合计、每股净资产、每股收益。

在"员工素养情况"中，简单分析了万科员工学历及专业结构情况。

在"企业文化建设情况"中，介绍了万科的核心价值观、价值理念和企业使命定位。

在"公司偿债能力情况"中，主要分析了万科的偿债能力及其变化趋势、公司的长期财务政策，发掘公司财务杠杆管理的规律。

在"公司盈利能力情况"中，主要分析了毛利率、总资产报酬率、净资产收益率等盈利能力指标，并对每股收益指标进行了简单的影响因素分析；对2002—2013年销售净利率进行了分析。

在"公司营运能力情况"中，分析了存货周转天数、应收账款周转天数、营业周期、总资产周转率的变化趋势，尤其对2002—2013年的总资产周转情况进行了研究，得出了万科的总资产规模增速远远大于营业收入的增速的判断。

在"公司发展能力情况"中，重点分析了销售收入增长率、净利润增长率、股东权益增长率的变化趋势，重点对2002—2013年的收益留存率进行了分析，给出了公司股利政策倾向的判断。

【做中学实践环节】

选择1家上市公司，运用上述分析方法与框架，完成"××公司财务情况鸟瞰"的课外作业，具体写作框架与内容见表7-9。

表7-9　"公司财务情况鸟瞰"写作框架与内容

序号	标题	研究内容
1	公司简介	介绍公司经营范围、市场边界、业界口碑等
2	基本规模情况	收集、分析主要财务数据指标，如净利润、总资产、流动资产、营业总收入、总股本、股东权益合计、每股净资产、每股收益
3	员工素养情况	公司员工学历及专业结构情况
4	企业文化建设情况	公司的核心价值观、价值理念和企业使命定位
5	公司偿债能力情况	分析公司偿债能力及其变化趋势，解读公司的长期财务政策，发掘公司财务杠杆管理的规律

序号	标　题	研　究　内　容
6	公司盈利能力情况	分析毛利率、总资产报酬率、净资产收益率等盈利能力指标，并对每股收益指标进行影响因素分析
7	公司营运能力情况	分析存货周转天数、应收账款周转天数、营业周期、总资产周转率的变化趋势
8	公司发展能力情况	分析销售收入增长率、净利润增长率、股东权益增长率的变化趋势，对收益留存率进行趋势分析，给出公司股利政策倾向的判断

要求：

（1）要先吃透企业财务情况的"5W1H"：What——财务信息是什么？Who——谁来使用财务信息？When——企业不同时期的财务信息是否不同？Where——财务信息在哪儿？Why——为什么财务信息很重要？How——怎样具体看透一家公司的财务信息？

（2）数据要真实、准确，数据来源可以在巨潮资讯网（http：//www.cninfo.com.cn/）查询。

（3）介绍部分要语言简洁，分析部分要有自己的判断、见解。

（4）可以分组完成，每个小组选出组长，安排时间在班级里做主题汇报，每组汇报时间15分钟，可以做成PPT。

（5）PPT以图形、表格、数据、音像链接、动画表现为主，不要出现纯文字页面。

（6）本作业的完成情况和汇报效果，作为平时成绩的重要参考。

任务7.2　透过数字识别结构

结构是人们用来表达世界存在状态和运动状态的专业术语。结构原义为屋宇构建的式样，引申为各个部分的配合、组织。认识和分析事物的结构，是深入研究该事物本质的重要方法。在财务分析中运用结构识别与分析，更能透过数字表象看清企业财务本质特征。

在财务分析中，对于财务结构的研究主要包括资产结构、资本结构、收入收益结构、成本费用结构、现金流入结构、经营活动现金流出结构、现金流出结构和三种现金净流量结构这八种（见图7-2和图7-3）。

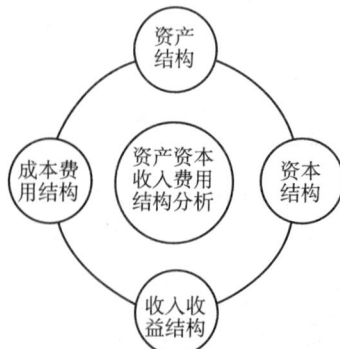

图7-2　资产、资本、收入、费用结构

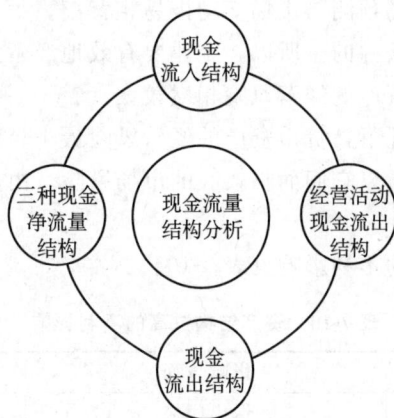

图 7-3 现金流量结构

一、资产结构分析

资产结构指企业各类资产的构成情况,重点是固流比(固定资产与流动资产的比例)。这里的固定资产在分析时往往取广义,涵盖企业的非流动资产。如果固定资产比重大,一般称为资产结构高,或者高资产结构。资产结构在资产负债表中的体现见图 7-4,属于账户式资产负债表左边的结构。资本结构属于资产负债表右边的结构。

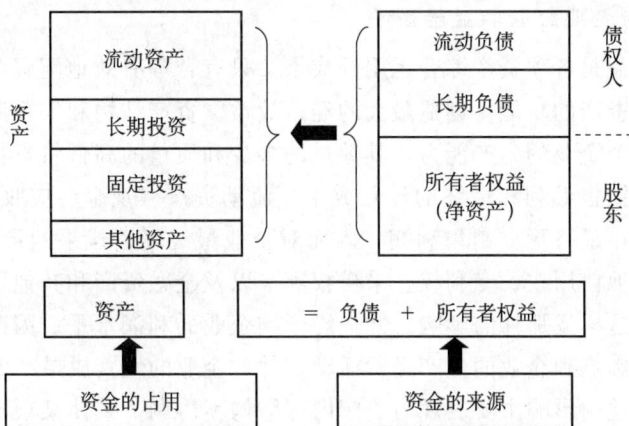

图 7-4 资产负债表结构示意图

由于企业经营是对各种资产的运用,因此如何充分发挥各项资产的作用,产生最大的收益,就是我们深度分析企业财务状况的关键所在。

1. 资产结构与企业风险分析

企业面临的风险分为经营风险和财务风险。财务风险主要与资金的筹集即资本结构有关。而经营风险则与资金的运用即资产结构有关。不同种类的资产面临的风险程度不同。一般地,流动资产的经营风险相对较小,而固定资产等长期资产是一种功能性资产,它们的价值需要在生产过程中以折旧、摊销等方式才能逐渐转移到其生产的产品中去,需要在较长时期内才能完成其周转,实现其价值。

在这一较长时期内，市场预测与市场变动极易相背离。另外，固定资产等长期资产价值的实现，是以商品卖出为条件的。所以，企业要有效地经营这些资产，必然考虑产品面临的市场因素，从而使这些资产的经营风险相对较大。

在不考虑通货膨胀的情况下，货币资产的经营风险最小，存货资产必须在市场上完成销售才能转化为货币资产，所以它们面临较大的市场风险。由此可见，企业的资产结构不同，所承受的风险也不同。

资产结构过高对于企业的不利影响见表7-10。

表7-10 资产结构过高的不利影响

序　　号	影响方面	影响程度
1	退出门槛	高
2	转型	难
3	经营风险	大
4	成本构成	刚性
5	固定成本比重	大
6	技术壁垒风险	大
7	更新换代压力	大
8	资产减值可能性	大

2. 资产结构对企业经营收益的影响

企业的经营收益是各项资产综合运用的成果。只有合理有效地配置各项资产，才能最大限度地发挥各项资产的功能，创造最大的经营效益。资产结构和实现利润的能力息息相关。固定资产是一个企业的生产能力，其数量的多少和质量的高低将直接影响企业的销售收入，并进而影响销售毛利和最终的经营成果。流动资产（现金、应收预付款项、存货）帮助实现销售收入，最终形成销售利润，因而对企业最终经营成果的形成具有间接影响。至于无形资产如土地使用权、专利权、采矿权等，以及金融资产和其他资产等也会对企业利润表的构成产生这样或那样的影响，并最终影响企业的利润水平。因此，企业资产结构的合理与否必然会影响到企业的生产经营活动，并对企业的经营成果产生影响。

资产结构对收益的影响主要表现为资产内部结构不协调，致使某项资产占用过多，另一项资产占用短缺所带来的损失。这种损失表现在两个方面：一方面，如果某项资产占用过多，会使该项资金占用成本增加，从而减少资产经营收益，如生产性企业挪用经营资金炒股或囤地，就会造成经营资金缺乏，影响销售收入，垫高财务成本；另一方面，如果某种资产占用过多，则意味着其他资产占用过少，这样就会影响企业资金的整体周转效果，使企业无法实现预期的最大收益。

一般来说，作为生产经营物质技术基础的固定资产等长期资产的规模体现着企业的生产经营能力，这类资产的规模越大，企业的生产经营能力越强。但企业必须保持足够的流动资产与固定资产相适应，才能充分发挥固定资产的生产经营能力。

3. 资产结构对资产流动性的影响

资产的流动性是指资产的变现能力和变现速度。资产流动性大小与资产的风险大小和收益高低是相联系的。总的来说,流动性大的资产,其风险相对小,收益能力相对较差;反之亦然。一般情况下,企业的流动资产比固定资产流动性好,金融资产比实物资产流动性好,短期资产比长期资产流动性好,货币资产比存货资产流动性好。保持资产的流动性是企业安全经营的前提。

由于行业不同,资产结构相差巨大,通过分析表 7-11 可知,流动资产占比最大的行业是房地产行业,其资产以存货为主;流动资产占比最小的行业是航空运输行业,其资产以固定资产(飞机)为主。就流动性而言,万科、用友软件较强,中国国航、首旅酒店较弱。

表 7-11　不同行业上市公司 2013 年年末资产结构比较

序号	公司名称	流动资产合计/万元	非流动资产合计/万元	流动资产占比/%
1	万科	44 204 658.52	3 715 873.83	92.25
2	首旅酒店	62 349.69	154 824.51	28.71
3	中国国航	2 542 561.10	17 993 627.20	12.38
4	用友软件	373 766.95	349 213.44	51.70

4. 资产结构对企业财务弹性的影响

财务弹性是指企业的资产结构和资本结构应对各种挑战、适应各种变化的能力。由于市场波动和季节性经营的原因,企业的资产总额和结构也必须相应调整。显然,在企业资产构成中,固定资产因难以随意改变其用途或变现其价值,所以弹性较小。

一般来说,资产弹性由金融资产的比重大小决定,但保持资产的弹性会以减少资产的收益性为代价。因此,企业应根据自身生产经营的性质、经营周期波动、日常支付需要等特点,合理确定其资产结构弹性。

以 2013 年为基年,万科部分资产项目的纵向变动情况见表 7-12。

表 7-12　万科公司部分资产项目的纵向变动情况

年份 项目	2013	2012	2011	2010	2009
货币资金/%	100	117.87	77.18	85.24	51.85
应收账款/%	100	61.27	49.20	51.77	23.16
存货/%	100	77.06	62.92	40.27	27.21
长期股权投资/%	100	66.18	60.41	42.24	33.52
固定资产/%	100	75.70	74.93	57.26	63.67
在建工程/%	100	115.04	77.22	83.65	64.93
无形资产/%	100	99.25	101.26	86.95	19.06

分析表 7-12 可知,万科的流动资产基本上呈现稳步上升趋势,财务弹性渐趋增强。下面以公司最关键的两项资产项目——货币资金和存货为例,描述其在 2009—2013 年的变化趋势(见图 7-5 和图 7-6)。

分析图 7-5 和图 7-6 可知,万科的存货在 5 年里几乎以相同的速度稳步增加,货币资金虽有波动,但总体也处于上升周期。这进一步表明了公司的财务弹性增强的趋势。

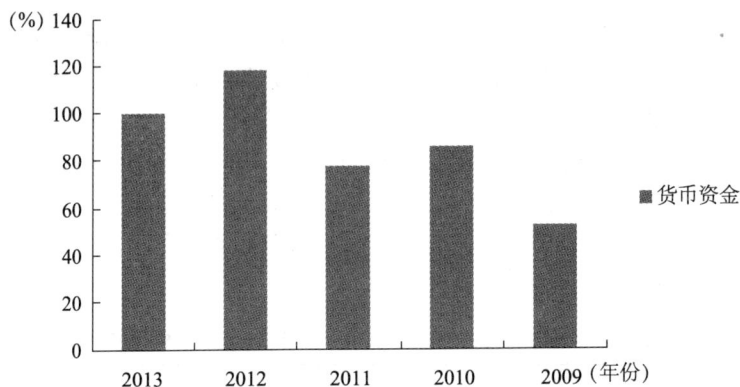

图 7-5　万科的货币资金 5 年趋势比较

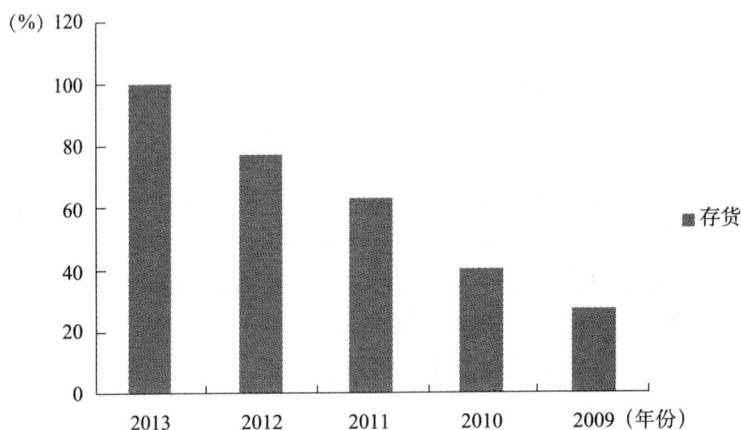

图 7-6　万科的存货 5 年趋势比较

二、资本结构分析

1. 资本结构的概念

资本结构是指企业各种资本的价值构成及其比例。广义的资本结构是指企业全部资本价值的构成及其比例关系。狭义的资本结构是指企业各种长期资本价值的构成及其比例关系，尤其是指长期的股权资本与债权资本的构成及其比例关系。这里取广义用法，指资产负债表右边的结构（见图 7-4）。

2. 资本结构的种类

企业的资本来源无外乎三种：一是负债；二是所有者投入；三是历年收益的留存。资本结构还可以作进一步的层次分类，如对于负债又可以分为流动负债、长期负债，所有者权益又由投入资本和企业积累资本构成。

企业负债的构成通常用来分析资本结构与资产结构的适应性及平衡性，借以说明资本结构（融资政策）的类型（包括中庸型、稳健型和激进型）。

（1）中庸型融资政策。中庸型融资政策也称为正常融资策略，是企业最常见的融资策略，即短期资产（或波动性资产）由短期资金来融通，长期资产由长期资金来融通（见图 7-7）。这里的短期资产是指流动资产，其周转速度较快；长期资产主要指固定资产。在流动资产中，有一部分基本的产品和原料储备是经常占用的，也属于长期占用的资产，因此亦用长期融资方式筹措，称其为长期流动资产。中庸型融资政策在实践中可使企业降低偿债风险。

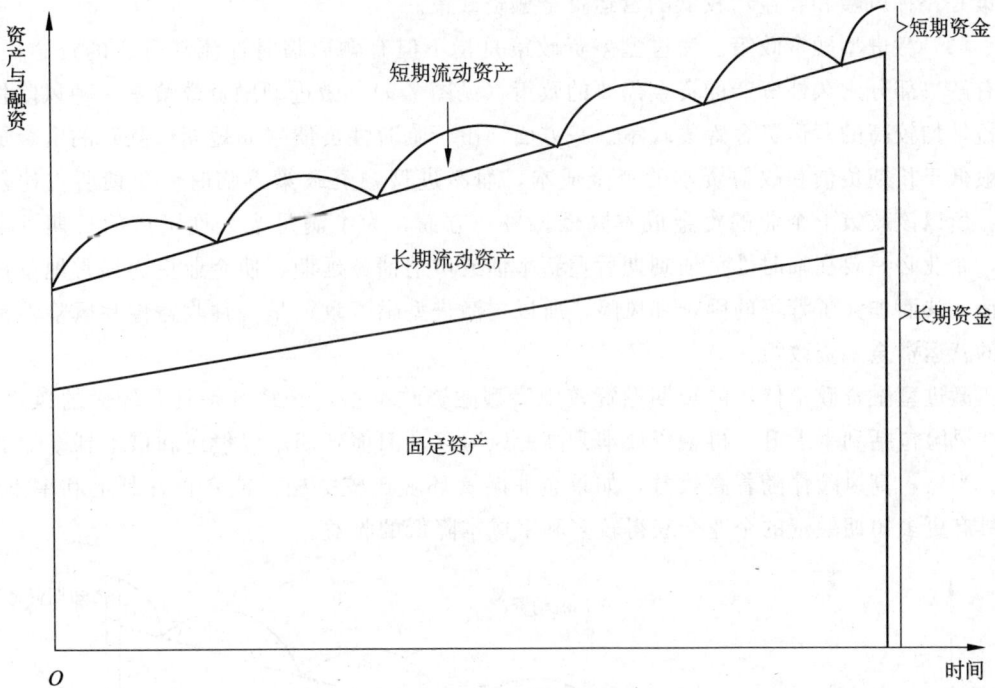

图 7-7　中庸型融资政策

中庸型融资政策实例分析：某企业以 1 000 万元收购一家企业，假设采取短期融资的方式，以 10％的年利率筹得这笔资金，1 年后连本带息归还，同时假设目标企业被并购后的资产回报率为 15％，那么 1 年后，并购方现金流入＝1 000×15％＝150（万元），现金流出＝1 000＋1 000×10％＝1 100（万元）。

显然，该企业的现金流会入不敷出，甚至有断裂的危险，原因在于企业并购属于长期资产购买，所以要求的资金也是长期来源。而由于并购方采用 1 年短期融资方式来筹集这 1 000 万元并购资金，1 年后企业只能重新连续举债或将贷款展期，带来不必要的融资成本。若重新举债或展期失效，则会造成并购企业财务危机，甚至不得已只能将目标企业作价卖掉。

反之，如果并购资金来源改为股东投入或长期借款，其他条件不变，那么 1 年后，并购方现金流入＝1 000×15％＝150（万元），现金流出＝1 000×10％＝100（万元）。这样做，资金链安全，并购有收益。

由此例可以看出，并购企业应根据并购时所需的投入资金结构，针对目标企业负债偿还期限的长短、维持正常运作所需营运资金的多少，采用不同的方法，做好不同投入期资金的筹措工作，确保财务结构上的平衡，恪守"中庸"之道。

（2）稳健型融资政策。稳健型融资政策是指只融通部分临时性流动资产的资金需要，另一部分临时性流动资产和永久性资产则由长期负债、自发性负债和权益资本作为资金来源（见图7-8）。稳健型融资政策由于临时性负债所占比重较小，所以偿债风险较低，公司面临短期利率变动损失的风险也较低。然而却会因长期负债资本成本高于临时性负债的资本成本，以及经营淡季时仍需负担长期负债利息，从而降低公司收益。因此，稳健型融资政策是一种风险和收益均较低的营运资金融资政策。

（3）激进型融资政策。激进型融资政策是指不但有融通临时性流动资产的资金需要，还有解决部分永久性资产的资金需要的政策（见图7-9）。激进型融资政策是一种风险性和收益性均较高的营运资金筹集政策。一方面，由于临时性负债（如短期借款）的资金成本一般低于长期负债和权益资本的资金成本，而激进型融资政策下临时性负债所占比例较大，所以该政策下企业的资金成本降低。另一方面，为了满足永久性资产的长期资金需要，企业必然要在临时性负债到期后重新举债或申请债务延期，使企业更为经常地举债和还债，从而加大了筹资的困难和风险，所以，激进型融资政策是一种收益性和风险性都较高的营运资金融资政策。

激进型融资政策使用的短期融资较中庸型融资政策多，其缺点是具有较大的风险性，这些风险包括利率上升、再融资成本升高的风险以及旧债到期难以偿还和借不到新债的风险。当然，高风险伴随着高收益，如果企业融资环境比较宽松，或者正好赶上利率下调，则具有更多短期融资的企业会获得较多利率成本降低的收益。

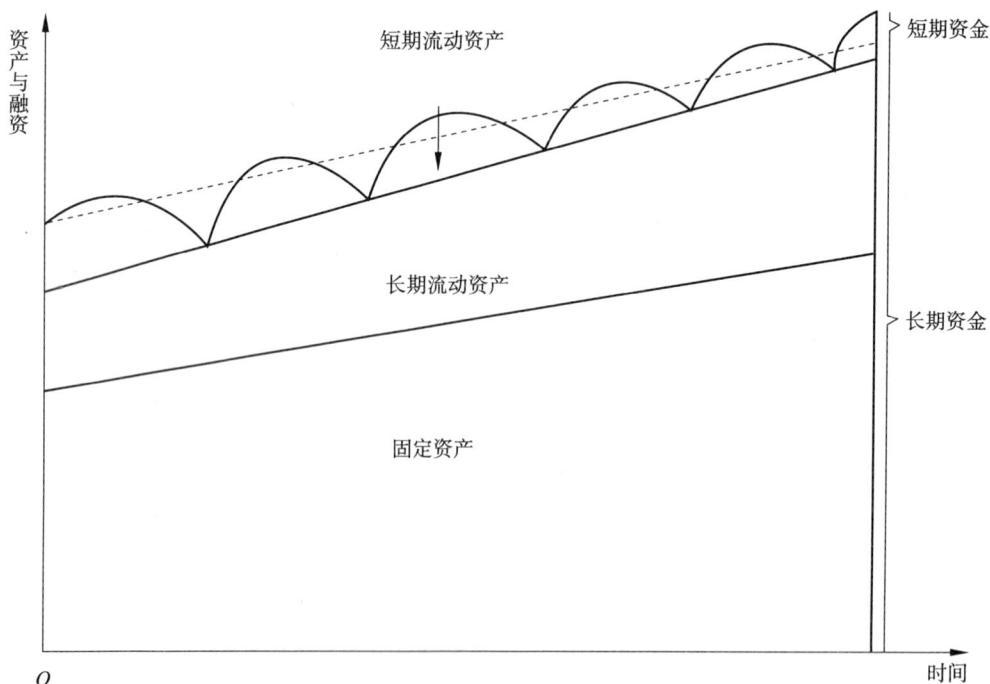

图 7-8　稳健型融资政策

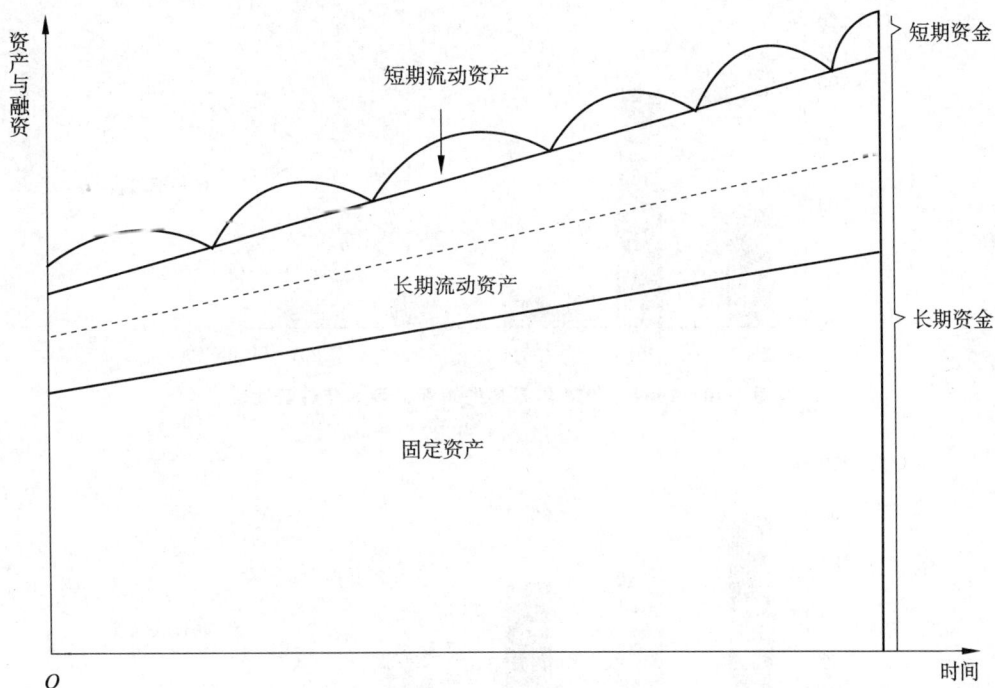

图 7-9　激进型融资政策

3. 万科的资本结构分析

以 2013 年为基年，万科的各项资本构成见表 7-13。

表 7-13　万科 2009—2013 年资本构成

项目 ＼ 年份	2013	2012	2011	2010	2009
短期借款/%	100	194.66	33.80	28.97	23.29
应付票据/%	100	33.67	0.21	0.00	0.20
应付账款/%	100	70.14	46.51	26.46	25.49
预收账款/%	100	84.25	71.44	47.84	20.41
应交税费/%	100	98.63	89.09	69.14	25.71
长期借款/%	100	98.24	57.17	67.58	47.71
应付债券/%	100	0.00	79.08	78.68	78.31
股本/%	100	99.82	99.82	99.82	99.82
盈余公积/%	100	84.51	67.78	52.58.	43.40
未分配利润/%	100	72.71	51.58	36.70	24.00

　　分析表 7-13 可知，万科的资本构成呈现负债逐渐增加的态势，股本基本不变，留存收益（含盈余公积和未分配利润）稳步递增，但企业扩张的主要资本支持还是来源于短期借款、应付预收以及长期借款的增量补给。下面以公司最关键的两项资本项目——短期借款和预收账款为例，描述其在 2009—2013 年的变化趋势（见图 7-10 和图 7-11）。

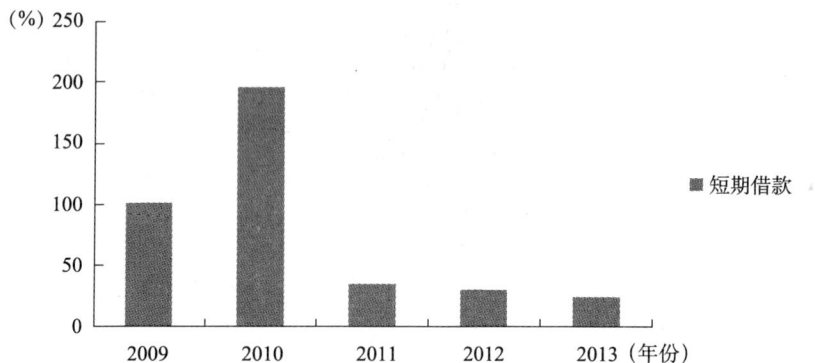

图 7-10 2009—2013 年万科的短期借款 5 年趋势比较

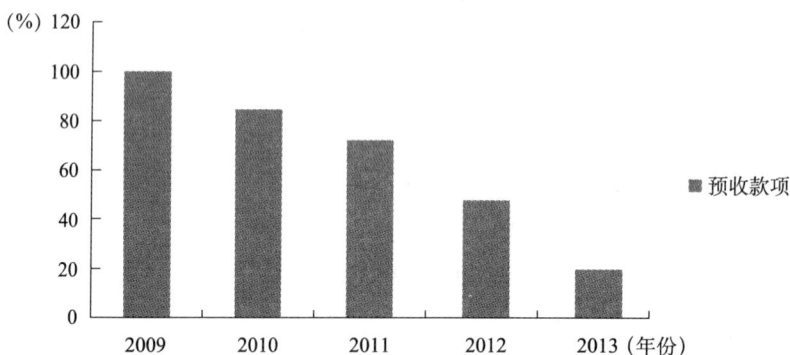

图 7-11 万科的预收账款 5 年趋势比较

分析图 7-11 和图 7-12 可知，预收账款在 2009—2013 年中几乎以相同的速度稳步增加，短期借款项目虽有波动，但是总体也处于上升周期。这进一步表明了公司财务杠杆增加的趋势。

4. 融资结构比较分析

下面选择不同行业的 4 家上市公司，研究其融资结构，探讨各自的行业特征（见表 7-14）。

表 7-14 不同行业上市公司 2013 年末资本结构比较

序号	公司名称	负债合计/万元	股东权益合计/万元	权益乘数/倍
1	万科	37 376 590.01	10 543 942.34	4.54
2	首旅酒店	87 828.38	129 345.82	1.68
3	中国国航	14 741 889.00	5 794 299.30	3.54
4	用友软件	386 690.81	336 289.58	2.15

分析表 7-14 可知，不同行业的上市公司具有明显不同的资本结构。万科与中国国航的融资以负债为重，财务杠杆（即权益乘数）高达 4.54 倍和 3.54 倍。对万科而言，4.54 倍杠杆意味着其每 4.54 元的总资产之中，就有 3.54 元依靠负债融资，这在房地产行业基本属于惯例。首旅酒店的 1.68 倍财务杠杆非常稳健，几乎不存在偿债风险。至于用友软件的 2.15 倍杠杆，在 IT 行业已经很高了，国际上这个行业平均的杠杆水平在 1.3 倍以内。用友软件杠杆高的主要原因是，近年来用友软件进行了大量的并购业务，对资金需

量加大，因此加大了负债融资的比重。4 家上市公司的财务杠杆水平比较见图 7-12。

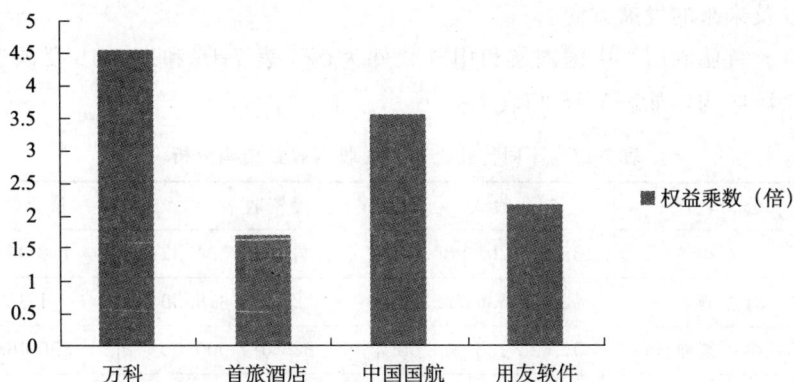

图 7-12　4 家上市公司的财务杠杆水平比较

根据资产结构和财务杠杆的不同，我们可以对企业进行如下分类（见图 7-13）。

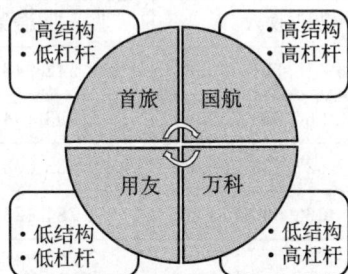

图 7-13　资产结构与杠杆的不同组合

（1）高结构、高杠杆。这种组合的企业，固定资产比重大，号称"重资产"型，资产专业化程度高，进退门槛比较高；同时，负债比重大，企业主要依靠负债融资，财务风险较大。比较典型的例子是中国国航以及石化、钢铁等行业企业。

（2）高结构、低杠杆。这种组合的企业，固定资产比重大，号称"重资产"型，资产专业化程度高，进退门槛比较高；同时，负债不多，企业主要依靠股权融资，财务风险不大。比较典型的例子是首旅酒店、中国神华。

（3）低结构、高杠杆型。这种组合的企业，固定资产比重小，号称"轻资产"型，资产专业化程度不高，进退门槛比较低；同时，负债比重大，企业主要依靠负债融资，财务风险较大。比较典型的例子是房地产行业企业（如万科）以及银行、保险、证券公司等金融企业。

（4）低结构、低杠杆型。这种组合的企业，固定资产比重小，号称"轻资产"型，资产专业化程度不高，甚至没有很多资产，进退门槛一般不太高，主要是人力资源构成的服务性、研发型第三产业；同时，负债比重小，企业主要依靠股东投入、风投融资，财务风险不大。比较典型的例子是 IT 行业企业（如用友软件、久其软件）等。

三、收入收益结构分析

1. 不同行业收入结构的横向比较分析

每家公司实现利润的前提是实现营业收入或其他收益，而各个行业、各家公司收入收益的结构是有区别的。研究这种区别，有助于分析师把握公司的利润来源、利润质量、利润的持续性以及未来的发展方向。

仍以万科、首旅酒店、中国国航和用友软件为例，表 7-15 和表 7-16 反映了 4 家公司的收入收益来源结构，如表 7-15 和表 7-16 所示。

表 7-15　不同行业上市公司收入收益结构分析

序号	公司名称	营业收入/元	投资收益/元	营业外收入/元
1	万科	135 418 791 080.35	1 005 187 804.32	118 969 557.11
2	首旅酒店	2 964 530 795.94	27 276 318.39	1 387 295.08
3	中国国航	97 628 253 000.00	825 087 000.00	880 463 000.00
4	用友软件	4 362 690 774.00	83 015 541.00	338 717 483.00

表 7-16　不同行业上市公司营业收入占比结构分析

序号	公司名称	营业收入/元	收入收益合计/元	营业收入占比/%
1	万科	135 418 791 080.35	136 542 948 441.78	99
2	首旅酒店	2 964 530 795.94	2 993 194 409.41	99
3	中国国航	97 628 253 000.00	99 333 803 000.00	98
4	用友软件	4 362 690 774.00	4 784 423 798.00	91

分析表 7-15 和表 7-16 可知，4 家公司的主要收入来源均为营业收入，说明所选公司经营情况正常，主业比较突出。在营业收入占全部收入收益的比例这个关键指标上，4 家公司的差别不大（见图 7-14）。

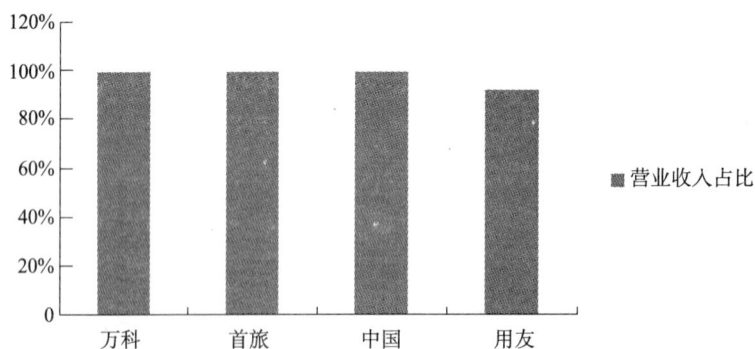

图 7-14　不同行业上市公司营业收入占比分析

分析图 7-14 可知，万科、首旅酒店、中国国航的营业收入几乎占满了全部收入收益，相对而言，用友软件占到了 91%，也就是说，尚有 9% 依靠投资收益、营业外收入获得。

2. 万科收入收益结构的纵向比较分析

以 2012 年为基年，万科收入收益项目的变动情况见表 7-17。

表 7-17 万科收入收益项目的变动情况

项目	2012 年		2011 年	2010 年	2009 年	2008 年
	结构/%	金额/万元				
营业收入	100	10 311 625	69.61%	48.18%	47.04%	39.75%
投资收益	100	92 869	75.34%	83.76%	99.50%	22.55%
营业利润	100	21 013 04	75.02%	56.61%	41.33%	30.29%
营业外收入	100	14 465	52.67%	49.59%	48.86%	39.72%
利润总额	100	2 107 019	75.02%	56.67%	40.90%	30.01%
净利润	100	1 566 259	74.06%	56.44%	41.05%	29.62%
基本每股收益	100	1.14	77.19%	57.89%	42.11%	32.46%
综合收益总额	100	1 553 043	75.87%	56.96%	41.80%	30.13%

分析表 7-17 可知，万科在 2008—2012 年中各项收入收益指标均呈现出稳步上升的良好势头（见图 7-15）。

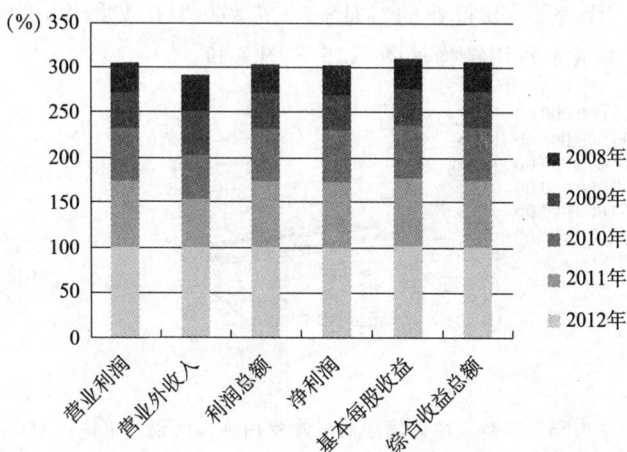

图 7-15 万科 2008—2012 年各项收入收益指标变化趋势

分析图 7-15 可知，万科的各项收入收益指标在 2008—2012 年中均有增长，这也透视出万科在经营上的稳步拓展，与在财务管理上的专业化水平相得益彰。

四、成本费用结构分析

1. 不同行业成本费用结构的横向比较分析

每家公司在运作中都会发生成本费用支出，而各个行业、各家公司成本费用的结构是有区别的。研究这种区别，有助于分析师把握公司的成本费用主要发生在哪些方面，从而有的放矢地加强成本控制，确保公司实现盈利目标。

以万科、首旅酒店、中国国航和用友软件为例，表 7-18 反映了各家公司 2013 年的成本费用结构。

表 7-18 不同行业上市公司的成本费用结构　　　　　　　　　　　　单位：元

项目	万科	国航	用友	首旅
营业成本	92 797 650 762.81	82 645 652 000.00	1 645 346 548.00	2 008 343 108.82

项目	万科	国航	用友	首旅
营业税金及附加	11 544 998 138.82	308 512 000.00	52 996 023.00	53 795 388.49
管理费用	3 002 837 563.15	3 073 329 000.00	1 376 002 635.00	371 887 112.21
销售费用	3 864 713 570.44	7 199 337 000.00	893 244 225.00	347 238 273.82
财务费用	891 715 053.49	776 761 000.00	78 096 239.00	34 139 855.72
资产减值损失	60 153 366.60	490 761 000.00	86 679 931.00	295 705.41
营业外支出	89 296 694.95	256 373 000.00	4 993 448.00	1 796 730.11
所得税费用	5 993 461 378.06	913 456 000.00	78 405 674.00	39 089 327.72

分析表 7-18 可知，4 家公司的主要成本费用均为营业成本（包括材料费、人工费、制造费用），但以万科和中国国航最为显著，其全部成本费用中的绝大部分发生在营业成本上，比如商品房的成本、飞机飞行的成本等；而用友软件的管理费用与销售费用之和已经远远高于营业成本，代表了 IT 行业的特征——主要发生在费用上而不是生产成本上。4 家上市公司 2013 年的成本费用结构见图 7-16 和图 7-17。

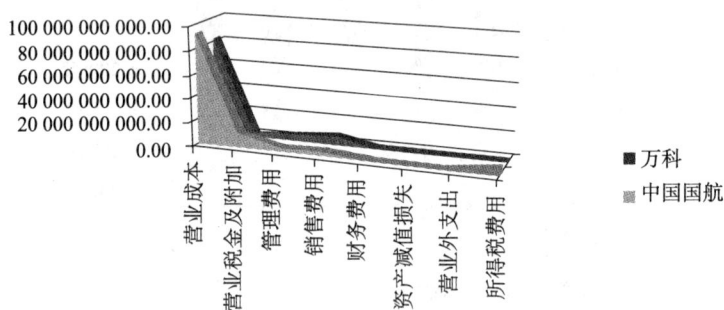

图 7-16　万科、中国国航的成本费用结构比较（单位：元）

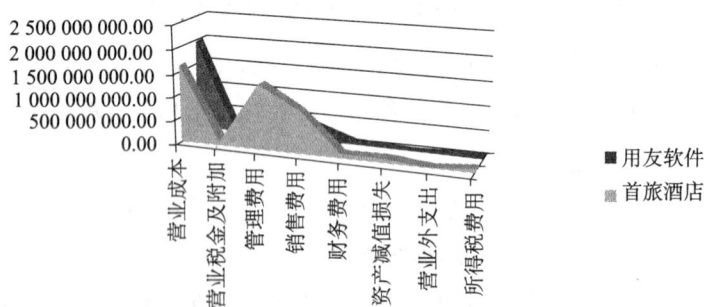

图 7-17　用友软件、首旅酒店的成本费用结构比较（单位：元）

由图 7-16 和图 7-17 可知，万科、中国国航的营业成本几乎占了全部成本费用的绝大部分。相对而言，用友软件的期间费用发生比较多。在成本控制与经营决策时，应明确把握这些不同行业公司的特征。

2. 万科成本费用结构的纵向比较分析

以 2012 年为基年，万科 2008—2012 年成本费用项目的变动情况见表 7-19。

表 7-19　万科 2008—2012 年成本费用项目的变动情况

项目	年　份				
	2012	2011	2010	2009	2008
营业成本/%	100	66.08	45.97	52.76	38.22
营业税金及附加/%	100	71.26	51.52	33.00	41.53
销售费用/%	100	83.65	68.02	49.53	60.87
管理费用/%	100	92.73	66.41	51.86	55.06
财务费用/%	100	66.66	65.93	75.01	85.94
资产减值损失/%	100	77.11	−650.74	−625.44	1 512.93
营业外支出/%	100	38.31	29.55	158.09	114.24
所得税费用/%	100	77.78	57.35	40.45	31.11

分析表 7-19 可知，万科在 2008—2012 年中营业成本、营业税金及附加、三项期间费用和所得税费用指标均呈现出逐年平稳增加趋势，但资产减值损失、营业外支出出现较大不同方向的波动，其中尤以资产减值损失波动幅度为最大，应进一步研究其中哪些资产发生了巨大的减值以及减值的原因。以 2012 年为基数（100%），各项目变化趋势分组对照见图 7-18～图 7-20。

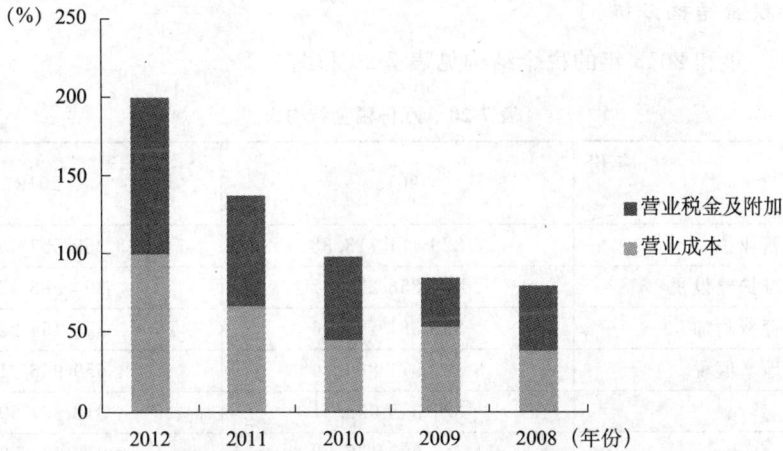

图 7-18　万科 2008—2012 年营业成本与营业税金及附加定基比较

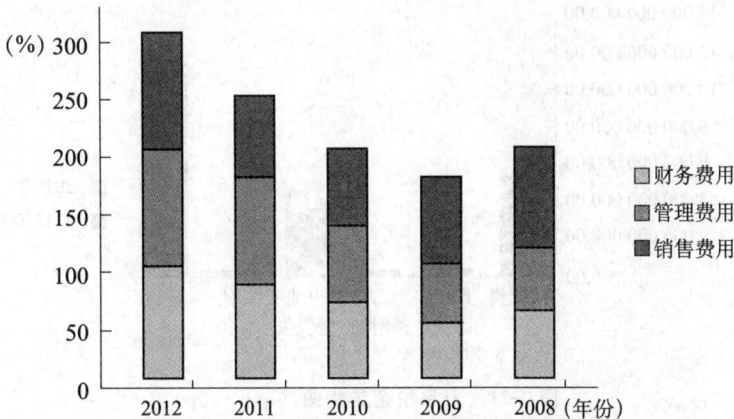

图 7-19　万科 2008—2012 年期间费用定基比较

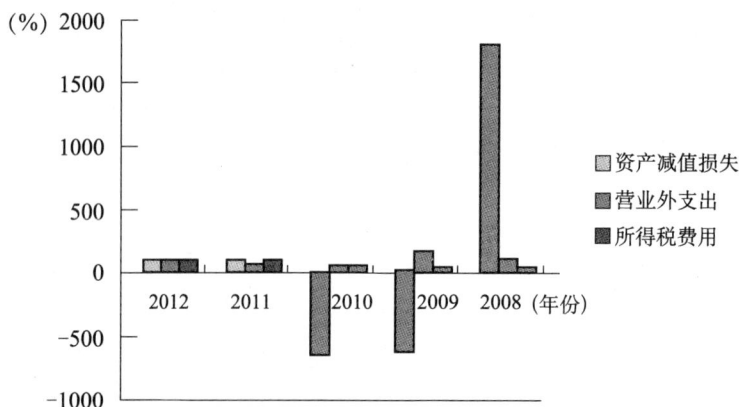

图 7-20　万科 2008—2012 年资产减值损失、营业外支出和所得税费用定基比较

分析图 7-18～图 7-20 可知，万科的营业成本、营业税金及附加逐年递增，销售费用、管理费用也平稳增长，但是财务费用有降有升，资产减值损失大幅度跳跃，所得税费用平稳增加，营业外支出有升有降，这透视出万科在成本费用管理方面主要矛盾解决得比较成功，经营上的规模逐年扩张，但受到内、外部因素的影响，资产有一定程度的减值。

3. 万科税金结构分析

万科 2012 年和 2013 年的税金结构见表 7-20 和图 7-21。

表 7-20　万科税金结构表　　　　　　　　　　单位：元

项目 ＼ 年份	2013	2012
营业税	6 829 471 718.38	5 359 553 105.54
城市维护建设税	444 858 263.47	354 986 429.14
教育费附加	299 381 194.76	223 454 285.06
土地增值税	3 579 971 869.70	4 659 966 213.06
其他	391 315 092.51	318 337 504.30
合计	11 544 998 138.82	10 916 297 537.10

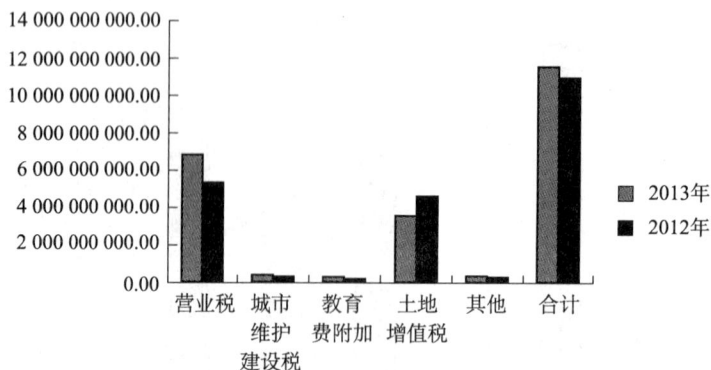

图 7-21　万科税金结构图（单位：元）

分析表 7-20 和图 7-21 可知，万科 2013 年的税金与 2012 年同比增加，主要税负为营业税和土地增值税。其中，营业税上升，土地增值税有所下降，这与企业税金上缴节奏或有关系。

4. 万科销售费用结构分析

万科 2012 年和 2013 年的销售费用结构见表 7-21 和图 7-22。

表 7-21　万科销售费用结构表　　　　　　　　　　单位：元

年份 项目	2013	2012
品牌宣传推广费用	1 561 486 682.92	1 156 355 401.09
销售代理费用及佣金	959 900 719.56	714 242 334.80
其他	1 343 326 167.96	1 185 779 921.01
合计	3 864 713 570.44	3 056 377 656.90

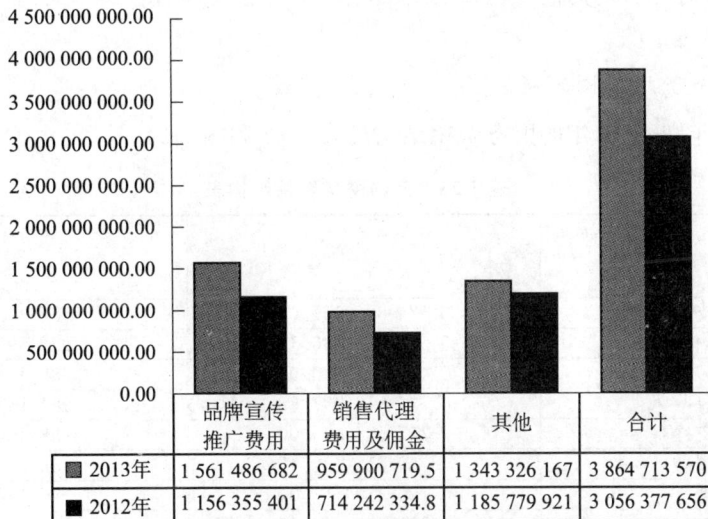

	品牌宣传推广费用	销售代理费用及佣金	其他	合计
2013年	1 561 486 682	959 900 719.5	1 343 326 167	3 864 713 570
2012年	1 156 355 401	714 242 334.8	1 185 779 921	3 056 377 656

图 7-22　万科销售费用结构图（单位：元）

分析表 7-21 和图 7-22 可知，万科 2013 年的销售费用比 2012 年同比增加明显，主要为品牌宣传推广费用和销售代理费用及佣金，均为同步增加趋势。相较于营业收入的增加，我们认为，这种销售费用的增加是正常的。

5. 万科管理费用结构分析

万科 2012 年和 2013 年的管理费用结构见表 7-22 和图 7-23。

表 7-22　万科管理费用结构表　　　　　　　　　　单位：元

年份 项目	2013	2012
人工与行政费用	2 503 609 911.32	2 316 480 753.42
财产费用	447 409 142.39	437 011 981.55
其他	51 818 509.44	26 815 306.13
合计	3 002 837 563.15	2 780 308 041.10

• 145 •

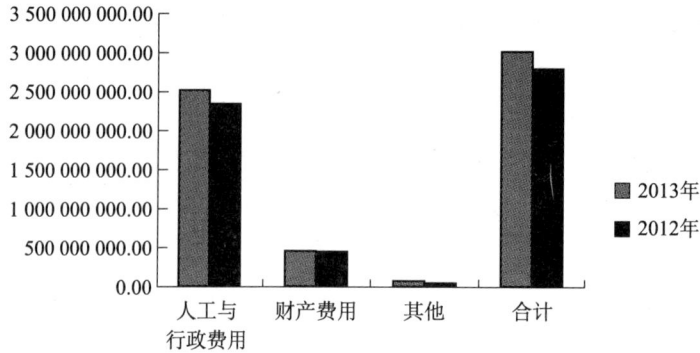

图 7-23 万科管理费用结构图（单位：元）

分析表 7-22 和图 7-23 可知，万科 2013 年的管理费用与 2012 年同比增加，主要为人工与行政费用，各项目均为同步增加趋势。相较于营业收入的增加，我们认为，这种管理费用的增加也是正常的。

6. 万科财务费用结构分析

万科 2012 年和 2013 年的财务费用结构见表 7-23 和图 7-24。

表 7-23　万科财务费用结构表　　　　　　　　　　单位：元

项目 \ 年份	2013	2012
利息支出	6 574 830 657.04	5 782 312 212.80
减：资本化利息	5 079 328 786.11	4 042 897 939.86
净利息支出	1 495 501 870.93	1 739 414 272.94
减：利息收入	739 813 237.93	981 158 154.70
利息收支净额	755 688 633.00	758 256 118.24
汇兑损益	49 715 706.45	−58 951 101.08
其他	86 310 714.04	65 452 174.52
合计	891 715 053.49	764 757 191.68

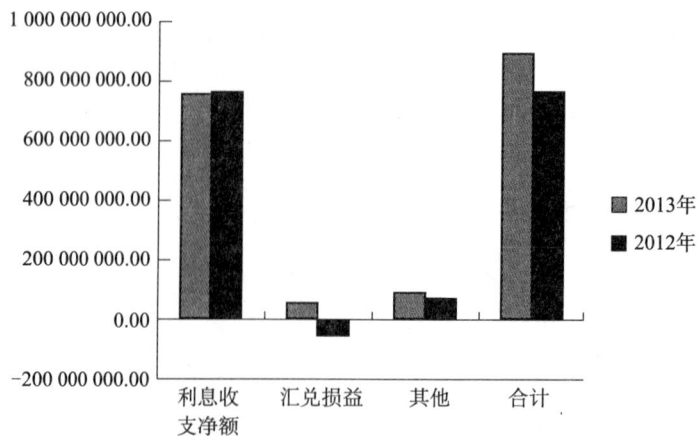

图 7-24　万科财务费用结构图（单位：元）

分析表 7-23 和图 7-24 可知，万科 2013 年的财务费用与 2012 年同比增加，主要的财务费用为利息收支净额，两年中基本持平，导致 2013 年财务费用加大的主要原因是汇兑损益和其他项目，这说明在融资活动方面，除去偶然因素，公司财务成本基本持平。相较于营业收入的增加，我们认为，这种财务费用的趋势是比较有利的。

7. 万科营业外支出结构分析

万科 2012 年和 2013 年的营业外支出结构见表 7-24 和图 7-25。

表 7-24　万科营业外支出结构表　　　　　　　　　　　单位：元

项目 \ 年份	2013	2012
固定资产处置损失	6 820 073.10	6 068 873.87
对外捐赠	10 086 370.00	48 907 386.87
其他	72 390 251.85	32 524 568.33
合计	89 296 694.95	87 500 829.07

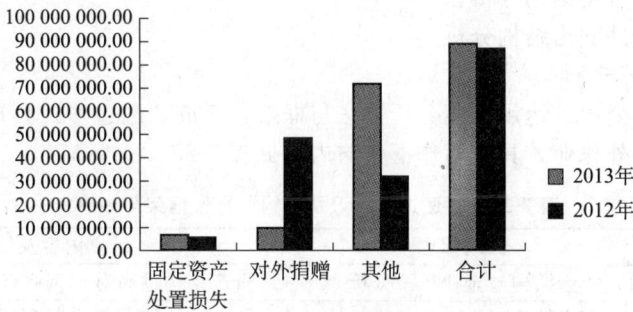

图 7-25　万科营业外支出结构图（单位：元）

分析表 7-24 和图 7-25 可知，万科 2013 年的营业外支出比 2012 年同比增加，主要的营业外支出为其他项目，导致 2013 年营业外支出加大的主要原因也是其他项目。由于绝对额不大，我们认为，这种营业外支出的趋势影响不大。

五、现金流结构分析

现金是企业的血液，在企业运行的全过程均发挥着不可替代的作用。现金流量的结构分析在后面的"任务 7.5　现金流量管控研判"中详述。

六、小结

本部分紧紧围绕"结构""财务结构"这个中心问题展开讨论，以期深入识别财务结构背后所传达出来的企业财务密码，大体总结如下。

在"资产结构分析"中，讨论了以下四个重大问题。

（1）资产结构与企业风险分析。

（2）资产结构对企业经营收益的影响。

（3）资产结构对资产流动性的影响。

（4）资产结构对企业财务弹性的影响。

在"资本结构分析"部分，讨论了以下四个重大问题。

（1）资本结构的概念。

（2）资本结构的类型：中庸型、稳健型和激进型。

（3）万科的资本结构分析。

（4）4家上市公司融资结构比较分析。

在"收入收益结构分析"中，分两部分加以阐释。

（1）不同行业收入结构的横向比较分析。

（2）万科收入收益结构的纵向比较分析。

在"成本费用结构分析"中，分七部分展开分析。

（1）不同行业成本费用结构的横向比较分析。

（2）万科成本费用结构的纵向比较分析。

（3）万科税金结构分析。

（4）万科销售费用结构分析。

（5）万科管理费用结构分析。

（6）万科财务费用结构分析。

（7）万科营业外支出结构分析。

【做中学实践环节】

选择1家上市公司，运用上述分析方法与框架，完成"透过××公司财务数字识别企业财务密码"的课外作业，具体写作框架与内容见表7-25。

表7-25 "透过数字识别结构"写作框架与内容

一级标题	二级标题	研究内容及结论示例
1. 资产结构分析	（1）资产结构与企业风险分析	资产结构过高对于企业有不利影响
	（2）资产结构对企业经营收益的影响	资产内部结构不协调会对收益有影响
	（3）资产结构对资产流动性的影响	不同行业上市公司流动性比较
	（4）资产结构对企业财务弹性的影响	研究××公司财务弹性变化趋势
2. 资本结构分析	（1）资本结构的概念	各种资本的价值构成及其比例
	（2）资本结构的类型	中庸型、稳健型和激进型
	（3）××公司的资本结构分析	××公司近五年来负债逐渐增加
	（4）不同公司融资结构比较分析	不同行业上市公司具有不同资本结构
3. 收入收益结构分析	（1）不同行业收入结构的横向比较分析	各行业收入收益的结构有区别
	（2）××公司收入收益结构的纵向比较分析	××公司近五年各项收入收益指标均呈现稳步上升的良好势头
4. 成本费用结构分析	（1）不同行业成本费用结构的横向比较分析	不同公司成本费用结构各有特征
	（2）××公司成本费用结构纵向比较分析	××公司的某些资产波动巨大
	（3）××公司税金结构分析	××税和××税占主流
	（4）××公司销售费用结构分析	××费用较多
	（5）××公司管理费用结构分析	主要发生××费用
	（6）××公司财务费用结构分析	××占主流
	（7）××公司营业外支出结构分析	绝对额不大，波动明显

要求：

（1）独立完成，或者分组完成，每名成员任务分配要明确，不得请他人代写。

（2）数据要真实、准确，数据来源可以在巨潮资讯网（http：//www.cninfo.com.cn/）查询。

（3）应严格围绕主题搜集材料、组织写作。本部分核心问题是"结构"，要吃透结构的5W1H：What——结构是什么？Who——谁来使用财务结构信息？When——企业不同时期的结构是否不同？Where——从哪里获得财务结构信息？Why——为什么财务结构信息很重要？How——怎样具体看透一家公司的关键财务结构信息？

（4）可以分组完成，每个小组选出组长，安排时间在班级里做主题汇报，每组汇报时间15分钟，可以做成PPT。

（5）PPT以图形、表格、数据、音像链接、动画表现为主，不要出现纯文字页面。

（6）本作业的完成情况和汇报效果，作为平时成绩的重要参考。

任务7.3　运用工具专业评价

对企业进行深度财务分析，要求具备扎实的财务分析基本理论和基本方法，同时还要学会灵活运用各种常用的财务分析工具。所谓工具，原指工作时所需用的器具，后引申为完成或促进某一事物的手段。工具可以是机械性，也可以是智能性的。财务分析工具当然是智能性的工具，是分析师在分析实践中探索、总结出来的实用的分析框架、模型等，比如杜邦分析法。学会运用财务分析工具，可以从不同的专业视角分析公司组织经营的效果和效率，便于做出正确的投融资和经营决策，从而更好地配置资源。

一、杜邦分析

1. 杜邦分析概述

衡量公司为股东创造财富能力的指标是净资产收益率，其计算公式为

净资产收益率（ROE）＝净利润÷平均净资产

影响净资产收益率的因素可以进行层层分解，具体见图7-26。

盈利能力：从ROS到ROA到ROE

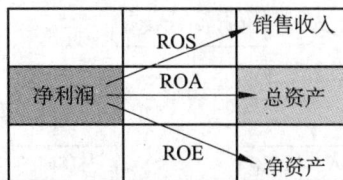

图7-26　企业主要盈利指标的递进关系图

图7-26中，ROS是指销售净利率（净利润÷销售收入），这是表示每百元收入实现利润水平的指标，也是实现更大ROE的前提基础，但本身并不是ROE，因为会存在这样的情况：一家公司具有很高的ROS，比如说40%，但是，其ROE并不理想。这里的原因有二：其一可能是企业周转太慢，资产利用效率不佳，占用过多的资产，从而导致总资产净利率（ROA）太小，进而影响ROE水平；其二可能是企业财务杠杆太小，没有发挥杠杆效果。

ROS、ROA 和 POE 之间的关系可以用图 7-27 来表示，这也是杜邦分析法的原理所在。

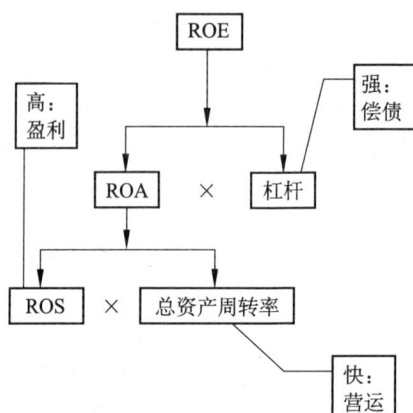

图 7-27　杜邦分析法的原理

由图 7-27 可知，杜邦分析法可以揭示决定企业获利能力的三个因素。

（1）成本费用控制能力因素。因为销售净利润率＝ 净利润÷销售收入＝1－（生产经营成本费用＋财务费用＋所得税）÷ 销售收入，而成本费用控制能力影响了算式（生产经营成本费用＋财务费用＋所得税）÷销售收入，从而影响了销售净利润率。

（2）资产使用效率因素。资产使用效率一般用资产周转率（销售收入÷平均总资产）来反映，它表示融资活动获得的资金（包括权益和负债），通过投资形成公司的总资产的每一单位资产能产生的销售收入。虽然不同行业资产周转率差异很大，但对同一个公司，资产周转率越大，表明该公司的资产使用效率越高。

（3）融资能力。融资能力一般用权益乘数（总资产÷股东权益）来反映。若权益乘数为 3，表示股东每投入 1 个单位资金，公司就能借到 2 个单位资金，即股东每投入 1 个单位资金，公司就能用到 3 个单位的资金。权益乘数越大，即资产负债率越高，说明公司债务融资能力越强，当然，财务风险也越大。

一般来说，ROE 达到 10％以上时，股东会比较满意。

2. 万科与中国国航的杜邦分析

下面对万科 2013 年的经营成果进行杜邦分析。

先将万科 2013 年的数据加工为杜邦分析图（见图 7-28）。

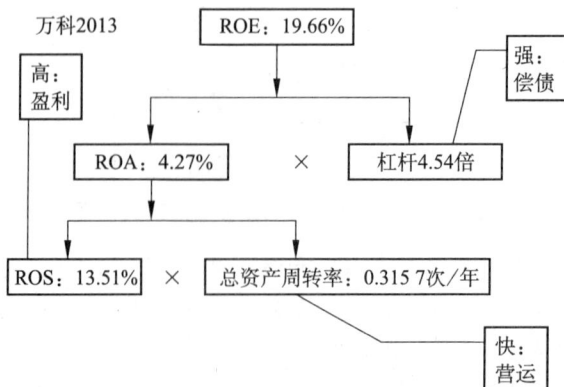

图 7-28　万科的杜邦分析

对万科进行简单的杜邦分析，结论如下。

第一，股东很满意（ROE 远大于 10%）。

第二，净利率高，行业利润率高，企业拿地成本低。

第三，权益乘数 4.54 倍，杠杆作用强。

第四，周转不快，行业原因。

下面对另一个行业的中国国航进行简单的杜邦分析。

先将中国国航 2013 年的数据加工为杜邦分析图（见图 7-29）。

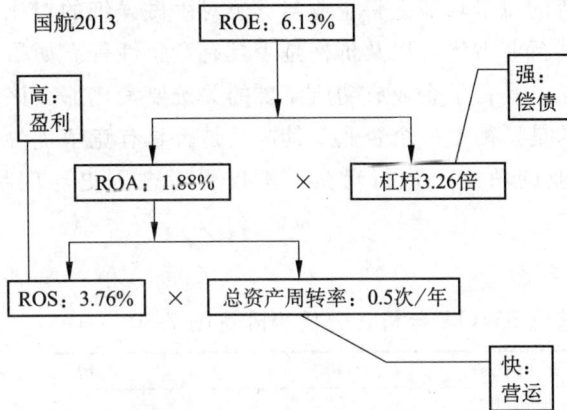

图 7-29　中国国航的杜邦分析

对中国国航进行简单的杜邦分析，结论如下。

第一，股东不太满意（ROE 小于 10%）。

第二，销售净利率不高，说明行业竞争激烈，公司控制效果不佳。

第三，权益乘数 3.26 倍，杠杆作用强。

第四，周转不快，固定投资大，行业原因。

建议中国国航加强成本费用管控，因为这是导致中国国航 ROE 不高的主要原因。

二、SWOT 分析

1. SWOT 分析概述

SWOT 分析法又称为态势分析法，它是由旧金山大学的管理学教授韦里克于 20 世纪 80 年代初提出来的，SWOT 四个英文字母分别代表：优势（Strength）、劣势（Weakness）、机会（Opportunity）、威胁（Threat）。

（1）优势是组织机构的内部因素，具体包括：有利的竞争态势；充足的财政来源；良好的企业形象；技术力量；规模经济；产品质量；市场份额；成本优势；广告攻势等。

（2）劣势也是组织机构的内部因素，具体包括：设备老化；管理混乱；缺少关键技术；研究开发落后；资金短缺；经营不善；产品积压；竞争力差等。

（3）机会是组织机构的外部因素，具体包括：新产品；新市场；新需求；外国市场壁垒解除；竞争对手失误等。

（4）威胁也是组织机构的外部因素，具体包括：新的竞争对手；替代产品增多；市场紧缩；行业政策变化；经济衰退；客户偏好改变；突发事件等。

所谓SWOT分析，就是将与研究对象密切相关的各种优势、劣势、机会和威胁等，通过调查列举出来，并依照矩阵形式排列，然后用系统分析的思想，把各种因素相互匹配起来加以分析，从中得出一系列相应的结论，而结论通常带有一定的决策性。

运用SWOT分析法，可以对研究对象所处的情境进行全面、系统、准确的研究，从而根据研究结果制定相应的发展战略、计划以及对策等。SWOT分析法常常被用于制定集团发展战略和分析竞争对手情况。在战略分析中，SWOT分析是最常用的方法之一。

由于企业是一个整体，并且由于竞争优势来源的广泛性，所以，在做财务优劣势分析时，必须从整个价值链的每个环节上将企业与竞争对手做详细的对比，如产品是否高毛利率，销售费用是否在同行业占优，以及价格是否具有竞争性等。如果一个企业在某一方面或几个方面的优势明显，具备了企业成功所需要的关键要素，那么该企业的综合竞争优势就比较强。需要指出的是，衡量一个企业及其产品是否具有竞争优势，只能站在用户角度上，而不是站在本企业的角度上进行考察。不仅要考虑历史与现状，更要考虑未来与发展。

2. 万科的SWOT分析

下面以万科为例进行SWOT分析，分析矩阵见图7-30。

优势（Strengths）	劣势（Weaknesses）
·房地产龙头企业，规模优势明显 ·住宅地产开发和物业业务竞争优势明显 ·综合竞争力、市场占有率和品牌价值排名第一 ·商业模式稳健、公司治理结构完善 ·创新能力强 ·营销策略快速应变 ·运营周转效率高 ·强大的销售规模和跨区域运营能力 ·融资能力强大 ·财务状况良好，融资渠道通畅	·各城市顾客的评价不一 ·与政府关系一般 ·费用率颇高，高额的利息成本侵蚀了较多利润 ·资产负债率较高 ·流动性风险 ·房产税扩围引发市场过度担忧
机遇（Opportunities）	威胁（Threats）
·房地产市场集中度较低，公司可持续提高市场占有率 ·城镇化率提升，居民收入提高，对住房需求提升 ·公司基本完成了全国化布局，开始进入收获期 ·市场占有率将得到提升	·国家对经济结构调整，政策进一步打压房地产市场 ·其他大型房地产开发企业快速发展，挤压公司发展空间 ·高库存和高空置率不利于市场的健康发展 ·保障房进入实质性快速发展阶段，影响商品房需求和价格 ·购房者对中高档商品房设计偏好变更 ·因宏观环境变化和市场需求变化引起价格战

图 7-30 万科 SWOT 分析矩阵图

根据图7-30，我们可以解读和研判近年来万科政策制定所遵循的发展战略。

首先，作为房地产龙头企业，有着市场占有率优势，面对目前房地产市场集中度较低的大好机遇，公司一直坚持做主业、做减法，把与主业无关的业务坚决剥离出去。万科立足长三角，布局三大经济中心，触角更是伸向北美，抢占制高点。

万科地产从深圳起家，经过二十多年发展成为全国性企业，已经顺利地完成了以深圳为中心的珠三角，以上海为中心的长三角，以北京、天津为中心的环渤海，以及以成都、武汉、南京、杭州、沈阳等为代表的中心城市的战略布局。在珠三角，布局了深圳、东莞、广州、中山、佛山等城市；在长三角，布局了上海、南京、昆山、无锡、镇江、苏州、杭州、宁波、嘉兴等城市；在京津冀环渤海，完成了北京、天津、大连、沈阳、长春、青岛等城市布局；以及完成了在其他各区域中心城市如武汉、成都、长沙、南昌、西安等城市的布局。

其次，针对国家政策影响、融资成本提高、各城市对万科品牌认同不一的劣势与威胁，万科在全力做好主营业务的战略指引下，狠抓企业文化建设，降低内部消耗，提升公司价值。

万科成功地建立了以职业经理人制度为特色的现代企业制度。身为万科创始人的王石把自己定位为职业经理人，带头讲究规范化，冲破传统思维中的个人英雄主义，按照现代企业制度的原则，将企业的行为规范化，通过建立一支优秀的职业经理人队伍来实现企业的策略和计划。

万科为职员提供可持续发展的机会和空间，增强了万科的凝聚力，将员工个人的智慧整合为集体的智慧。这些文化建设的探索，保证了在激烈的竞争中，在动荡的市场环境下，万科得以稳步做强做大。

三、波特五力分析

1. 波特五力分析模型

波特五力分析模型又称波特竞争力模型，是哈佛大学商学院的迈克尔·波特于 1979 年创立的用于行业分析和商业战略研究的理论模型。该模型指出了决定行业竞争强度和市场吸引力的五种力量（见图 7-31）。

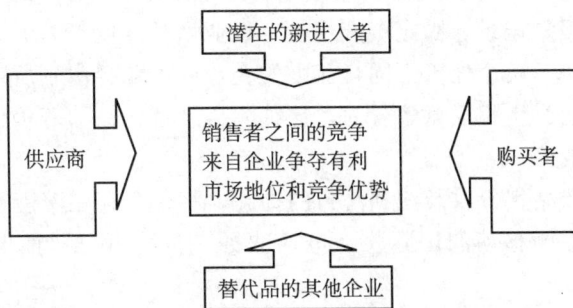

图 7-31　波特五力关系图

（1）供应商的议价能力。供方主要通过其提高投入要素价格与降低单位价值质量的能力，来影响行业中现有企业的盈利能力与产品竞争力。供方力量的强弱主要取决于他们提供给买主的是什么投入要素，当供方所提供的投入要素的价值构成了买主产品总成本的较大比例，对买主产品生产过程非常重要，或者严重影响买主产品的质量时，供方对于买主的潜在讨价还价力量就大大增强。

一般来说，满足以下条件的供方集团会具有比较强大的讨价还价力量。

① 供方行业为一些具有比较稳固市场地位而不受市场激烈竞争困扰的企业所控制，其产品的买主很多，以至于任何单个买主都不可能成为供方的重要客户。

② 供方各企业的产品各自具有一定特色，以至于买主难以转换或转换成本太高，或者很难找到可与供方企业产品相竞争的替代品。

③ 供方能够方便地实行前向联合或一体化，而买主难以进行后向联合或一体化。

（2）购买者的议价能力。购买者主要通过其压价与要求提供较高的产品或服务质量的能力，来影响行业中现有企业的盈利能力。

一般来说，满足以下条件的购买者可能具有较强的讨价还价力量。

① 购买者的总数较少，而每个购买者的购买量较大，占了卖方销售量的很大比例。

② 卖方行业由大量相对来说规模较小的企业所组成。

③ 购买者所购买的基本上是一种标准化产品，同时向多个卖主购买产品在经济上也完全可行。

④ 购买者有能力实现后向一体化，而卖主不可能实现前向一体化。

（3）新进入者的威胁。新进入者在给行业带来新生产能力、新资源的同时，希望在已被现有企业瓜分完毕的市场中赢得一席之地，这就有可能会与现有企业发生原材料与市场份额的竞争，最终导致行业中现有企业盈利水平降低，严重的话还可能危及这些企业的生存。竞争性进入威胁的严重程度取决于两方面的因素，一是进入新领域的障碍大小；二是预期现有企业对于进入者的反应情况。

进入障碍主要包括规模经济、产品差异、资本需要、转换成本、销售渠道开拓、政府行为与政策、不受规模支配的成本劣势（如商业秘密、产供销关系、学习与经验曲线效应等）、自然资源（如采掘业所拥有的矿产资源数量与禀赋）、地理环境（如造船厂只能建在海滨城市、环保对地理位置的硬约束）等方面，这其中有些障碍是很难借助复制或仿造的方式来突破的。

预期现有企业对进入者的反应情况，主要是采取报复行动的可能性大小，这取决于有关厂商的财力情况、报复记录、固定资产规模、行业增长速度等。

（4）替代品的威胁。两个处于不同行业中的企业，可能会由于所生产的产品是互为替代品，从而在它们之间产生相互竞争行为，这种源自于替代品的竞争会以各种形式影响行业中现有企业的竞争战略。

首先，现有企业产品售价以及获利潜力的提高，将由于存在着能被用户方便接受的替代品而受到限制，如中国移动的国际长途电话业务，自腾讯公司推出 QQ 视频与微信以来，流失了大量客户。

其次，由于替代品生产者的侵入，使得现有企业必须提高产品质量，或者通过降低成本来降低售价，或者使其产品具有特色，否则其销量与利润增长的目标就有可能受挫。

最后，源自替代品生产者的竞争强度，受产品买主转换成本高低的影响。

总之，替代品价格越低、质量越好、用户转换成本越低，其所能产生的竞争压力就越强。这种来自替代品生产者的竞争压力强度，可以具体通过考察替代品销售增长率、替代品厂家生产能力与盈利扩张情况来加以描述。

（5）行业内现有竞争者的竞争。大部分行业中的企业，相互之间的利益都是紧密联系在一起的，作为企业整体战略一部分的各企业竞争战略，其目标都在于使得自己的企业获得相对于竞争对手的优势，所以，在实施中就必然会产生冲突与对抗现象，这些冲突与对抗就构成了现有企业之间的竞争。现有企业之间的竞争常常表现在价格、广告、产品介绍、售后服务等方面，其竞争强度与许多因素有关。

一般来说，出现下述情况将意味着行业中现有企业之间竞争的加剧。

① 行业进入障碍较低，势均力敌竞争对手较多，竞争参与者范围广泛。

② 市场趋于成熟，产品需求增长缓慢。

③ 竞争者企图采用降价等手段促销。

④ 竞争者提供几乎相同的产品或服务，用户转换成本很低。

⑤ 一个战略行动如果取得成功，其收入相当可观。

⑥ 行业外部实力强大的公司在接收了行业中实力薄弱企业后，发起进攻性行动，结果使得刚被接收的企业成为市场的主要竞争者。

⑦ 退出障碍较高，即退出竞争要比继续参与竞争代价更高。在这里，退出障碍主要受经济、战略、感情以及社会政治关系等方面因素的影响，具体包括：资产的专用性、退出的固定费用、战略上的相互牵制、情绪上的难以接受、政府和社会的各种限制等。

行业中的每一个企业或多或少都必须应付以上各种力量构成的威胁，而且客户必须面对行业中每一个竞争者的举动。除非认为正面交锋有必要而且有益处，如要求得到很大的市场份额，否则客户可以通过设置进入壁垒，包括差异化和转换成本来保护自己。

当一个客户确定了其优势和劣势时（参见 SWOT 分析），客户必须进行定位，以便因势利导，而不是被预料到的环境因素变化所损害，如产品生命周期、行业增长速度等，然后保护自己并做好准备，以有效地对其他企业的举动做出反应。

根据上面对于五种竞争力量的讨论，企业可以采取尽可能地将自身的经营与竞争力量隔绝开来、努力从自身利益需要出发影响行业竞争规则、先占领有利的市场地位再发起进攻性竞争行动等手段来对付这五种竞争力量，以增强自己的市场地位与竞争实力。

2. 万科的波特五力分析

（1）新进入者的威胁。中国商品住宅用地目前通过招拍挂的方式出让，市场化程度较高，这一方面有利于资金实力雄厚的企业进入某一房地产市场或房地产行业；另一方面也设立了一定壁垒。

（2）行业内竞争。房地产开发主要采取项目管理的经营模式，土地和资金是主要的进入壁垒。土地招拍挂的出让方式使得一些资金实力雄厚的企业能够轻易进入这一行业，造成了行业内竞争激烈。市场化的运作方式，也迫使房地产开发企业一方面相互竞争优质土地资源；另一方面也抢夺优质客户。中国政府目前正在对房地产市场执行严厉的调控政策，限贷、限购、收紧开发商融资等一系列措施，可能会使商品住宅市场的供求状况朝着有利于购房者的方向发展，进而加剧开发商之间的竞争。

（3）替代品的威胁。万科主要从事商品住宅开发，主要的替代品包括租房、经济适用房、政府福利房、其他投资品种（针对其投资属性）。在真实需求强劲，而房价处于高位和政策风险持续存在的背景下，替代威胁处于中等水平。

（4）供应商议价能力。万科主要的供应商包括提供土地的地方政府、提供资金的银行、提供建筑材料的供应商和建筑企业。地方政府掌握着决定土地供应数量和时点的大权，而银行也有选择地提供信贷，只有建筑材料供应商和建筑企业处于完全竞争的市场中，议价能力弱。

（5）购买者议价能力。土地资源及商品住宅具有稀缺性，万科在发展中已经形成了一定的品牌认知度，因此有一定的议价能力。在当前政府实施包括限购在内的调控政策背景下，购房者也有一定的议价能力。

四、企业生命周期分析

任何企业的发展都存在着生命周期，企业生命周期如同一双无形的巨手，始终左右着企业发展的轨迹。一个企业要想立于不败之地，必须掌握企业生命周期的变化规律，并及时调整企业的发展战略，面向市场把握企业发展的节奏，推动该企业稳定、健康地发展。

1. 企业生命周期的四个阶段

企业生命周期分为投入期、成长期、成熟期和衰退期（见图7-32）。

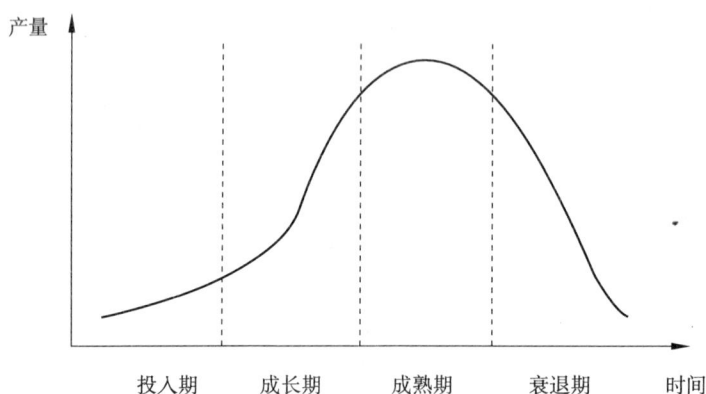

图 7-32 企业生命周期示意图

（1）投入期。在企业的投入期，产销量低，销售增长缓慢。由于缺乏经验，企业的产品还存在技术问题。客户对企业及其产品从使用到接受再到扩散总要经历一个过程，企业需要做出更大的市场营销努力。

（2）成长期。企业成长期的标志是产品或服务的销售量迅速增长。客户开始重复购买，并通过消费者交叉影响使产品迅速向市场扩散。在成长期，竞争企业纷纷介入。

（3）成熟期。企业的产品、服务在市场上基本饱和，虽然普及率继续有所提高，但销售量趋于基本稳定。由于竞争日益激烈，特别是出现价格竞争，使产品或服务的差异化加剧，市场更加细分，顾客对品牌的忠实感开始建立，产品市场占有率主要取决于重复购买率的高低。维护市场占有率所需的费用仍然很高，因此少数财力不足的企业被迫退出市场。

（4）衰退期。由于竞争势态、消费偏好、产品技术及其他环境因素的变化，导致产品或服务的销售量减少而进入衰退期，从而诱发出更新的产品问世。这时原有产品普及率迅速降低，成本回升，分销环节转向营销新品。

2. 企业竞争地位

依据市场占有率、资金利润率、投资、销售利润率、成本领先地位、技术领先地位、附加价值率等指标对企业进行排序，可把企业在行业中的竞争地位分为5种。

（1）支配地位。在行业中享有支配地位的企业只能有1个，或者没有。

（2）强大地位。处于强大地位的企业，市场占有率相对较高，不必考虑同行其他企业的反应而自行做出战略选择。

（3）有利地位。在某些方面处于优势的有利地位。

（4）防御地位。企业在某些方面比较落后，但经过努力可以克服，把力量集中于某个细分市场，仍可保持盈利。

（5）软弱地位。由于企业竞争实力太弱，难以维持生存，盈利极少。

以企业生命周期阶段为横坐标，企业竞争地位为纵坐标，可以总结出企业生命周期——企业竞争地位矩阵图（见图 7-33）。

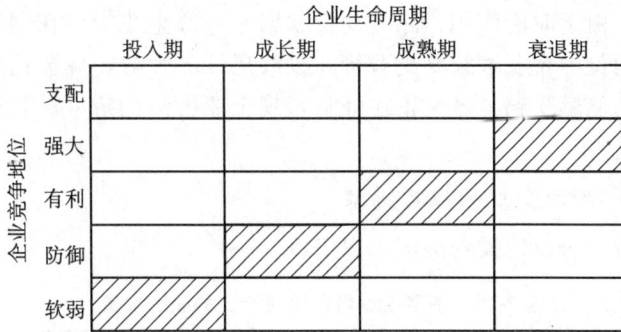

图 7-33　企业生命周期——企业竞争地位矩阵图

3. 不同生命周期阶段企业的市场战略选择

不同生命周期阶段企业的市场战略选择见表 7-26。

表 7-26　不同生命周期阶段企业的市场战略选择

地位＼阶段	投入	成长	成熟	衰退
支配	争占第一	保持第一	保持同步增长	保持地位
强大	力争改善地位	保持同步增长	保持地位	相机而动，准备撤退
有利	有重点地力争改善地位	有重点地力争改善地位	寻找重点加以巩固	且战且退
防御	有重点改善地位	寻找重点加以巩固	寻找重点或逐步退出	且战且退或放弃
地位	上马或下马	寻找机会或放弃	寻找机会或退出	放弃

4. 不同生命周期阶段企业的利润与现金流状况

不同生命周期阶段企业的利润与现金流状况见表 7-27。

表 7-27　不同生命周期阶段企业的利润与现金流状况

地位＼阶段	投入		成长		成熟		衰退	
	利润	现金	利润	现金	利润	现金	利润	现金
支配	±	−	+	+	+	+	+	+
强大	±	−	+	−	+	+	+	+
有利	±	−	0	−	+	+	+	0
防御	−	−	−，0	+，0	0	+，0	0	
地位	−	−	−，0	−	±	−	清理	

分析表 7-27 可知，在企业投入期，一般不会立刻产生大量的利润，即使是占据行业支配地位的企业，也往往只是微利。此时，各种地位的企业都处于现金投入阶段，因此现金流均为负数。

在企业成长期，占据行业支配地位或强大地位的企业已经有了利润，但弱势企业仍在亏损。此时，占支配地位的企业周转顺利，已经有了净现金流入；其他地位的企业都处于现金投入阶段，因此现金流仍为负数。

在企业成熟期，除非地位软弱不堪，一般企业都能创造大量的利润。此时，各种地位的企业现金都开始大量涌入，处于鼎盛时期。

在企业衰退期，由于时滞作用，除非地位软弱，一般企业仍然在创造利润。此时，处于支配地位和强大地位的企业继续享受着行业景气尾端的大餐，现金仍然比较充沛；但处于弱势地位的企业已然感受到了冬天正在降临，现金业已消耗殆尽，需要快速清理，及时转型。

5. 不同生命周期阶段企业的投资决策

不同生命周期阶段企业的投资决策见表 7-28。

表 7-28　不同生命周期阶段企业的投资决策

阶段 地位	投入	成长	成熟	衰退
支配	高速投资	投资以阻止新进入者	追加	必要的追加
强大	与市场同步	投资以改善地位	追加	维持或追加
有利	重点投资	重点投资以改善地位	重点追加	维持或抽资
防御	严格重点投资	重点投资	追加或抽资	抽资或放弃
软弱	投资或放弃	投资或放弃	重点投资或放弃	放弃

6. 透过万科历年现金流量结构信息研判发展阶段

万科 2008—2012 年的现金流量结构信息见表 7-29。

表 7-29　万科 2008—2012 年的现金流量结构信息　　　　　单位：元

年份	经营活动现金净流量	投资活动现金净流量	筹资活动现金净流量
2012	3 725 958 472.52	−2 453 451 737.29	16 285 509 088.95
2011	3 389 424 571.92	−5 652 567 740.05	806 858 306.73
2010	2 237 255 451.45	−2 191 659 310.46	13 024 529 762.81
2009	9 253 351 319.55	−4 190 660 596.40	−3 028 655 220.86
2008	−34 151 830.40	−2 844 137 431.91	5 866 340 622.01

分析表 7-29 可知，万科公司一直处于成长期，投资活动现金净流量皆为负数，说明在不断投入；而经营活动除了 2008 年受国际金融危机影响之外，基本保证了产生足够的现金流用于投资需要。

企业的不同发展阶段，其现金流量的表现具有鲜明的特征（见图 7-34）。

（1）投入期现金流战略考虑。在投入期，企业的现金净流量通常表现为负值，即现金

产品的生命周期与现金流量特征图

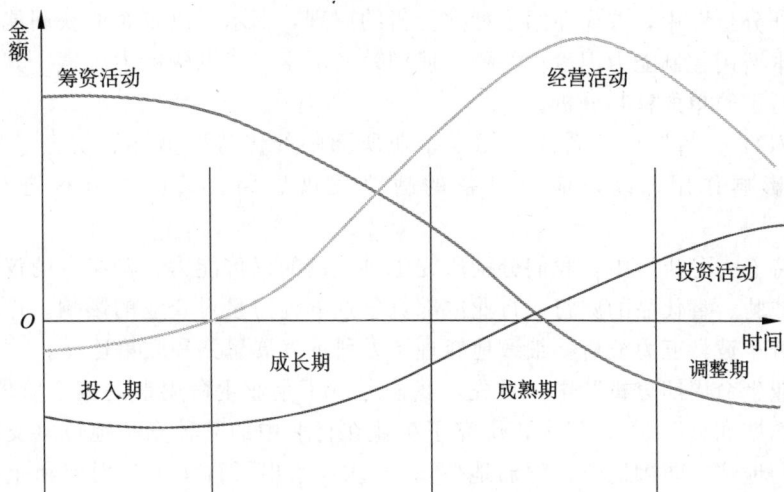

图 7-34　企业不同发展阶段现金流量特征图

流出大于现金流入。这一时期现金流量管理的核心与重点是要维持现金流不短缺，而现金流的主要来源是投资者的资本。

（2）成长期现金流战略考虑。在成长期，随着业务扩张，现金流入增加，资金压力较前期有所缓解，但此阶段企业规模扩张的压力也较大，企业会有大量的营运资金占用。所以，正确处理好企业规模扩张与现金流量增长之间的矛盾是此阶段的核心问题。

（3）成熟期现金流战略考虑。在成熟期，企业处在一个成熟的市场地位，市场份额比较稳定，现金流入量充沛，现金流出平缓，现金净流量基本稳定。企业如何尽量延长成熟期是这一阶段的重要工作。这一阶段必须处理好盈利性和可持续性的关系，企业应当把充分利用财务杠杆、提高收益以及企业后续技术和产品的开发储备作为重点。

（4）衰退期现金流战略考虑。在衰退期，企业经营业务开始退缩，现金流入不足，由于滞后效应，相对现金流出量较大。在此阶段，企业现金流量循环可能会出现断流，导致供血不足而破产。在此阶段，应该把企业新业务的投放和现有资产尽快地变现作为现金流量管理的重点。

当前，我国房地产业已发展到接近成熟时期，主要周期特征如下。

第一，市场方面，企业保护既有市场，渗入其他市场。

第二，生产经营上，巩固客户关系，降低成本。

第三，财务上以控制成本为主。

第四，人事方面以提高生产效率为目标。

第五，研究开发新产品。

第六，利润稳定。

此时的成功关键因素表现为必要的土地资源储备、雄厚的资金实力、丰富的人力资源、诚实可信的品牌、准确的市场把握能力、良好的企业文化、持续的创新能力。

五、小结

本部分紧紧围绕"财务分析工具"这个中心问题展开讨论，以期准确评价企业财务表现，为做出正确的财务决策提供专业支持，大体总结如下。

在"杜邦分析"中，首先介绍了杜邦分析的原理，揭示了决定企业获利能力的三方面因素：①成本费用控制能力因素；②资产使用效率因素；③融资能力因素。其次对万科和中国国航进行了简单的杜邦分析。

在"SWOT分析"中，首先介绍了企业所面临的优势、劣势、机会、威胁，说明其对企业的影响作用，以及应该具备的战略发展思路。其次对万科进行了SWOT分析。

在"波特五力分析"中，我们分别研究了供应商的议价能力、购买者的议价能力、潜在进入者的威胁、替代品的威胁、行业内部竞争这五种力量对企业的影响。作为案例，我们对万科进行了波特五力分析，细致地梳理了万科的发展思路和政策选择。

在"企业生命周期分析"中，首先，我们分析了企业生命周期的四个阶段（投入期、成长期、成熟期和衰退期）；其次，研究了企业在行业中的五种竞争地位（支配地位、强大地位、有利地位、防御地位、软弱地位）；再次，给出了行业生命周期和企业竞争地位二者结合的矩阵图；复次，我们还给出了非常实用的三份表格工具（不同生命周期阶段企业的市场战略选择表格、不同生命周期阶段企业的利润与现金流状况分析表、不同生命周期阶段企业的投资决策表）；最后，结合万科历年现金流量结构信息，我们研判了万科所处的发展阶段，进而抽象出"企业不同发展阶段现金流量特征图"，并给出了企业不同时期应具备的现金流量战略考虑。

【做中学实践环节】

选择1家上市公司，运用上述分析方法与框架，完成"运用工具做出××公司专业评价"的课外作业，具体写作框架与内容见表7-30。

表7-30　"运用工具专业评价"写作框架与内容

一级标题	二级标题	研究内容及结论示例
1. 杜邦分析	杜邦分析层次原理图 决定企业获利能力的三个因素	成本费用控制能力因素、资产的使用效率因素、财务上的融资能力
	对××公司进行杜邦分析	核心是对ROE表现的评价，分析影响ROE的因素
2. SWOT分析	企业所面临的四大影响要素	优势、劣势、机会、威胁
	对××公司进行SWOT分析	发掘××公司的战略选择特色
3. 波特五力分析	波特五力对企业的影响作用	供应商的讨价还价能力、购买者的讨价还价能力、潜在进入者的威胁、替代品的威胁、来自同一行业的公司间的竞争
	对××公司进行波特五力分析	梳理××公司历年以来的发展思路和政策选择
4. 企业生命周期分析	企业生命周期四个阶段	投入期、成长期、成熟期、衰退期
	企业在行业的竞争地位	支配、强大、有利、防御、软弱
	生命周期和竞争地位的关系	企业生命周期—企业竞争地位矩阵图
	实用表格工具	不同生命周期阶段企业的市场战略选择表格 不同生命周期阶段企业的利润与现金流状况分析表 不同生命周期阶段企业的投资决策表
	××公司历年现金流量结构	研判××公司所处的发展阶段 企业不同时期应具备的现金流量战略考虑

要求：

（1）应严格围绕主题搜集材料、组织写作。选取的数据要有用、表现力强、说明问题，数据来源可以在巨潮资讯网（http：//www.cninfo.com.cn/）查询。

（2）围绕分析工具，吃透分析工具的5W1H：What——分析工具是什么？Who——谁来使用分析工具？When——企业不同周期的财务特征与决策思路是否不同？Where——哪里要用到分析工具？Why——为什么用工具分析很重要？How——怎样具体运用工具发现企业深层次的问题？介绍部分力求语言简洁，分析部分要有自己的判断、见解。

（3）可以分组完成，每个小组选出组长，安排时间在班级里做主题汇报，每组汇报时间15分钟，可以做成PPT。

（4）PPT以图形、表格、数据、音像链接、动画表现为主，不要出现纯文字页面。

（5）写作的基本要求有七条：主题突出，观点鲜明，表述严谨，数据精准，文字流畅，结论正确，鼓励创新。

（6）本作业的完成情况和汇报效果，作为平时成绩的重要参考。

任务 7.4　远景前瞻高层战略

一、企业战略的含义

战略（Strategy）一词最早是军事方面的概念，意指作战的谋略。春秋时期孙武的《孙子兵法》被认为是中国最早对战略进行全局筹划的著作。在现代，"战略"一词被引申至政治和经济领域，其含义演变为泛指统领性的、全局性的、左右胜败的谋略、方案和对策。

企业战略是对企业各种战略的统称，其中既包括竞争战略，也包括营销战略、发展战略、品牌战略、投资策略、融资战略、技术开发战略、人才开发战略、资源开发战略等。

1. 企业战略的特征

企业战略是设立企业远景目标并对实现目标的轨迹进行的总体性、指导性谋划，属宏观管理范畴，具有以下五大主要特征。

（1）指导性。企业战略界定了企业的经营方向、远景目标，明确了企业的经营方针和行动指南，并筹划了实现目标的发展轨迹及指导性的措施、对策，在企业经营管理活动中起着导向的作用。

（2）全局性。企业战略立足于未来，通过对国际、国家的政治、经济、文化及行业等经营环境的深入分析，结合自身资源，站在系统管理高度，对企业的远景发展轨迹进行了全面的规划。

（3）长远性。企业战略着眼于长期生存和长远发展的思考，确立了远景目标，并谋划了实现远景目标的发展轨迹及宏观管理的措施、对策。围绕远景目标，企业战略必须经历一个持续、长远的奋斗过程，企业战略一经确定，在一个较长的时期内应该保持不变。

（4）系统性。立足长远发展，企业战略确立了远景目标，并需围绕远景目标设立阶段目标及各阶段目标实现的经营策略，以构成一个环环相扣的战略目标体系。

（5）风险性。企业做出任何一项决策都存在风险，战略决策也不例外。市场研究深入，行业发展趋势预测准确，设立的远景目标客观，各战略阶段人、财、物等资源调配得当，战略形态选择科学，制定的战略就能引导企业健康、快速的发展。反之，仅凭个人主观判断市场，设立目标过于理想或对行业的发展趋势预测偏差，制定的战略就会产生管理误导，甚至给企业带来破产风险。

2. 决定企业战略成功的根本要素

企业的战略能否成功，首要的决定因素是企业核心竞争力能否与行业关键成功要素相匹配。

企业战略方向与规划必须以核心竞争力为依托，或者是在强化自身的核心竞争力，而这一竞争力必须能够与行业成功关键要素密切联系在一起。例如，IT行业的关键要素是人才，因此，一家零售企业即使现金流量充沛，也不能保证投资IT行业就能成功。

3. 用友软件及商业地产十五大知名企业战略

用友软件（股票代码600588）的企业战略如下。

用友未来三年的发展目标包括三个方面：一是软件业务经营模式与结构升级到位，竞争力亚洲第一；二是云平台与云应用服务业务培育成功，并实现战略领先；三是盈利能力、收入规模显著提升。

用友在未来三年的工作方针：坚实、突破、效益。

用友业务发展的方向：一是对于现有软件业务，要大力改进经营，包括调整业务模式和业务结构、做强产品、突破产品支持服务业务、做大产业链、升级管理；二是对于云业务，要加快战略培育，包括研发运营到位、加快业务发展速度、实现市场占位及战略领先。

国内十五家商业地产企业战略见表7-31。

表7-31　商业地产十五大知名企业战略

序号	公司	战　　略
1	凯德商用	坚持高品质，规划大格局："地标性购物中心"
2	太古地产	置身"世外"，有所"敬畏"："慢"战略
3	万达集团	创新行业，志存高远："订单式生产"
4	宝龙地产	"多业态有机组合，彰显城市生活新方式"
5	世茂股份	专业融合专注，开启成长空间
6	保利集团	地产央企的领头羊，商业发展潜力卓著
7	富力地产	借"力"打"力"，弱化风险
8	华润置地	明晰定位，学习改变
9	龙湖地产	看似"低调"，处处"高调"
10	卓越集团	谁说CBD不能标准化
11	阳光新业	巩固基础，稳扎稳打
12	鲁商置业	正视短板，优势互补
13	联东U谷	服务企业，一起成长
14	海航地产	全面不等于强大，专注则更能厚积薄发
15	光耀东方	敢于梦想，敢于实践

二、万科的长期策略

万科的长期策略体现在以下四个方面。

(1) 面向真实自住的需求，而不是面向投资预期。

(2) 依靠专业能力赚钱，而不是依靠投资的胆量或者获取资源的"门路"。

(3) 快速周转，以及谨慎的投资风格。

(4) 始终严守经营底线，包括产品质量、财务安全和守法诚信，并谋求与自然、社会和谐共处的可持续发展。

采用更通俗的语言，万科的经营策略重点体现在以下三句话。

(1) 万科的长期战略是住宅产业化，包括装修房、工厂化和绿色建筑。

(2) 不囤地，不捂盘，不当地王。

(3) 盖有人住的好房子。

三、万科的盈利策略

房地产企业利润表里的销售和成本在时点上是不匹配的。成本至少早于销售两三年，因此在土地价格不断上涨的前几年，房地产项目至少 2 年的项目周期使房地产企业享受了资产价格上涨带来的好处。

假设万科的平均项目周期（从买地到交房）为 2.5 年，预售周期（从卖房到交房）为 0.5 年。万科的 2008 年利润表中，拿地成本是以 2005 年 6 月 30 日至 2006 年 6 月 30 日的地价计价，而销售则是以 2007 年 6 月 30 日至 2008 年 6 月 30 日房价计价。通过计算，我们发现从 2002 年到 2007 年，万科的平均销售毛利率为 33%，平均销售净利率为 12%，而扣除房价、地价上涨因素，根据国家统计局公布的同期万科的平均销售毛利率为 25%，平均销售净利率为 5%。房价上涨对万科销售毛利率的贡献为 8 个百分点，占其比重约为 1/4。

房价上涨对万科销售净利率的贡献为 7 个百分点，占其比重超过一半。换句话说，万科一半以上的净利润是由房价上涨带来的。

北京、天津、上海、深圳、广州是万科发展战略中确定的五大中心城市，曾经为万科贡献了约七成的营业收入和七成的营业利润，具有一定的代表性。万科在环渤海湾地区城市的利润几乎都由房价上涨带来；在长三角地区的上海，万科六成的利润由房价上涨带来；在珠三角地区的广州、深圳，万科的利润有 1/4 由房价上涨带来。这种由南向北递增的地域差异，可能与不同城市的不同营业利润率水平有关。万科在环渤海湾地区的项目利润率偏低，价格影响也偏大，在南方城市的项目利润率偏高，价格影响也偏小。

四、万科的融资策略

1. 不同发展时期考虑不同的融资策略

为增强企业的可持续发展能力，在不同生命周期阶段上应实施不同的融资战略。

企业初创阶段，财务实力相对较弱，财务战略重点应放在如何保证筹集生产经营必需的资金上，筹资战略处于首位。这一时期经营风险很高，财务风险应尽可能降低，所以应较多运用权益资本筹资。

在企业成长期，销售的快速增长将产生充裕的现金流，因而能降低经营风险。其融资环境较之以往已有较大提高，融资渠道趋于多样化，因而必须在各种融资方式之间进行选择、取舍，只有企业的资本结构处于最佳状态时，企业的加权平均资本成本最低，企业价值最大。

在企业成熟期，通过负债融资而提高的财务风险可通过降低经营风险来抵消。这一时期可利用的融资机会与渠道多，可采取激进的筹资战略。

适应衰退期的风险特征，从总体上看，企业在该阶段应采取防御型融资战略。企业衰退期仍可继续保持较高的负债率，而不必调整其激进型的资本结构。

2. 万科的融资策略与发展阶段考量

万科目前处于成长后期，接近成熟期，其实际增长率从 2002 年起持续高于可持续增长率。当实际增长率大于可持续增长率时，企业会出现资金短缺的现象，因此出现融资需求。在这样的情况下，企业融资目的主要是为了提高可持续增长率，因此其主要的路径有三种。

（1）提高企业经营效率，如提高销售净利率、资产周转率等。

（2）改善公司财务政策，如提高公司财务杠杆或提高公司收益留存率等。

（3）寻求外部股权融资。

从实际应用来讲，经营效率的改观需要经历较长的经营周期，较为被动，并且受到的干扰因素较多；而改变公司财务政策较为直观。同时，股权融资作为规模更大、时间更长的融资方式也得到了广泛应用。

3. 适应于高增长情况下万科融资策略的调整

万科为了应对从 2002 年开始的实际增长率高于财务可持续增长率的情况，公司在财务政策上进行了三个方面的调整。

（1）公司股利政策变化。在留存收益这个唯一的内部融资渠道方面，公司调整了股利政策，提高了收益留存率，充分利用公司利润进行再投资，实现公司内部资金的有效利用。

（2）万科公司进行债务融资，主动提高资产负债率，通过财务杠杆来提高经营业绩和拓宽资金来源。这点也可以从万科公司 2002 年以来资产负债率的持续上升上得到验证。

（3）主动实施股权融资。无论是提高收益留存率还是加大资产负债率均有一定的极限，万科也认识到了这点，因此在 2006 年 12 月和 2007 年 8 月，又进行了两次规模巨大的股权融资，融资额分别为 42 亿元和 99.99 亿元。

万科在 2006 年由于房地产市场进入火爆时期，使得销售收入增长超过 69%，为历史上最大增幅，同时超过 18% 的财务可持续增长率 3 倍以上。2007 年销售收入的增长更是达到 99% 的水平，公司资金紧张情况可想而知，同时公司的收益留存率在 2006 年就已经达到 72.53%，资产负债率达到 69.32%，通过这两种方式融资的空间已经不大，因此万科选择了股权融资。

从外因看，当时中国 A 股市场正处于牛市，融资阻力较小，市场对规模较大的融资有一定的承载能力。公司在 2007 年的增发价格为 31.53 元/股，对应的市盈率达 43 倍，市净率达 7.36 倍，可以说，万科利用了当时中国 A 股市场的火爆和对蓝筹股的估值泡沫，进行了一次时点选择非常巧妙的股权融资，使公司的资金和财务状况得到极大改善，也为后期债务融资提供了新的空间。

4. 万科融资顺序策略

从融资顺序上来讲，万科保持对经营效果的持续跟踪，不断提高经营效率。在资金不足的初期，首先考虑通过调整收益留存率进行内部融资，争取以最低成本和最快速度解决资金缺口问题；在面临较大行业机会和市场机遇之时，为满足更大的融资需求，通过提高资产负债率的公司财务政策，通过负债手段进行外部融资；同时又积极关注资产负债率，保证不超过一定的红线，在内部融资和外部融资（负债）都不足以解决资金缺口的情况下，选择资本市场对公司估值较高的时期进行外部股权融资，为企业注入大量资金。

因此，通过上述灵活有效的企业融资策略安排来调整公司财务政策，万科进行的各种融资并没有给公司带来较明显的财务风险，甚至没有对公司业绩形成稀释作用。公司的净资产收益率（ROE）一直保持稳中有升的趋势。可以说，公司通过有效的融资和经营，实现了股东利益的最大化。

5. 万科融资策略的特征概括

万科的融资策略具有明确的目标性和层次性，其主要特点可以总结为以下三点。

（1）考虑内因。充分考虑公司财务可持续增长率和公司实际增长率的差异情况，通过分析比较，积极调整公司的经营策略和财务政策。

（2）结合外因。充分考虑各项融资的时效性、局限性等因素，结合资本市场和资金面等外因，为公司融资政策的推出提供支持。

（3）层次分明。结合各项融资方式的特点，以及公司自身的财务状况，层次分明地进行融资行为，并注重不同融资行为之间的联系，保持公司稳定成长中的资金需求。

五、万科的投资策略

1. 制定投资策略要考虑的因素

在市场经济条件下，企业投资受到企业内外多种因素的制约，特别是在市场竞争机制的作用下，如果没有战略指导，企业往往会表现出一定程度的盲目性、随机性和风险性。因此，管理者必须从战略的高度制定企业投资战略。制定企业投资战略要考虑的因素主要包括以下三个方面。

（1）投资有效期、投资报酬率、投资成本。

（2）应以投资报酬率大于或等于资本成本率作为投资项目选择的重要依据，同时还需分析投资成本是否能在有效期收回。

（3）固定资产与流动资产投资配比问题。固定资产与流动资产结构是管理者必须注意的一个重要比例关系。固定资产是企业进行生产经营活动的物质技术基础，流动资产是在固定资产形成之后再投入的，投入的数量取决于固定资产规模。若固定资产与流动资产不能按一定的比例配置，就会出现流动资金短缺、固定资产闲置，或者固定资产不足而流动资金浪费的问题，这两种情况都不利于企业发展。

固定资产和流动资产各有其特征。一般地说，固流比率越低，企业财务风险越小，生产经营灵活性越强，但企业收益率也会越低。因此，固流比例的确定是对财务风险和企业收益的权衡过程。

若企业资金实力雄厚，即自有资金比例较高，对资产流动性要求较低，固定资产和流动资产的比例可以大些。若企业资金实力薄弱，债务压力大，要求资产变现力较强，固定资产和流动资产的比例可小些，以免影响企业财务信誉。

2. 万科的投资策略

万科在投资方面首先建立相关管控机构与制度，战略投资营销运营管理部负责管控投资业务，目前已制定了包括《万科集团新项目发展制度》《万科集团投融资管理办法》等在内的投资管理制度，定期发布投资策略，并使用新项目决策平台对新项目投资进行管理。

公司始终坚持"精挑细选、坚持投资主流市场"的投资策略，重点考虑价格的合理性和风险的可控性，严格评估项目收益的可行性，通过严格的分级授权审批程序对新项目投资实施全程监控，确保新项目获取安全、合法、审慎、有效。公司总部把握投融资战略和原则，统筹资源配置及风险管控，主导非普通项目、新进入城市、非传统住宅业务的投资决策，所决策新项目经总部相关专业部门联合评审后，报由公司管理层组成的公司投资决策委员会在董事会授权范围内进行决策；项目投资金额超过公司董事会对公司授权的，需在报董事会决议通过后方可实施。

固流比例还与行业特征密切相关。房地产行业不需要投入很多固定资产，绝大部分资产是"房"和"地"，属于存货，2008—2012 年万科存货与固定资产的数量关系见表 7-32。

表 7-32　2008—2012 年万科存货与固定资产数量关系表　　　单位：元

年份 项目	2012	2011	2010	2009	2008
存货	255 164 112 985.07	208 335 493 569.16	133 333 458 045.93	90 085 294 305.52	85 898 696 524.95
流动资产合计	362 773 737 335.37	282 646 654 855.19	205 520 732 201.32	130 323 279 449.37	113 456 373 203.92
固定资产	1 612 257 202.22	1 595 862 733.95	1 219 581 927.47	1 355 977 020.48	1 265 332 766.18

分析表 7-32 可知，万科 2008—2012 年的固定资产与流动资产结构，主要部分是流动资产，2010 年以后固流比例每年均在 100 倍以上，具有明显的行业特征，也凸显出万科的投资策略：一是严格保证资产的流动性；二是严格做主业，不搞多元化扩张。

六、万科的利润分配策略

在利润分配中，企业要以实现可持续发展为出发点。首先，要改革传统的分配制度，加大对人力资本分配的倾斜力度，运用期权制、员工持股制等措施激发和调动人力资本所有者的积极性、主动性和创造性。其次，要合理选择股利政策和分配形式。股利政策和分配形式的选择要围绕着保护股东利益、稳定股票价格、促进企业长期发展的目标来进行。

这一方面要求企业要在资本市场上塑造企业的良好财务形象，给投资者以一定的回报，稳定股价，避免企业股价的大起大落；另一方面也要保留一定的利润作为内部资金的来源，夯实企业实力，并不断扩充企业的资本金。

因此，企业的利润分配战略以正常股利加额外股利政策为主，分配形式应根据企业的现金支付能力及企业的投资机会来选择。

万科公司 1991—2012 年的利润分配方案见表 7-33。

表 7-33　万科公司 1991—2012 年的利润分配方案

公告日期	分红方案说明	分红率/%	A 股派息日
2013-02-28	10 派 1.8 元（含税）【2012 年度每股收益 1.14 元】	15.79	2013-05-16
2012-03-13	10 派 1.3 元（含税）【2011 年度每股收益 0.88 元】	14.77	2012-07-05
2011-03-08	10 派 1 元（含税）【2010 年度每股收益 0.66 元】	15.15	2011-05-27
2010-03-02	10 派 0.7 元（含税）【2009 年度每股收益 0.48 元】	14.58	2010-05-18
2009-03-10	10 派 0.5 元（含税）【2008 年度每股收益 0.37 元】	13.51	2009-06-08
2008-03-21	10 转 6 股派 1 元（含税）【2007 年度每股收益 0.73 元】	13.70	2008-06-16
2007-03-20	10 转 5 股派 1.5 元（含税）【2006 年度每股收益 0.39 元】	38.46	2007-05-16
2006-03-21	10 派 1.5 元（含税）【2005 年度每股收益 0.39 元】	38.46	2006-07-21
2005-03-22	10 转 5 股派 1.5 元（含税）【2004 年度每股收益 0.39 元】	38.46	2005-06-29
2004-03-09	10 送 1 股转 4 股派 0.5 元（含税）【2003 年度每股收益 0.40 元】	12.50	2004-05-26
2003-03-18	10 转 10 股派 2 元（含税）【2002 年度每股收益 0.61 元】	32.79	2003-05-23
2002-03-15	10 派 2 元（含税）【2001 年度每股收益 0.59 元】	33.90	2002-07-17
2001-03-20	10 派 1.8 元（含税）【2000 年度每股收益 0.48 元】	37.50	2001-08-22
2000-03-30	10 派 1.5 元（含税）【1999 年度每股收益 0.42 元】	35.71	2000-08-18
1999-04-14	10 送 1 股派 1 元（含税）【1998 年度每股收益 0.41 元】	24.39	1999-08-12
1998-04-08	10 送 1 股派 1.5 元（含税）【1997 年度每股收益 0.48 元】	31.25	1998-07-16
1997-04-10	10 送 1.5 股派 1 元（含税）【1996 年度每股收益 0.47 元】	21.28	1997-07-07
1996-04-25	10 送 1 股派 1.4 元（含税）【1995 年度每股收益 0.58 元】	24.13	1996-08-12
1995-04-24	10 送 1.5 股派 1.5 元【1994 年度每股收益 0.71 元】	21.13	1995-07-06
1994-04-26	A 股 10 送 3.5 股派 1.5 元【1993 年度每股收益 0.91 元】 B 股 10 送 2.426 股派 1.04 元	27.91	1994-06-24
1992-02-02	10 送 2 股	0	—
1991-03-17	10 送 2 股	0	—

分析表 7-33 可知，万科公司成立以来的 20 多年中，几乎年年分红，经常送股，不断给股东以回报，这是相当负责任的表现。

就分红率而言，最高的是 38.46%，发生在 2005—2007 年。近几年由于对融资的需求，万科降低了分红率。2008 年以后，分红率基本上在 20% 以内，也体现了万科的融资策略。万科历年分红率趋势见图7-35。

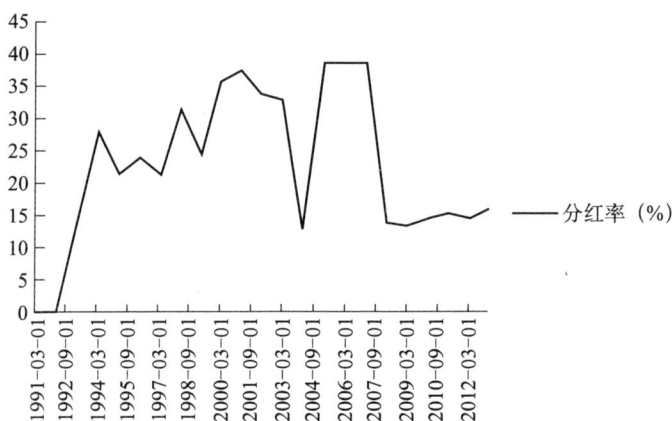

图 7-35　万科历年分红率趋势

七、小结

本部分紧紧围绕"战略"这个中心问题展开讨论，以期从高层角度前瞻性地解读企业的战略选择，大体总结如下。

在"企业战略的含义"部分，给出了战略的含义与分类，描述了企业战略的五大特征：①指导性；②全局性；③长远性；④系统性；⑤风险性。提出了决定企业战略成功的根本要素：企业核心竞争力能否与行业关键成功要素相匹配。作为举例，给出了中国商业地产十五大知名企业的战略。

在"万科的长期策略"部分，重点给出了万科的示例，包括"面向真实自住的需求，而不是面向投资预期"等。

在"万科的盈利策略"部分，分析了作为房地产企业利润表的特点，销售和成本在时点上是不匹配的，成本至少早于销售两三年，给出了万科享受资产价格上涨带来好处的盈利策略。

在"万科的融资策略"部分，分以下五个方面进行了讨论：①不同发展时期考虑不同的融资策略，明确了为增强企业的可持续发展能力，在不同生命周期阶段上应实施不同的融资战略；②万科的融资策略与发展阶段考量，分析了万科目前处于成长后期，接近成熟期；③适应于高增长情况下万科融资策略在股利政策、债务融资、股权融资三个方面的调整；④万科融资顺序策略；⑤万科融资策略的特征。

在"万科的投资策略"部分，首先明确了制定投资策略要考虑的三个因素，然后结合现金流量信息，给出了万科的投资策略：一是严格保证资产的流动性；二是严格做主业，不搞多元化扩张。

在"万科的利润分配策略"部分，分析了万科利润分配战略以正常股利加额外股利政策为主，分配形式根据企业的现金支付能力及企业的投资机会来选择。万科成立以来几乎年年分红，经常送股，不断给股东以回报，这是相当负责任的表现。

【做中学实践环节】

选择1家上市公司，运用上述分析方法与框架，完成"××上市公司高层战略规划"

的课外作业，具体写作框架与内容见表7-34。

表7-34 "远景前瞻高层战略"写作结构与内容

一级标题	二级标题	研究内容及结论示例
1. 企业战略的含义	企业战略的特征	指导性、全局性、长远性、系统性、风险性
	决定战略成功的根本要素	企业核心竞争力与行业关键成功要素是否匹配
	企业战略案例	××上市公司同行业知名企业的战略
2. ××上市公司的长期策略	××上市公司的长期策略是什么	面向真实自住的需求，而不是面向投资预期
3. ××上市公司的盈利策略	××上市公司的盈利策略是什么	房地产企业利润表的特点，销售和成本在时点上是不匹配的；成本至少早于销售两三年
4. ××上市公司的融资策略	（1）不同发展时期考虑不同的融资策略	为增强企业的可持续发展能力，在不同生命周期阶段上应实施不同的融资战略
	（2）融资策略与发展阶段考量	分析××上市公司目前所处的发展阶段
	（3）融资策略的调整	股利政策、债务融资、股权融资
	（4）融资顺序策略	①考虑通过调整收益留存率进行内部融资；②考虑提高资产负债率；③选择资本市场对公司估值较高的时期进行外部股权融资
	（5）融资策略的特征	①考虑内因；②结合外因；③层次分明
5. ××上市公司的投资策略	制定投资策略要考虑的因素	①投资有效期、投资报酬率、投资成本；②应以投资报酬率大于或等于资本成本率作为投资项目选择的重要依据，同时还需分析投资成本是否能在有效期内收回；③固定资产与流动资产投资配比问题
	××上市公司的投资策略是什么	①严格保证资产的流动性；②严格做主业，不搞多元化扩张
6. ××上市公司的利润分配策略	××上市公司利润分配策略是什么	根据企业现金支付能力及投资机会来选择分配形式
	××上市公司利润分配	几乎年年分红，经常送股，不断给股东以回报

要求：

（1）应严格围绕主题搜集材料，组织写作。本部分核心主题是"战略"，首先要吃透企业战略的本质含义，熟悉战略的5W1H：What——企业战略是什么？Who——谁来制定、使用、分析战略？When——企业不同时间的战略是否不同？Where——哪里产生企业战略？Why——为什么企业战略很重要？How——怎样具体看透一家公司的战略信息？

（2）选取的内容、数据要有用、表现力强、说明问题，数据来源可以在巨潮资讯网（http：//www.cninfo.com.cn/）查询。

（3）可以分组完成，每个小组选出组长，安排时间在班级里做主题汇报，每组汇报时间15分钟，可以做成PPT。

（4）PPT以图形、表格、数据、音像链接、动画表现为主，不要出现纯文字页面。

（5）写作的基本要求有七条：主题突出、观点鲜明、表述严谨、数据精准、文字流畅、结论正确、鼓励创新。

（6）本作业的完成情况和汇报效果，作为平时成绩的重要参考。

任务 7.5 现金流量管控研判

一、现金、现金流量的概念

（1）现金的概念

现金流量中的现金，不是通常所理解的手持现金，而是指企业的库存现金、银行存款以及现金等价物。

（2）现金等价物的概念

一项投资被确认为现金等价物必须同时具备四个条件：期限短；流动性强；易于转换为已知金额现金；价值变动风险小。

（3）现金流量的概念

现金流量是指企业在一定会计期间按照现金收付实现制，通过一定经济活动（包括经营活动、投资活动、筹资活动）而产生的现金流入、现金流出及其总量情况的总称，即企业一定时期的现金和现金等价物的流入和流出的数量。例如，销售商品、提供劳务、出售固定资产、收回投资、借入资金等，形成企业的现金流入；购买商品、接受劳务、购建固定资产、现金投资、偿还债务等，形成企业的现金流出。衡量企业经营状况是否良好，是否有足够的现金偿还债务，以及资产的变现能力等，现金流量是非常重要的指标。

二、现金流量管控的目标

现金流量管控的目标应当包括以下六个方面。

1. 企业的各种收入产生的现金流能够流入企业

企业的收入是企业现金的主要来源，如果企业的收入不能及时实现现金的流入，形成应收账款，甚至形成呆坏账，那么企业收入的质量就降低了。如果形成的应收账款长期不能收回，或者企业的呆坏账较多，那么企业的生产经营就可能难以为继。

2. 流出企业的现金经过相应授权批准程序

企业的现金流出必须是满足企业生产经营所需要的必要的支出，各项流出均须经过相应授权批准程序，防止企业员工的挪用或者舞弊行为。通常，企业现金流出的各种批准权限应当在有关规章制度中明确。例如，企业生产经营的日常现金流出的批准权限为企业的总经理或经其授权的其他经营管理人员，而涉及重大事项的投资支出，其批准权限通常为董事会。

3. 流入、流出企业的现金符合有关法律规定

企业的现金支出必须符合法律规定，不能违背有关法律、法规，更不能从事非法活动。企业对流入企业的现金同样应当进行合法性、合规性检查，杜绝出租、出借账户等非法行为。

4. 企业所拥有的现金能够满足企业经营所需

企业财务管理的一项重要职能就是筹措生产经营所需资金。因此，企业应当对企业生

产经营的现金需求进行分析，如果企业已有现金不能满足生产经营需要，就要通过适当的途径和方式进行筹资。

5. 现金的使用要有预算、合法合规

企业现金资产的使用必须服从和服务于企业的总体目标，事先有预算，努力实现企业价值最大化。因此，对各项现金资产的使用均须经过可行性分析，保证企业总体目标的实现。企业应当保证现金使用于经过相应程序批准的项目或用途，以保证有关项目的正常进行。

6. 企业对现金资产的管理安全有效

企业的现金资产是最易被侵占挪用的资产，因此，企业对库存现金、银行存款、其他货币资金以及其他可以等同于现金的资产必须进行严格的管理，以防止被不法侵占和挪用。现金流量的相关内容揭示符合有关规定，并能满足信息使用者对信息的需要。

三、利润与现金流量的关系

现金流比利润更能说明企业的收益质量。在财务实践中，利润与现金之间的关系通常有四种状态：有利润没现金；有利润有现金；没利润没现金；没利润有现金（见图7-36）。其中第一种情况会导致借钱缴纳所得税的情况。

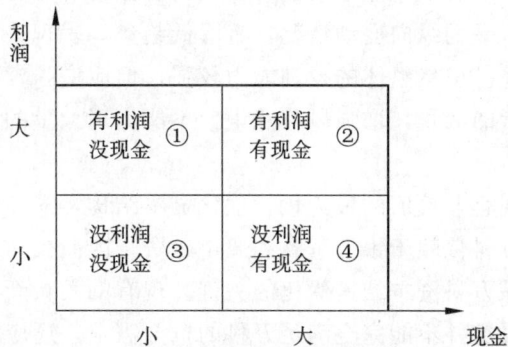

图 7-36　利润与现金流量的关系

在图7-36中，列举了现金与利润的四种组合情况，相对应企业的四种决策，分析如下。

（1）投资决策：应该在企业有利润、有现金时大力投资，抢占行业优势地位。

（2）筹资决策：当企业经营活动顺畅展开，订单递增时，往往也是现金缺乏时，因此应该在有利润、缺现金时抓紧筹资。

（3）经营决策：企业没有利润，主要原因往往是成本费用过大，所以有现金、没利润时要加强经营活动管理，降低成本费用，逐步实现利润。

（4）退出决策：如果企业既没有利润，又没有现金，最聪明的决策是果断退出，另谋出路。

根据权责发生制确定的利润指标在反映企业的收益方面确实容易导致一定的"水分"，而现金流指标能弥补权责发生制在这方面的不足。关注现金流指标，甩干利润指标的"水分"，剔除企业可能发生坏账的因素，使投资者、债权人等更能充分、全面地认识企业财务状况。所以，考察企业经营活动现金流的情况，可以较好地评判企业的盈利质量，确定企业真实的价值创造。

四、万科现金流管理的政策与建议

万科贯彻"现金为王"的策略，长期保持着良好的资金状况。截至 2012 年报告期末，公司持有货币资金 522.9 亿元，远高于短期借款和一年内到期的非流动负债总额 355.6 亿元。年内，尽管加大了投资力度，公司的经营性现金流的流入和流出总体仍然保持平衡。相对充裕的资金状况将使公司能够更加灵活地应对市场变化。

"现金为王"的另外一层含义是万科一直注重去库存化。期末各类存货中，已完工开发产品（现房）159.9 亿元，占比 6.27%；在建开发产品 1 622.2 亿元（其中包含已售出未结算产品），占比 63.57%；拟开发产品（对应规划中项目）767.3 亿元，占比 30.07%。存货结构保持在健康状态。

据文献记载，破产倒闭的企业中有 85% 是盈利企业。在偿债能力方面，现金流比利润更能表明企业的能力本质。事实上，利润是算出来的，体现在账面上，存在于资产负债表的右侧，是不能用于偿还明天就要到期的贷款的。利润作为反映一个会计期间企业财务成果的指标，在通常情况下，其大小固然与偿债能力有一定的关联，但不能从根本上反映企业的偿债能力。而现金流在反映企业偿债能力方面具有独特的功能。

分析万科资产管理水平的纵向变动情况，有降低趋势，表现为资产规模快速增加，但相应的盈利能力有所下降。虽然整体的盈利能力较强，但应增强资金运用的灵活性，加强对存货的管理，控制存货的数量，增强风险意识，不能出现大量的积压，否则会对企业发展造成不利影响。

万科应该立足于实现企业价值的最大化，优化资本结构，提高资产利用率水平，加强对外融资能力。目前，万科依赖于银行贷款和股市融资，因而公司需要拓宽融资渠道。拥有多元化的融资渠道，是万科资本结构优化的关键。现有的发行新股、配股、发行可转换债券、海外贷款等融资渠道并不能完全满足万科的资金需求，还应该发展信托融资和房地产投资基金等多种融资渠道。

由于房地产经营的特殊性，资金占压的金额大，回收周期长，也会造成公司的可变现资产较少甚至出现负值，所以万科应保持一定的财务弹性，加强经营风险和财务风险的控制。

五、现金流入结构分析

现金流入结构反映的是企业经营活动现金收入、投资活动现金收入及筹资活动现金收入在全部现金收入中的百分比以及各项业务活动现金收入中具体项目的构成情况，目的在于明确企业的现金究竟来自何方，要增加现金收入主要依靠什么途径。

用公式表示为

$$某项现金收入的结构 = \frac{该项现金收入}{全部现金收入} \times 100\%$$

根据万科 2012 年度现金流量表资料，编制现金收入构成表（见表 7-35）。

表 7-35　万科 2012 年度现金收入构成表

项　　目	行次	金额/元	结构百分比/%
一、经营活动产生的现金流量:			
销售商品、提供劳务收到的现金	1	116 108 839 572.92	67.02
收到税收返还	3		
收到其他与经营活动有关的现金	8	5 480 586 284.38	3.16
经营活动现金流入小计	9	121 589 425 857.30	70.19
二、投资活动产生的现金流量:			
收回投资所收到的现金	22	12 000 000.00	0.01
取得投资收益所收到的现金	23	167 175 850.82	0.10
处置固定资产、无形资产和其他长期资产所收回的现金净额	25	1 533 466.00	0.001
收到其他与投资活动有关的现金	28	998 799 552.09	0.58
投资活动现金流入小计	29	1 179 508 868.91	0.68
三、筹资活动产生的现金流量:			
吸收投资所收到的现金	38	2 991 123 519.76	1.73
取得借款所收到的现金	40	47 477 333 220.87	27.41
收到的其他与筹资活动有关的现金	43		
筹资活动现金流入小计	44	50 468 456 740.63	29.13
四、现金流入总计	56	173 237 391 466.84	100.00

其中,大类收入的结构见表 7-36 所示,相应的饼状图见图 7-37。

表 7-36　现金流入大类结构

项目	金额/元	结构百分比/%
一、经营活动现金流入小计	121 589 425 857.30	70.19
二、投资活动现金流入小计	1 179 508 868.91	0.68
三、筹资活动现金流入小计	50 468 456 740.63	29.13
现金流入总计	173 237 391 466.84	100.00

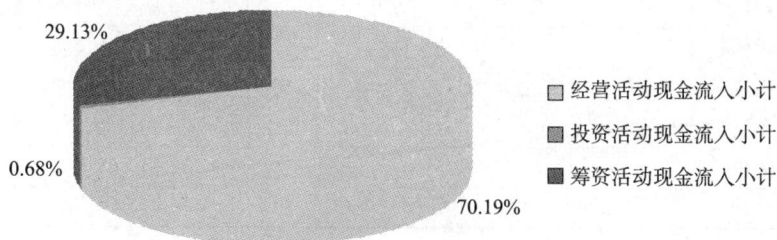

图 7-37　万科现金流入饼状结构图

从表 7-35、表 7-36 和图 7-37 中我们可以清晰地看出,万科总现金流入中,经营活动收入占 70.19%,筹资活动收入占 29.13%,投资活动收入占 0.68%。在现金流入中,主要是经营活动取得的收入,这表明了该公司以经营活动为中心,目前正步入稳定增长阶段,所以其经营活动现金流远远高于投资活动和筹资活动现金流量。在经营活动收入的现金中，主要来自销售的现金收入，占经营活动全部现金流入的95.49％，由此反映出万科经营正常。在投资活动收入的现金中，分得股利或利润占投资活动全部现金流入的14.17％，收到其他与投资活动有关的现金占84.68％，说明公司投资带来的现金流入既有投资回收又有获利，投资比例结构良好。在筹资活动收入中，吸收投资所收到的现金和借款所收到的现金都有不同比例的收入，说明企业的融资渠道比较广泛。

六、现金支出结构分析

现金支出结构是指企业的各项现金支出占企业当期全部现金支出的百分比情况，它具体地反映企业的现金用在哪些方面。用公式表示为

$$某项现金支出的结构 = \frac{该项现金支出}{全部现金支出} \times 100\%$$

根据万科公司2012年度的现金流量表，可以计算出该公司的现金支出结构（见表7-37、表7-38和图7-38）。

表7-37　万科2012年度现金支出结构表

项　　目	行次	金额/元	结构百分比/％
一、经营活动产生的现金流量：			
购买商品、接受劳务支出的现金	10	87 323 652 346.54	56.09
支付给职工以及为职工支付的现金	12	2 908 876 944.25	1.87
支付的各项税费	13	18 081 567 694.26	11.61
支付的其他与经营活动有关的现金	18	9 549 370 399.73	6.13
经营活动现金流出小计	20	117 863 467 384.78	75.71
二、投资活动产生的现金流量：			
购建固定资产、无形资产和其他长期资产所支付的现金	30	150 667 636.63	0.10
投资所支付的现金	31	500 450 000.00	0.32
取得子公司及其他营业单位支付的现金净额		2 860 842 969.57	1.84
支付的其他与投资活动有关的现金	35	121 000 000.00	0.10
投资活动现金流出小计	36	3 632 960 606.20	2.33
三、筹资活动产生的现金流量：			
偿还债务所支付的现金	45	26 864 417 454.25	17.26
分配股利、利润或偿付利息所支付的现金	46	7 318 530 197.43	4.70
支付的其他与筹资活动有关的现金	52		
筹资活动现金流出小计	53	34 182 947 651.68	21.96
四、现金流出总计	56	155 679 375 642.66	100.00

表7-38　万科2012年度现金支出大类支出结构

项　　目	金额/元	结构百分比/％
一、经营活动现金流出小计	117 863 467 384.78	75.71
二、投资活动现金流出小计	3 632 960 606.20	2.33
三、筹资活动现金流出小计	34 182 947 651.68	21.96
现金流出总计	155 679 375 642.66	100.00

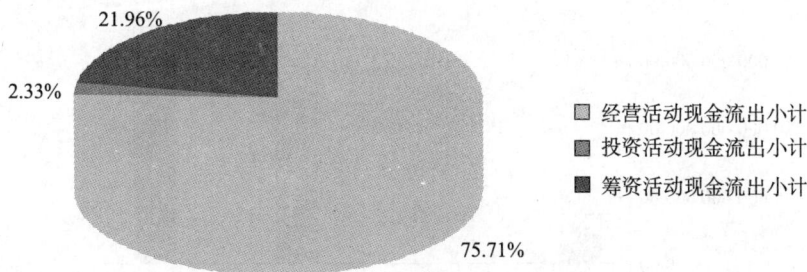

21.96%

2.33%

75.71%

- ■ 经营活动现金流出小计
- ■ 投资活动现金流出小计
- ■ 筹资活动现金流出小计

图 7-38　万科 2012 年现金流出大类结构图

从表 7-37、表 7-38 和图 7-38 可以看出，万科当年的现金支出中，有 75.71% 用于经营活动的支出，有 21.96% 用于筹资活动，有 2.33% 用于企业的投资活动。在总支出中，主要是用于经营活动的支出。在经营活动支出的现金中，现金购货支出占经营活动全部流出的 74.09%，是企业的主要支出。在投资活动支出中，取得子公司及其他营业单位支付的现金净额占投资活动全部流出的 78.75%，主要是收购企业投资支付。在筹资活动支出的现金中，主要是用于偿债。

七、现金余额结构分析

现金余额结构是指企业在各项活动（包括经营活动、投资活动、筹资活动）中，其现金收支净额占企业当期全部现金余额的百分比，它能够真实地反映企业的现金余额是怎样形成的。其计算公式为

$$某项现金净（余）额的结构 = \frac{该项现金净（余）额}{全部现金净（余）额} \times 100\%$$

根据万科公司 2012 年度的现金流量表，编制该公司现金余额结构表（见表 7-39、图 7-39）。

表 7-39　万科 2012 年度现金余额结构表

项　　目	金额/元	结构百分比/%
一、经营活动产生的现金流量净额	3 725 958 472.52	21
二、投资活动产生的现金流量净额	−2 453 451 737.29	−14.01
三、筹资活动产生的现金流量净额	16 285 509 088.95	93.03
现金净增加额	17 506 112 427.57	100.00

从表 7-39 和图 7-39 可以看出，万科"经营活动现金流量"为"＋"，"投资活动现金流量"为"－"，"筹资活动现金流量"为"＋"。对于一个健康的正在成长公司来说，经营活动现金应是正数，投资活动的现金流量是负数，筹资活动的现金流量是正负相间的。万科符合此情况，应认定是正常的。并且，万科现金结构状况说明企业正处于快速扩张时期，筹资金额巨大，占到全部现金流的 93.03%。其投资项目较为克制，经营活动现金净流量为正，占现金流量净增加额的比例为 21%，说明企业主要是依靠筹资活动和经营业务取得现金流，其核心竞争力很强，经营状况还是很乐观的，有进一步发展的广阔空间。

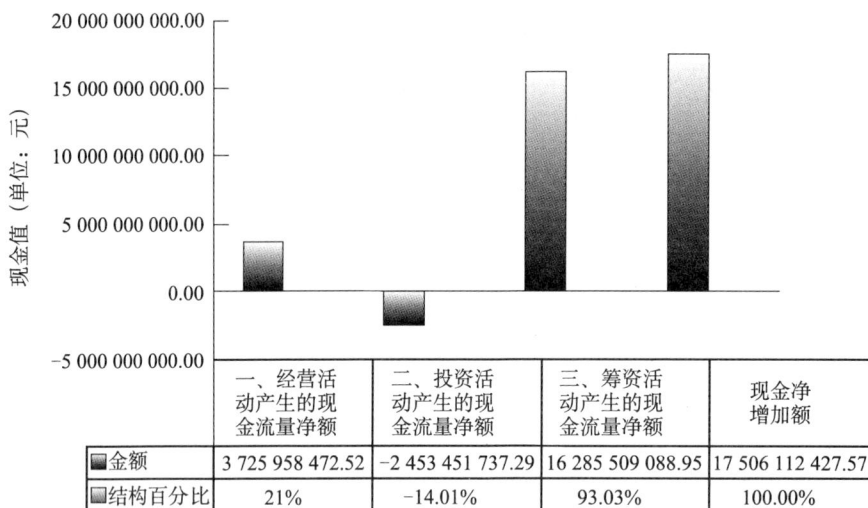

	一、经营活动产生的现金流量净额	二、投资活动产生的现金流量净额	三、筹资活动产生的现金流量净额	现金净增加额
■金额	3 725 958 472.52	-2 453 451 737.29	16 285 509 088.95	17 506 112 427.57
■结构百分比	21%	-14.01%	93.03%	100.00%

图 7-39　万科 2012 年现金余额柱状结构图

八、不同行业上市公司经营活动现金流出结构分析

在所有现金流量信息中，最重要的信息无疑是经营活动信息，尤其是经营活动现金流出信息，具有很明显的行业特征，可以折射出企业资金管理的思路和效果。

下面选取 4 个行业的 4 家上市公司 2013 年度经营活动现金流出的数字，加以比较分析，具体见表 7-40 和图 7-40～图 7-43 所示。

表 7-40　4 家上市公司经营活动现金流出结构比较　　　　单位：千元

公司	购买商品、接受劳务	支付给职工及为职工支付的现金	支付的各项税费	支付的其他经营现金	合计
万科	128 656 952	3 472 695	21 213 916	20 409 317	173 752 881
中国国航	63 362 447	14 073 391	3 317 120	8 085 357	88 838 315
用友软件	1 044 206	2 174 983	541 834	687 670	4 448 695
首旅酒店	2 162 042	357 449	106 915	476 761	3 103 168

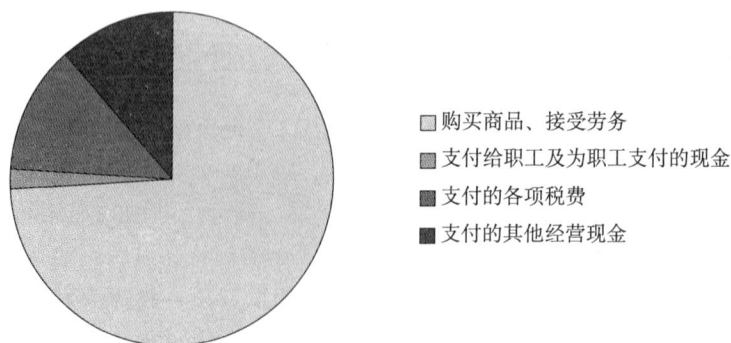

□购买商品、接受劳务
■支付给职工及为职工支付的现金
■支付的各项税费
■支付的其他经营现金

图 7-40　万科经营活动各项现金流出结构图

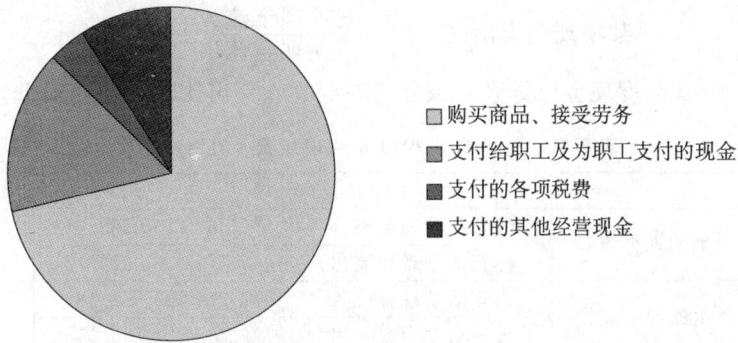

图 7-41　中国国航经营活动各项现金流出结构图

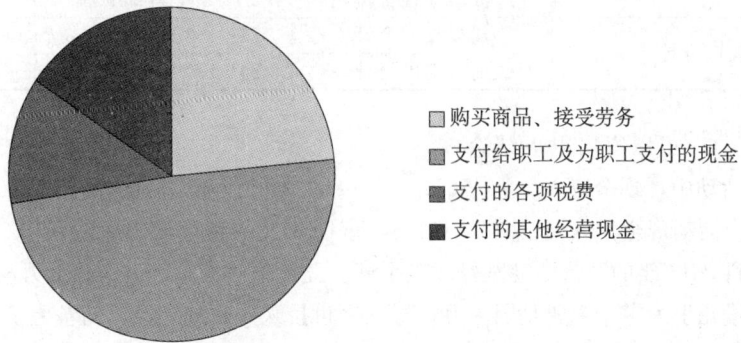

图 7-42　用友软件经营活动各项现金流出结构图

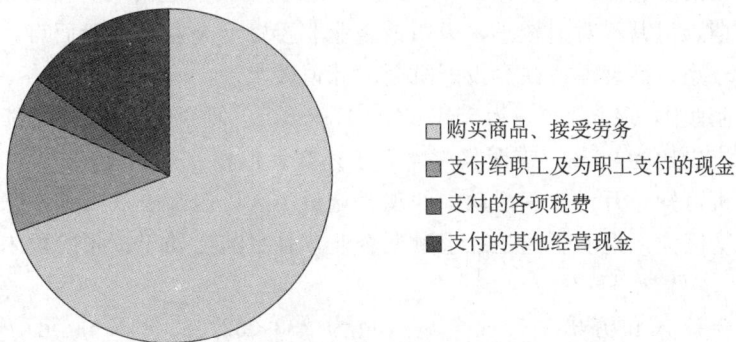

图 7-43　首旅酒店经营活动各项现金流出结构图

　　分析上述图表可知，4 家公司在经营活动支付现金方面，结构是不完全一样的。其中，万科、中国国航、首旅酒店最主要的经营支出是购买商品、接受劳务所支付的现金，而用友软件作为 IT 行业公司，其主要的现金支出是支付给职工以及为职工支付的现金。各家公司在支付给职工以及为职工支付的现金方面，表现也大不相同。其中，结构占比最小的是万科，这反映了房地产公司是属于资金密集而不是技术密集，更不是人员密集的特征。

九、现金流入流出比较分析

　　现金流入流出比较分析是指企业的某项现金流入占该项现金支出的百分比，具体地反映企业某项活动现金流入与现金流出的对比关系。具体计算公式为

$$某项现金支出的结构=\frac{某项现金流入}{该项现金流出}\times100\%$$

根据万科 2013 年度现金流量表,该公司现金收入支出比较情况见表 7-41。

表 7-41　万科公司 2013 年度现金流入流出对比表

项　目	项目明细	金额/元	结构百分比/%
一、经营活动产生的现金流量	经营活动现金流入	175 676 750 862.04	101
	经营活动现金流出	173 752 881 972.15	
二、投资活动产生的现金流量	投资活动现金流入	2 277 785 558.18	22
	投资活动现金流出	10 232 202 753.03	
三、筹资活动产生的现金流量	筹资活动现金流入	55 128 099 411.36	96
	筹资活动现金流出	57 185 744 989.35	
四、现金合计	现金收入合计	233 082 635 831.58	97
	现金支出合计	241 170 829 714.53	

根据表 7-41,可以得出以下结论。

(1) 经营活动中,现金流入量为 175 676 750 862.04 元,现金流出量为 173 752 881 972.15 元,该公司经营活动现金流入流出比为 101%,表明 1 元的现金流出可换回 1.01 元现金流入。也就是说,万科 2013 年的经营活动刚好收支平衡。此比值越大越好。为什么万科有利润,但是经营现金净流量几乎为零?主要是因为万科把利润再投入到拿地等经营储备上了。

(2) 投资活动中,现金流入量为 2 277 785 558.18 元,现金流出量为 10 232 202 753.03 元,该公司投资活动的现金流入流出比为 22%,公司投资活动引起的现金流出较大,表明公司正处于扩张时期,但其绝对值较小,说明该企业非投资型企业。一般而言,处于发展时期的公司此值比较小,而衰退或缺少投资机会时此值较大。

(3) 筹资活动中,现金流入量为 55 128 099 411.36 元,现金流出量为 57 185 744 989.35 元,筹资活动流入流出比为 96%,表明借款略大于还款,但相差并不大。

从以上分析可知,万科投资活动中的现金流量不大,但都表现出了扩张的迹象,筹资活动流入流出量巨大,说明企业是准金融型企业,且目前已处于扩张阶段末期,步入稳定成长时期。

在合计现金流入和流出中,现金流入量为 233 082 635 831.58 元,现金流出量为 241 170 829 714.53 元,合计现金流入流出比为 97%,表明现金流入与现金流出大体平衡。

十、现金流量比率分析

将现金流量与相关的、不同性质的指标进行对比,可以计算出相关比率,这些相关比率主要有现金流量对流动负债的比率、现金流量对债务总额比率、经营活动现金流量对营业收入比率、营运指数 4 项指标。

1. 现金流量对流动负债比率

现金流量对流动负债比率的计算公式为

$$现金流量对流动负债比率=\frac{现金净流量}{流动负债}$$

根据万科 2009—2012 年的现金流量表,可以编制出表 7-42。

表 7-42　万科现金流量对流动负债比率

项目 ＼ 年份	2012	2011	2010	2009
现金净流量/千元	17 506 112	−1 482 823	13 094 160	2 024 489
流动负债/千元	259 833 567	200 724 160	129 650 791	68 058 280
现金流量对流动负债比率/%	6.74	−0.74	10.10	2.97

现金流量对流动负债比率是用来反映企业偿还当期债务能力大小的指标。该指标数值越高，说明企业立即变现能力越强，企业随时可以偿还债务的能力越大，较之其他衡量企业短期偿债能力的指标，该指标更直接、更明了，更具现实性。不过，过高的比率虽然能保证企业有足够的偿债能力，但也说明了企业现金的获利能力较低，现金没有得到充分、有效利用，容易造成资源浪费。

如果该指标过低，会使企业陷于财务困境，支付能力不足，债务偿还缺乏保证。所以，该指标过高或过低都是不正常的情况。运用现金流量对流动负债比率指标时，应结合行业的特点、经营状况和信用状况作进一步具体分析。

2. 现金流量对债务总额比率

现金流量对债务总额比率的计算公式为

现金流量对债务总额比率＝现金净流量÷债务总额

根据万科 2009—2012 年的现金流量表，可以编制出表 7-43。

表 7-43　万科现金流量对债务总额比率

项目 ＼ 年份	2012	2011	2010	2009
现金净流量/千元	17 506 112	−1 482 823	13 094 160	2 024 489
负债总额/千元	296 663 420	228 375 901	161 051 352	92 200 042
现金流量对债务总额比率/%	5.90	−0.65	8.13	2.20

现金流量对负债总额比率是用来反映企业每年现金流量偿还全部债务的能力，衡量企业长期债务偿还能力大小的一个指标。该指标越高，说明偿债能力越大，越低则说明企业偿还债务的保证程度越小。衡量企业的长期债务偿还能力的大小，既可以根据资产负债表资料，从静态角度通过资产负债率等指标来反映企业负债的总体规模，反映资产的变现能力对偿还债务的保证程度；也可以从损益表资料出发，从动态角度反映企业盈利水平对偿还债务利息的保证程度。

根据现金流量表提供的资料，从现实的角度，动态地反映由企业经营理财活动所获取的现金流量对偿还债务能力的大小。因此，现金流量对债务总额比率较之其他指标的决定作用更具有现实性。

3. 经营活动现金流量对营业收入比率

经营活动现金流量对营业收入比率的计算公式为

$$经营活动现金流量对营业收入比率＝\frac{经营活动现金净流量}{营业收入}$$

根据万科 2009—2012 年的现金流量表，可以编制出表 7-44。

表 7-44 万科经营活动现金流量对营业收入比率

项目　　　　　　　年份	2012	2011	2010	2009
经营活动现金净流量/千元	3 725 958	3 389 424	2 237 255	9 253 351
营业收入/千元	103 116 245	71 782 749	50 713 851	48 881 013
经营活动现金流量对营业收入比率/%	3.61	4.72	4.41	18.93

经营活动现金流量对营业收入比率反映企业每 1 元营业收入中所能获得的现金，是考核企业经营活动效益的一个指标。该指标数越高说明企业的经营状况和经营效益越好，也说明产品销售政策和收账政策较为严格，能保证货款的及时收回，经营现金流入大于流出。反之，则说明企业收账不力，不能及时收回货款，或者说明企业销售条件较为宽松，这样势必会造成应收账款占用过大，影响企业偿债能力。

4. 营运指数

营运指数的计算公式为

$$营运指数 = \frac{净利润}{经营活动现金净流量}$$

表 7-45 万科营运指数

项目　　　　　　　年份	2012	2011	2010	2009
净利润/千元	15 662 588	11 599 606	8 839 610	5 329 737
经营活动现金净流量/千元	3 725 958	3 389 424	2 237 255	9 253 351
营运指数	4.20	3.42	3.95	0.58

营运指数是指企业净利润与经营活动现金净流量之比，反映企业经营活动创造或获取现金的能力。该指标数值越高，说明企业经营活动获取现金的能力越差，说明企业获取现金主要依赖于固定资产折旧、无形资产摊销、处置长期资产的损益、对外投资收益、存货及经营性应收和应付项目的变动等。而这些来源所获现金的能力往往不具备长期的稳定性。因此，营运指数应越低越好。

十一、三种活动现金流量及其关系深度分析

根据万科公司 2008—2012 年的现金流量数据，可以编制出表 7-46。

表 7-46 万科 2008—2012 年三种活动现金净流量情况　　　　　单位：千元

项目　　　　　　年份	2012	2011	2010	2009	2008
经营活动现金净流量	3 725 958	3 389 424	2 237 255	9 253 351	−34 151
投资活动现金净流量	−2 453 451	−5 652 567	−2 191 659	−4 190 660	−2 844 137
筹资活动现金净流量	16 285 509	806 858	13 024 529	−3 028 655	5 866 340

1. 经营活动现金流量分析

万科经营活动现金净流量趋势见图 7-44。

	2012年	2011年	2010年	2009年	2008年
经营活动现金净流量	3 725 958	3 389 424	2 237 255	9 253 351	-34 151

图 7-44　万科经营活动现金净流量趋势图

一般而言，处于正常生产经营期间的企业，经营活动对企业现金流量的变化应占较大的比重。经营活动中的购、产、销等经济业务的协调发展是企业维持正常生产经营的必要条件，这些业务要保持良性循环，将导致大量的现金流量产生（流入或流出），因而成为引起现金流量变动的主要原因。

对企业来说，如果经营活动现金净流量大于零，即经营活动的现金流入量大于现金流出量，说明经营活动的现金自适应能力较强，通过经营活动收取的现金，不仅能够满足经营本身的需要，而且剩余的部分还可以用于再投资或偿债。因此，经营活动现金净流量大于零，是企业在没有举借新债的情况下进行再投资和偿还债务的前提，体现企业稳定的经营活动对投资和理财的支持能力，也体现企业的成长和支付能力较好。

如果经营活动现金净流量小于零，反映经营活动的现金自适应能力较差，经营不仅不能支持投资或偿债，而且还要借助于收回投资或举借新债所取得现金才能维持正常的经营。形成这个情况的主要原因，可能是销售货款的回笼不及时，或存货大量积压无法变现。所有这些情况，都说明企业管理上出现了问题。并且，如果企业经营活动的现金自适应能力较差，不能自我适应因而更不能偿还债务，必须向外筹资来偿债的话，则说明企业已经陷入了财务困境，很难筹措到新的资金。

经营现金净流量意味着企业通过自身经营获取现金的能力。最理想的是，企业在每一期间，应该都能从营业活动中产生足够的现金。当然，在某些期间，经营活动现金净流量可能小于零。比如，一个企业可能处在其事业的发展期，经营活动尚未完全展开，或者季节性经营，在购进存货的季节，经营现金流量就有可能是负的。

对于一些时期，或对于一些企业来说，经营现金净流量是负值是可以接受的。但是，如果经营现金净流量一直是负的（与季节性经营及营业周期无关），则在分析企业的现金流量时应特别注意了。

除了经营现金净流量外，分析者还应审查现金流量的构成。实际现金流入始于应收账款的现金收回，企业收回应收账款的难易程度是其财务灵活性的重要决定因素。要提高经营现金流量，除了计划存货的减少外，最应研究的是应收账款的减少或应付账款的增加。较短的应收账款回收期和较长的应付账款支付期可以增加经营现金流量。

另一个应被关注的是制造过程中的周转时间。重视质量的提高能减少周转时间。短的周转时间会导致更少的存货，能降低存货成本，缺损也会减少。我们在分析企业财务状况时，应调查研究该企业是否准备提高其产品质量并降低周转时间。此类信息可在财务报表中的管理人员阐述各分析部分，或在企业的新闻稿、新闻会谈中看到。

分析图 7-44 可知，万科近几年的经营活动现金净流量均大于零，且有逐年稳步提高的良好态势。

2. 投资活动现金流量分析

投资活动现金流出量显示企业投资能力，也可以表明企业的发展能力。从企业长远发展的角度看，投资活动的净现金流量一般以负值为正常，说明企业能够不断扩大经营规模，产生新的利润增长点。

现金流量中投资活动不仅包括对外投资，还包括对内进行的长期资产投资。所以，通过对投资活动引起的现金流量进行分析，可以直接了解企业在年度内是否进行了厂房、设备的扩建、更新或改良等行为，是否购买了股票和债券，是否通过处理长期资产而取得了现金等。

另外，对这些项目再结合其他资料进行具体分析，还可以进一步判断企业存在的财务风险。比如，企业是否将资金过多地投资于各种长期资产或长期资产内部结构是否合理，若不合理，会使企业产生巨大的财务风险。

企业如果购买股票，就可能存在着股票跌价损失的风险。在固定资产出售上的大幅增加也许意味着企业正面临着现金短缺，并决定通过出售固定资产来获得现金。该策略意味着企业正在降低经营规模，或在逐渐清算。不过，企业也可能只是出售利用不足的资本或转变经营战略。

3. 筹资活动现金流量分析

筹资活动产生的现金净流量大于零说明筹集资金流入多于流出，但并非越大越好，应结合投资活动净现金流量，以分析企业当期的现金来源和投资是否合理。此外，在分析筹资活动产生的现金流量时还应注意债务的构成。债务的长短期结构要合理，债务的利率要适中。

4. 三种活动现金流量关系分析

企业应合理安排经营活动、投资活动和筹资活动现金流量三者之间的比例关系，使企业的现金流量结构达到最优。

由于经营活动是企业重要的经济活动，所以经营活动产生的现金流入量首先要满足经营活动产生的现金流出量。也就是说，一般情况下，只有在企业经营活动产生的现金流量为净流入时，企业才有可能运用自身的力量进行投资活动。因此，企业经营活动现金净流量的多少直接决定了企业用于投资活动的现金流出量的多少。

对那些对外扩张的企业来说，由于投资活动在企业活动中的比重较大，所以投资项目效益的好坏，反过来又进一步决定投资活动现金流量在企业整个现金流量中的比重。而对那些实行内部发展战略的企业来说，通过内部挖掘潜力，提高产品的技术含量等途径，可以提高企业抵御风险的能力，因此其现金流量主要取决于经营活动获取现金的能力。

当经营活动现金流量相对不足而企业又必须进行投资活动时，企业的资金来源只能是筹资。成功的筹资活动有助于企业投资活动的进行，有利于企业抓住机会扩大经营规模，提高企业自身的竞争力。而投资活动搞得好，必定会促进企业经营活动的进行；反过来，经营活动现金流量充足且相对稳定，既有利于企业进一步进行投资活动，又有利于企业成功地筹集到资金。

企业的经营活动现金流量、投资活动现金流量、筹资活动现金流量三者之间紧密相关，相互影响，而且不同的企业、同一企业在不同时期各有其特点。经营活动现金流量、投资活动现金流量、筹资活动现金流量三者之间的比例关系也会发生变化。只有根据企业自身的实际情况，合理分析、研究和适当调整三者的比例关系，才能使企业的现金流量更好地满足企业经营及发展的需要，使现金流量达到最优，从而实现企业净利润与现金流量的同步增长。

十二、小结

本部分紧紧围绕"现金流"这个中心问题展开讨论，全面分析把握企业现金类信息的深层含义和实际应用节点，为正确决策提供技术支持，大体总结如下。

在"现金、现金流量的概念"中，给出了现金、现金等价物、现金流量三个概念。

在"现金流量管控的目标"中，分析了六个方面的现金流量管控目标，为企业现金管理指明了方向。

在"利润与现金流量的关系"中，主要探讨了利润与现金之间的四种状态：有利润没现金；有利润有现金；没利润没现金；没利润有现金。

在"万科现金流管理的政策与建议"中，给出了万科贯彻"现金为王"的策略，同时结合分析给出了政策建议：万科应立足于实现企业价值最大化，优化资本结构，提高资产利用率水平，加强对外融资能力。

在"现金流入结构分析"中，主要研讨了现金来自何方、增加现金收入主要靠什么途径等重大问题。

在"现金支出结构分析"中，分析了企业的各项现金支出占企业当期全部现金支出的百分比情况，明确了企业的现金具体用在哪些方面。

在"现金余额结构分析"中，解析了企业的现金余额是怎样形成的这一重大问题。

在"不同行业上市公司经营活动现金流出结构分析"中，分析了不同行业的4家上市公司经营活动现金流出的具体结构，解读了不同行业所具有的明显的行业特征，并折射出企业资金管理的思路和效果。

在"现金流入流出比较分析"中，对企业的某项现金流入占该项现金支出的百分比进行计算、分析，反映了企业某项活动现金流入与现金流出的对比关系，也反映出企业现金收支是否平衡。

在"现金流量比率分析"中，将现金流量与相关的、不同性质的指标进行对比，计算分析了四个相关比率：现金流量对流动负债比率、现金流量对债务总额比率、经营活动现金流量对营业收入比率、营运指数。

在"三种活动现金流量及其关系深度分析"中，主要分析、考察了以下四个方面：①经营活动现金流量分析；②投资活动现金流量分析；③筹资活动现金流量分析；④三种活动现金流量关系分析。

【做中学实践环节】

选择 1 家上市公司，运用上述分析方法与框架，完成 "××上市公司现金流量管控研究报告" 的课外作业，具体写作框架与内容见表 7-47。

表 7-47   "现金流量管控研判" 写作框架与内容

序号	标题	研究内容及结论示例
1	现金、现金流量的概念	现金的概念
		现金等价物的概念
		现金流量的概念
2	现金流量管控的目标	六大目标
3	利润与现金流量的关系	有利润没现金；有利润有现金；没利润没现金；没利润有现金
4	现金流管理的政策与建议	政策：贯彻 "现金为王" 的策略
		建议：立足于实现企业价值的最大化，优化资本结构，提高资产利用率水平，加强对外融资能力
5	现金流入结构分析	企业的现金究竟来自何方
		要增加现金收入主要依靠什么途径
6	现金支出结构分析	企业的各项现金支出占企业当期全部现金支出的百分比情况，它具体地反映企业的现金用在哪些方面
7	现金余额结构分析	真实反映企业的现金余额是怎样形成的
8	不同行业上市公司经营活动现金流出结构分析	经营活动现金流出信息具有明显的行业特征，可以折射出企业资金管理的思路和效果
9	现金流入流出比较分析	现金流入流出比较分析是指企业的某项现金流入占该项现金支出的百分比
		具体反映企业某项活动现金流入与现金流出的对比关系，反映企业现金收支是否平衡
10	现金流量比率分析	现金流量对流动负债比率
		现金流量对债务总额比率
		经营活动现金流量对营业收入比率
		营运指数
11	三种活动现金流量及其关系深度分析	经营活动现金流量分析
		投资活动现金流量分析
		筹资活动现金流量分析
		三种活动现金流量关系分析

要求：

(1) 应严格围绕主题搜集材料，组织写作。本部分的核心问题是 "现金流管理"，首先要吃透现金流的 5W1H：What——现金流是什么？Who——谁来使用现金流量信息？When——企业不同时间的现金流量是否不同？Where——哪里产生现金流？Why——为什么现金流信息很重要？仅有利润信息可以吗？How——怎样具体看透一家公司的现金流量信息？

(2) 数据要真实、准确，数据来源可以在巨潮资讯网（http：//www.cninfo.com.cn/）查询。

（3）可以分组完成，每个小组选出组长，安排时间在班级里做主题汇报，每组汇报时间 15 分钟，可以做成 PPT。

（4）PPT 以图形、表格、数据、音像链接、动画表现为主，不要出现纯文字页面。

（5）写作的基本要求有七条：主题突出，观点鲜明，表述严谨，数据精准，文字流畅，结论正确，鼓励创新。

（6）本作业的完成情况和汇报效果，作为平时成绩的重要参考。

阅读篇目

［1］于久洪．财务报表编制与分析［M］．2 版．北京：中国人民大学出版社，2013.

［2］巨潮资讯网：http：//www. cninfo. com. cn/

［3］万科集团：http：//www. vanke. com/

［4］新浪财经：http：//finance. sina. com. cn/